大阪地裁における交通損害賠償の算定基準

〈第4版〉

【編著】
大阪民事交通訴訟研究会

判例タイムズ社

第4版の発刊にあたって

　本書は，大阪地方裁判所第 15 民事部（交通部）において民事交通事件を担当している裁判官により組織された「大阪民事交通訴訟研究会」において，交通損害賠償の算定基準を示したものである。初版が発刊されたのは平成 19 年 3 月のことであり，その後，平成 21 年 10 月に第 2 版が，平成 25 年 3 月に第 3 版が発刊された（初版の刊行に携わった研究会の構成員は，大島眞一〔代表〕，古谷恭一郎，植田智彦，池田聡介，高島義行，富岡貴美，平井健一郎，中村仁子，髙橋祐喜，寺村隼人，第 2 版の改訂に携わった研究会の構成員は，田中敦〔代表〕，藤田昌宏，小倉真樹，池町知佐子，新田和憲，上村海，第 3 版の改訂に携わった研究会の構成員は，稲葉重子〔代表〕，後藤慶一郎，田中俊行，佐藤裕子，長島銀哉，矢澤雅規，三嶋志織の各裁判官であった。）。

　前回の改訂後，上記の算定基準が修正されている部分があることに加え，交通事件に関する重要な最高裁判決を反映する必要性があること，民法のうち債権関係の分野について，民法の一部を改正する法律（平成 29 年法律第 44 号）が令和 2 年 4 月 1 日に施行され，この改正は損害額の算定にも影響を及ぼす面があること，各種の資料を時代に即したものとする必要性があることなどから，これらの新しい情報を盛り込み，利用しやすいものとするために，新たな構成員で検討を加え，第 4 版を発刊することとした。もっとも，本書の特徴や交通損害賠償の算定基準に対する基本的な考え方が大きく変わったところはない。

　本書がこれまでと同様に，民事交通訴訟に関わられる方の参考となることを願っている。

　第 4 版の発刊にあたっては，判例タイムズ社の遠藤智良氏に大変お世話になった。ここに厚く御礼を申し上げる。

令和4年3月

大阪民事交通訴訟研究会代表

石　丸　将　利

（大阪地方裁判所判事）

〔大阪民事交通訴訟研究会〕

石丸将利，寺垣孝彦，島田正人，永野公規，溝口優，村尾和泰，久保貴紀，木戸口恆成，松田康孝，須藤奈未，岡田総司

はじめに

　交通事故は，近年，死亡者数は減少しているものの，負傷者数は，平成11年に初めて年間100万人を超えて以来，8年連続して100万人を上回っている。我が国においては，毎年約120人に1人が交通事故で負傷している計算になり，交通事故はそれだけ身近な問題である。交通事故の被害者は，加害者に対し損害賠償を請求することができ，話合い等で解決しない場合には最終的には訴訟を起こすことになり，裁判所において，加害者の責任の有無や損害額につき審理・判断がされる。

　本書は，大阪地裁において民事交通事故訴訟を担当している裁判官により組織された「大阪地裁民事交通訴訟研究会」において，交通事故訴訟の損害額の算定基準を示したものである。

　多数の民事交通事故訴訟を審理・判断している裁判所においては，被害者相互間の平等等の観点から，損害賠償の算定につき一定の基準を設けることが必要不可欠であるが，本書は，大阪地裁民事交通訴訟研究会において，検討を重ねてまとめたものであり，大阪地裁における交通事故による損害賠償の算定基準を知ることができる。また，算定基準のほかに，その解説や最高裁判例，必要な資料を付すなどの工夫を施した。

　判例タイムズ社の伏島和夫書籍編集長には本書の企画から出版に至るまで大変お世話になった。厚く御礼を申し上げたい。

　本書が交通事故紛争の解決にいくらかでも寄与することができれば，この上ない喜びである。

平成19年3月

大阪地裁民事交通訴訟研究会代表

大 島 眞 一

（大阪地方裁判所判事）

〔大阪地裁民事交通訴訟研究会〕
大島眞一，古谷恭一郎，植田智彦，池田聡介，高島義行，富岡貴美，平井健一郎，中村仁子，高橋祐喜，寺村隼人

凡　例

金　　法　　金融法務事情（金融財政事情研究会）

交　　民　　交通事故民事裁判例集（ぎょうせい）

裁判集民　　最高裁判所裁判集民事

裁　　時　　裁判所時報

判　　時　　判例時報（判例時報社）

判　　タ　　判例タイムズ（判例タイムズ社）

民　　集　　最高裁判所民事判例集

旧　　法　　平成 29 年法律第 44 号による改正前の民法

新　　法　　平成 29 年法律第 44 号による改正後の民法

附　　則　　平成 29 年法律第 44 号所定の附則

自 賠 法　　自動車損害賠償保障法

目　　次

第4版の発刊にあたって／i

はじめに／iii

凡　例／iv

本書の特徴／xiv

読者の方へ～交通損害賠償の算定基準とは～／xvi

第1編　大阪地裁における交通損害賠償の算定基準

1　積極損害 ……………………………………………………………… 2

⑴　治療関係費／2

⑵　入院雑費／2

⑶　交通費／2

⑷　付添看護費／3

⑸　将来の介護費／3

⑹　装具・器具購入費等／4

⑺　家屋改造費等／4

⑻　葬儀関係費／4

⑼　その他／4

2　消極損害 ……………………………………………………………… 5

⑴　休業損害／5

　ア　算定方法／5

　イ　基礎収入の認定／5

　　①　給与所得者／②　事業所得者／③　会社役員／④　家事従事者／⑤
　　無職者（④の者を除く）

⑵　後遺障害による逸失利益／6

　ア　算定方法（一時金方式）／6

　イ　基礎収入の算定／6

　　① 給与所得者，事業所得者及び会社役員／② 家事従事者／③ 幼児，
　　生徒，学生／④ 無職者（②及び③の者を除く）
　ウ 労働能力喪失率／7
　エ 労働能力喪失期間／7
　　㈎ 労働能力喪失期間の始期／㈏ 労働能力喪失期間の終期
　オ 中間利息控除／8
　カ 算定方法（定期金方式）／8
⑶ 死亡による逸失利益／8
　ア 算定方法／8
　イ 基礎収入，就労可能期間及び中間利息控除／8
　ウ 生活費控除率／9

3　慰謝料 ……………………………………………………………… 10
⑴ 死亡慰謝料／10
⑵ 入通院慰謝料／10
　ア 算定方法／10
　イ 実通院日数と通院期間の計算／11
　ウ 軽度の神経症状／11
⑶ 後遺障害慰謝料／11

4　物的損害 …………………………………………………………… 12
⑴ 車両修理費等／12
　ア 全損の場合／12
　イ 一部損傷の場合／12
⑵ 評価損（いわゆる格落ち）／12
⑶ 代車使用料／12
⑷ 休車損害／13
⑸ 雑費等／13
⑹ 慰謝料／13

5　弁護士費用及び遅延損害金 …………………………………… 14
⑴ 弁護士費用／14
⑵ 遅延損害金／14

第2編　算定基準の解説と判例

1　**積極損害** ································· 22
　⑴　治療関係費／22
　⑵　入院雑費／23
　⑶　交通費／23
　⑷　付添看護費／25
　⑸　将来の介護費／27
　⑹　装具・器具購入費等／29
　⑺　家屋改造費等／30
　⑻　葬儀関係費／30
　⑼　その他／31

2　**消極損害** ································· 33
　⑴　休業損害／33
　　ア　算定方法／33
　　イ　基礎収入の認定／34
　　　①　給与所得者／②　事業所得者／③　会社役員／④　家事従事者／⑤　無職者（④の者を除く）
　⑵　後遺障害による逸失利益／39
　　ア　算定方法（一時金方式）／39
　　イ　基礎収入の算定／41
　　　①　給与所得者，事業所得者及び会社役員／②　家事従事者／③　幼児，生徒，学生／④　無職者（②及び③の者を除く）
　　ウ　労働能力喪失率／46
　　エ　労働能力喪失期間／47
　　　㈠　労働能力喪失期間の始期／㈡　労働能力喪失期間の終期
　　オ　中間利息控除／48
　　カ　算定方法（定期金方式）／49
　⑶　死亡による逸失利益／51
　　ア　算定方法／51
　　イ　基礎収入，就労可能期間及び中間利息控除／51
　　ウ　生活費控除率／51

⑷　事故後の事情変更／52

⑸　企業損害──被害者を雇用等している会社の損害／54

⑹　年金受給者／55

　　ア　老齢年金・退職年金／56

　　イ　障害年金／57

　　ウ　遺族年金／58

　　エ　軍人恩給としての扶助料──旧軍人又は旧準軍人が死亡した場合に，その遺族のうち一定の者に支給されるもの／59

⑺　扶養利益の喪失／60

⑻　外国人／61

3　慰謝料 ……………………………………………………………… 63

⑴　死亡慰謝料／63

⑵　入通院慰謝料／67

　　ア　算定方法／67

　　イ　実通院日数と通院期間の計算／68

　　ウ　軽度の神経症状／68

⑶　後遺障害慰謝料／69

4　物的損害 …………………………………………………………… 72

⑴　車両修理費等／72

　　ア　全損の場合／72

　　イ　一部損傷の場合／72

⑵　評価損（いわゆる格落ち）／73

⑶　代車使用料／74

⑷　休車損害／74

⑸　雑費等／75

⑹　慰謝料／75

5　弁護士費用及び遅延損害金等 ………………………………… 76

⑴　弁護士費用／76

⑵　遅延損害金／78

⑶　懲罰的損害賠償／80

6　損害額の減額事由 ………………………………………………………… 82

⑴　過失相殺／82

　ア　被害者の過失／83

　イ　一部請求と過失相殺／86

⑵　好意（無償）同乗／86

⑶　素因減額／86

　ア　身体的要因による減額／86

　イ　心因的要因による減額／88

7　損害の塡補 ……………………………………………………………… 91

⑴　控除の対象となる給付といえるか／91

　ア　自賠責保険金／92

　イ　政府の自動車損害賠償保障事業てん補金（自賠法 72 条 1 項)／93

　ウ　任意保険金／93

　エ　各種社会保険給付／93

　　㋐　労働者災害補償保険（労災保険）給付／㋑　遺族年金の給付／㋒　健康保険法等における療養の給付／㋓　介護保険法による給付／㋔　生活保護法による扶助費

　オ　各種保険金／107

　　㋐　生命保険契約に関する保険金／㋑　搭乗者傷害保険金／㋒　所得補償保険金／㋓　人身傷害補償保険金（人傷保険金)／㋔　車両保険金

　カ　香典・見舞金／112

　　㋐　香典／㋑　見舞金

　キ　租　税／113

　ク　養育費／113

⑵　控除すべき時的範囲／114

⑶　控除すべき主観的範囲／117

⑷　過失相殺との先後関係／118

　ア　自賠責保険金・政府の自動車損害賠償保障事業によるてん補金・任意保険金／118

　イ　労災保険金／118

　ウ　健康保険法等による給付／118

8　使用者責任 ··· 120
　⑴　使用者の責任と被用者責任／120
　⑵　使用者・被用者間の求償等／120

9　共同不法行為 ··· 122
　⑴　共同不法行為者の責任／122
　⑵　共同不法行為と過失相殺／123
　⑶　共同不法行為者が損害の一部を支払った場合／124
　⑷　共同不法行為者間の求償／125

10　時　効 ·· 129
　⑴　時効期間／129
　⑵　時効の起算点／129

11　まとめ ·· 132
　⑴　訴訟物／132
　⑵　損害の算定方法／132
　⑶　弁済の提供及び供託／133

12　自賠法に基づく請求 ··· 134
　⑴　自賠法 16 条 1 項に基づく請求権と他の請求権との関係／134
　⑵　自賠法 15 条，16 条 1 項に基づく請求における損害の算定／135
　⑶　自賠法 16 条 1 項に基づく請求における弁護士費用及び遅延損害金／136
　　ア　弁護士費用／136
　　イ　遅延損害金／136
　⑷　時　効／138

第 3 編　資料編

1　賃金構造基本統計調査（賃金センサス） ····················· 140
　①　産業計・企業規模計・全労働者／141
　②　産業計・企業規模計・男性労働者／144
　③　産業計・企業規模計・女性労働者／147

2 係数表 ··· 150
　2—1　年別ライプニッツ係数表
　①　法定利率による複利現価表（年 3%，年 5%）／151
　②　法定利率による複利年金現価表（年 3%，年 5%）／152
　2—2　就労可能年数とライプニッツ係数表
　③　法定利率による複利年金現価表（若年未就労者）（年 3%，年 5%）／154
　④　法定利率による複利年金現価表（若年未就労者以外）（年 3%，年 5%）／155
　2—3　装具・器具等購入費買替係数表
　⑤　3%ライプニッツ係数による買替係数表／156
　⑥　5%ライプニッツ係数による買替係数表／158

3 平均余命表 ··· 160
　3—1　厚生労働省「令和 2 年簡易生命表」／161
　3—2　厚生労働省「第 23 回生命表」／162

4 後遺障害別等級表等 ··· 163
　①　自動車損害賠償保障法施行令別表（後遺障害別等級表）／163
　②　労働者災害補償保険法施行規則別表／169
　③　身体障害者福祉法施行規則別表／174

5 労働能力喪失率表 ·· 182
　①　自動車損害賠償責任保険の保険金等及び自動車損害賠償責任共済の共済金等の支払基準別表 I ／182
　②　労働省労働基準局長通牒（昭和 32 年 7 月 2 日基発第 551 号）別表／183

6 後遺障害に関する通達等 ·· 184
　①　せき柱及びその他の体幹骨，上肢並びに下肢の障害に関する障害等級認定基準・別添関節の機能障害の評価方法及び関節可動域の測定要領（厚生労働省労働基準局長通達〔平成 16 年 6 月 4 日基発第 604003 号〕）／185
　②—1　神経系統の機能又は精神の障害に関する障害等級認定基準（抄）（厚生労働省労働基準局長通達〔平成 15 年 8 月 8 日基発第 808002 号〕）／199

②－2　神経系統の機能又は精神の障害に関する医学的事項等／216

③　意識障害の測定方法／222

④　PTSD（心的外傷後ストレス障害）の診断基準
　　・ICD－10／223
　　・DSM－5／224

⑤　関連8学会（日本脊髄障害医学会，日本脊椎脊髄病学会，日本脊髄外科学会，日本脳神経外傷学会，日本頭痛学会，日本神経学会，日本整形外科学会，日本脳神経外科学会）合同　脳脊髄液漏出症診療指針／227

7　自動車損害賠償責任保険の保険金等及び自動車損害賠償責任共済の共済金等の支払基準 ……………………………………………………… 232

判例索引／241

本書の特徴

平成 19 年 3 月
平成 21 年 10 月改訂
平成 25 年 10 月改訂
令和 4 年 3 月改訂

　本書は，基本的にコンパクトな内容としつつ，本書のみでおおよその損害額の算定が可能となるようにするとの観点で編集した（もっとも，過失相殺の基準については触れておらず，東京地裁民事交通訴訟研究会編『民事交通訴訟における過失相殺率の認定基準〔全訂5版〕』別冊判例タイムズ38号等を参照する必要がある。）。

　本書は3編構成とし，第1編に「大阪地裁における交通損害賠償の算定基準」を，第2編にその解説と判例を，第3編に資料を掲載した。

　第1編は，「大阪地裁における交通損害賠償の算定基準」をそのまま掲載した。算定基準がどのようになっているかを調べたり，算定基準全体を把握するのに便宜であろうと思われる。

　第2編は，上記の算定基準につき，各項目ごとに簡単な解説と参考となる判決を掲げた。解説を付したのは，算定基準そのものは簡潔であるため，その内容の理解の助けにするためである。また，第2編においては，損害額の減額事由や損害のてん補など，上記の算定基準では触れられていない点についての解説を加えた。とりわけ，損害のてん補の関係は，交通損害賠償事件に慣れていないと複雑に感じるものであり，関係する最高裁の判決を丁寧にフォローしたので，参考にしていただきたい。

　なお，参考となる判決は，原則として，最高裁の判決に限定した。下級審の判決にも参考となるものは多々あるが，膨大な数に上り，それらを取捨選択することは相当困難であるし，また，いずれも具体的な事件に関するものであるため，判示事項のみを掲げても直ちにそれのみで参考になるものでもないと考えたためである。他方，最高裁の判決については，交通

事故による損害論につきほぼ網羅しているので，これにより最高裁の判決の動向を知ることができる（原則として原文をそのまま掲載したが，一部を抜粋している関係上，分かりにくくなった部分は，〔　〕で補ったほか，漢数字は算用数字に改めた。）。

　第3編は，資料集であり，交通事故による損害の算定に当たって参考となるものを収録した。

読者の方へ～交通損害賠償の算定基準とは～

平成 19 年 3 月
平成 21 年 10 月改訂
平成 25 年 10 月改訂
令和 4 年 3 月改訂

　本書は，専ら民事交通損害賠償に携わる弁護士等の法曹関係者や保険会社の担当者等を講読者の対象とするものであるが，交通事故の被害者等の方が本書を手に取られることもあるであろう。その際に留意していただきたいのは，本書で示した算定基準は，あくまでも「基準」で目安にすぎないこと，裁判所に係属する事件は，すべて個別に各事件に応じて審理・判断がされるのであり，個別具体的な事件においては，むしろ基準どおりにならないことも少なくないということである。すなわち，本書で掲げた損害賠償の算定基準は，裁判になった場合にどのような結果になるかにつきある程度の予測を与えるものではあるが，そのとおりの結果にならないことも少なくないのである。

　被害者あるいはその遺族にとっては，交通事故による損害額をいくらにするかということよりも，死亡した夫や妻，子供の命を返して欲しい，後遺障害のない状態に戻して欲しいということが本当の気持ちであろう。しかし，もちろん現実にそのようなことは不可能であって，民事訴訟においては，損害を金銭で評価し，その賠償を命じるほかはない。

　大阪地裁本庁においては，令和 2 年であれば，交通事故に関する訴訟が約 1,700 件提起されている。複雑困難な事件は裁判官 3 人の合議体で，それ以外の事件は裁判官 1 人の単独体で審理・判断しているが，各裁判官は独立しているとはいえ，同じような事件についての損害認定額が大きく異なるということは，好ましいことではない。例えば，交通事故で死傷した被害者は，財産的な損害のほかに，精神的な苦痛を被っており，これを金銭で評価した慰謝料が損害として認められるが，慰謝料としていくら

の金額をもって相当と判断するかは，一義的に決めることは難しい。同じ
ような交通事故で死亡したのに，慰謝料として，A裁判官は5,000万円
が相当であると判断し，B裁判官は1,000万円が相当であると判断する
こともないとはいえない。どの裁判官が事件を担当するかによって結論が
大きく異なる結果となれば，被害者相互間において著しく不平等な結果を
招く。そこで，最も一般的な場合を念頭において，予め基準額を定めてお
くことが必要である。これが「交通損害賠償の算定基準」といわれるもの
である。この基準があることにより，どの裁判官が担当するかによって大
きな違いが生じることはなく，被害者相互間の平等が保たれる。また，特
段の立証を要することなく損害として認めることとした項目については，
審理・判断の迅速化にも役立つことになる。

　もちろん，「交通損害賠償の算定基準」は，各種の統計資料や社会状況
等を踏まえて絶えず見直していくことが必要である。大阪民事交通訴訟研
究会においては，これまでも繰り返し見直しをしており，より実態に即し
たものとなるように努めている。本書に掲載したものは，民法の改正を見
据えて，令和元年度に同研究会に属していた裁判官（石丸将利〔代表〕，
寺垣孝彦，永野公規，安田仁美，古賀英武，山崎隆介，須藤隆太，丸山聡
司，久保晃司）の協議に基づき定めたものに最判令和2年7月9日民集
74巻4号1204頁・判タ1480号138頁の判断を反映させたものである。
大阪地裁における民事交通損害賠償事件は，本書で記載したものが基準と
なる。

　ただし，この基準は，何ら法的拘束力を持つものではない。裁判は，裁
判所が当事者の主張や当事者が提出した証拠に基づき，事実を認定し，法
律を適用して行うものであり，すべて個別具体的な判断である。大阪地裁
本庁に提起された民事交通事件訴訟は，一件一件個別に審理しており，事
件は類似しているものが多いとはいえ，すべて別のものである。

　裁判所は，個別具体的な事件に応じて判断しているのであって，形式
的・機械的に基準を当てはめて損害額を算定しているのではない。

　例えば，交通事故に遭った被害者が小指の用を廃した（関節に著しい運
動障害を残した）とする。自賠責保険の関係では，この後遺障害は後遺障
害等級13級に該当し，労働能力喪失率（被害者がその後遺障害のために
働くことができなくなった割合）は9%であると判断され，それを基にし

て後遺障害逸失利益（その後遺障害のために将来得ることができなくなった収入）が算定され，保険金が支払われる。交通事故が勤務中や通勤途中に発生したのであれば労働災害に該当し，労災保険給付がされるが，労災保険の関係でも同様である。

　つまり，行政においては，公平かつ迅速な保険金の支払の確保という見地から統一的・画一的に処理する必要があり，小指の用を廃したのであれば，その被害者の具体的な職業にかかわらず，同じ判断をすることが要請される。

　これに対し，裁判においては，すべて個別に判断され，事案ごとの結果の妥当性が重視される。小指の用を廃したのがピアニストであったとすると，それは致命的な障害であり，労働能力の9％を失ったとの評価ではとうてい足りないであろう。この場合には，被害者のピアニストとしての地位，経験，年齢，他の職種に転職することの可能性，その場合の職種等を総合的に判断して，労働能力のどの程度を喪失したかを認定することになり，9％を大幅に上回る認定がされることもあり得る。

　慰謝料額についても基準を設けていることの必要性は前記のとおりであるが，事案によって額は異なってくる。例えば，加害者が飲酒運転をしてスピードを出し過ぎて被害者運転の車両に追突し，被害者が死亡した場合，被害者には何の落ち度もなく，加害者が飲酒運転等をしなければ事故は発生しなかったことを考えると，被害者やその遺族の受けた悲しみは深く，基準額を上回る慰謝料額が認められることもある。逆に，死亡した被害者が独身で，付き合いのない親戚が唯一の相続人として損害賠償を請求したという場合であれば，慰謝料額は基準額より低くなることもあり得る。

　以上のとおり，裁判は，具体的な事件につき，当事者の主張や証拠に基づいて個別に判断するものであり，決して画一的に処理するものではないことをご理解いただきたい。

第 1 編

大阪地裁における
交通損害賠償の算定基準

この算定基準は，平成 17 年 1 月 1 日以降に発生した交通事故に適用されるものである。

1　積極損害

(1)　治療関係費

ア　治療費及び入院費は，必要かつ相当な実費を認める。

イ　症状固定後の治療費は，原則として認めないが，症状の内容・程度に照らし，必要かつ相当なものは認める。

ウ　入院中の特別室使用料は，医師の指示があった場合，症状が重篤であった場合，空室がなかった場合等の特別の事情がある場合に限り，相当な期間につき認める。

エ　整骨院・接骨院における施術費，鍼灸，マッサージ費用，温泉治療費等は，医師の指示の有無などを参考にしつつ，症状により有効かつ相当な場合は，相当額を認めることがある。

(2)　入院雑費

入院雑費は，1日当たり次の額を基準として，入院期間に応じて定める。

1,500円

(3)　交通費

ア　入退院・通院の交通費は，実費相当額を認める。ただし，タクシー利用の場合，傷害の内容・程度，交通の便等からみて相当性が認められないときは，電車，バス等の公共交通機関の運賃とする。

　自家用車利用による交通費を請求する場合のガソリン代（距離に応じて1km当たり15円程度を認める。）のほか，必要に応じて高速道路料金，駐車場代を認める。

イ　近親者の付添い又は見舞いのための交通費は，原則として認めないが，近親者が遠隔地に居住し，その付添い又は見舞いが必要で社会通念上相当な場合は，別途認める。

⑷ 付添看護費

ア 入院又は通院の付添看護費は，医師の指示があった場合又は症状の内容・程度，被害者の年齢等から付添看護の必要性が認められる場合は，被害者本人の損害として認める。

イ 職業付添人を付した場合は，必要かつ相当な実費を認める。

ウ 近親者付添看護の場合は，1日当たり次の金額を基準として，相当額を認める。

　　入院付添　　　　　6,000円
　　通院付添　　　　　3,000円

(注)
① 病院が完全看護の態勢を採っている場合でも，症状の内容・程度や被害者の年齢により，近親者の付添看護費を認めることがある。
② 近親者の付添看護費は，原則として，付添人に生じた交通費，雑費，その他付添看護に必要な諸経費を含むものとして認め，特別な事情がない限り，基準額に加えて，これらの費用を損害として認めない。
③ 有職者が休業して付き添った場合，原則として，休業による損害と近親者の付添看護費の高いほうを認める。
④ 症状により自宅療養期間中の自宅付添費も認めることがあるが，近親者の自宅付添費は，近親者による入院・通院付添費を参考にして定める。

⑸ 将来の介護費

　原則として，平均余命までの間，職業付添人の場合は必要かつ相当な実費を，近親者付添の場合は，常時介護を要するときは1日につき8,000円を，随時介護を要するときは（入浴，食事，更衣，排泄，外出等の一部の行動について介護を要する状態であるときは）介護の必要性の程度・内容に応じて相当な額を，被害者本人の損害として認める。

　身体的介護を要しない看視的付添を要する場合についても，障害の内容・程度，被害者本人の年齢，必要とされる看視の内容・程度等に応じて，相当な額を定めることがある。

　将来の介護費の算定に当たっては，対象となる期間に対応して中間利息を控除する。

⑹　装具・器具購入費等

車椅子，義足，電動ベッド等の装具・器具の購入費は，症状の内容・程度に応じて，必要かつ相当な範囲で認める。一定期間で交換の必要があるものは，装具・器具が必要な期間の範囲内で，将来の費用も認める。

> （注）　将来の装具・器具購入費は，取得価額相当額を基準に，使用開始時及び交換を必要とする時期に対応して中間利息を控除する。

⑺　家屋改造費等

家屋改造費，自動車改造費，調度品購入費，転居費用，家賃差額等については，症状の内容・程度に応じて，必要かつ相当な範囲で認める。

⑻　葬儀関係費

150万円

> （注）
> ①　死亡の事実があれば，葬儀の執行とこれに伴う基準額程度の出費は必要なものと認められるものの，実際に支出した額が基準額を下回る場合は，実際に支出した額も考慮して相当額を算定する。
> ②　葬儀関係費は，原則として，墓碑建立費・仏壇費・仏具購入費・遺体処置費等の諸経費を含むものとして考え，特別な事情がない限り，基準額に加えて，これらの費用を損害として認める扱いはしない。
> ③　遺体運送料を要した場合は，相当額を加算する。
> ④　香典については，損害から差し引かず，香典返し，弔問客接待費等は損害と認めない。

⑼　その他

ア　事故証明書等の文書料，成年後見開始の審判手続費用等は，必要かつ相当なものについて認める。なお，医師等への謝礼は，損害として認めない。

イ　その他，交通事故と相当因果関係のある損害については認める。

2 消極損害

⑴ 休業損害

ア 算定方法

休業損害は，現実に休業により喪失した額が分かる場合はその額が損害として認められ，それが判明しない場合は，基礎収入に休業期間を乗じて算定する。

賠償の対象となる休業期間は，原則として現実に休業した期間とするが，症状の内容・程度，治療経過等からして就労可能であったと認められる場合は，現実に休業していても賠償の対象にならないことや一定割合に制限されることもある。

イ 基礎収入の認定

基礎収入の認定は次のとおりである。なお，平均賃金を使用する場合は，賃金センサス第1巻第1表産業計・企業規模計の男女別平均賃金を用いる（以下，特記がない限り，上記平均賃金を前提として学歴と年齢による区別のみを記載する。）。

① 給与所得者

受傷のための休業により現実に喪失した収入額を損害と認める。その算定のための基礎収入は，少なくとも事故直前3か月の平均収入を用い，不確定要素の強い職種については，より長期間の平均収入を用いることがある。休業中，昇給・昇格があった後はその額を基礎とする。休業に伴う賞与の減額・不支給，昇給・昇格遅延による損害も認められる。なお，有給休暇は，現実の収入減がなくとも，損害として認める。

② 事業所得者

受傷のため現実に収入減があった場合に認められ，原則として，事故直前の申告所得額を基礎とし，申告所得額を上回る実収入額の立証があった場合には，実収入額による。所得中に，実質上，資本の利子や近親者の労働に

よるものが含まれている場合には，被害者の寄与部分のみを基礎とする。事業を継続する上で休業中も支出を余儀なくされる家賃，従業員給与等の固定費も損害と認められる。被害者の代わりに他の者を雇用するなどして収入を維持した場合には，それに要した必要かつ相当な費用が損害となる。

③　会社役員

会社役員の報酬については，労務提供の対価部分は認められるが，利益配当の部分は認められない。

④　家事従事者

学歴計・女性全年齢平均賃金を基礎とする。ただし，年齢，家族構成，身体状況，家事労働の内容等に照らし，上記平均賃金に相当する労働を行い得る蓋然性が認められない場合は，学歴計・女性年齢別の平均賃金を参照するなどして基礎収入を定める。

有職者で家事労働に従事している場合には，実収入額が学歴計・女性全年齢平均賃金を上回っているときは実収入額によるが，下回っているときは上記の家事従事者に準じる。

⑤　無職者（④の者を除く）

事故前に現に労働の対価である収入を得ていない者に対しては，原則として，休業損害を認めることはできない。ただし，治療が長期にわたる場合で，治療期間中に就職する蓋然性が認められるときは，休業損害を認めることがある。

⑵　後遺障害による逸失利益

ア　算定方法（一時金方式）

一時金方式によるときは，基礎収入に労働能力の喪失割合を乗じ，これに喪失期間に対応するライプニッツ係数を乗じて算定する。

> (注)　定期金方式によるときは，基礎収入に労働能力の喪失割合を乗じて逸失利益の額（年額等）を算定し，その額につき，原則として就労可能年数までの定期的な支払を命じる。

イ　基礎収入の算定

① 　給与所得者，事業所得者及び会社役員

休業損害の場合に準じる。ただし，若年者（概ね30歳未満の者）については，実収入額が学歴計・全年齢平均賃金を下回る場合であっても，年

齢，職歴，実収入額と学歴計・全年齢平均賃金との乖離の程度，その原因等を総合的に考慮し，将来的に生涯を通じて学歴計・全年齢平均賃金を得られる蓋然性が認められる場合は，学歴計・全年齢平均賃金を基礎とする。その蓋然性が認められない場合であっても，直ちに実収入額を基礎とするのではなく，学歴別・全年齢平均賃金，学歴計・年齢別平均賃金等を採用することもある。

　なお，大卒者については，大学卒・全年齢平均賃金との比較を行う。

　②　家事従事者

　休業損害の場合に準じる。

　③　幼児，生徒，学生

　原則として，学歴計・全年齢平均賃金を基礎とするが，大学生又は大学への進学の蓋然性が認められる者については，大学卒・全年齢平均賃金を基礎とする。年少女子については，原則として，男女を合わせた全労働者の学歴計・全年齢平均賃金を用いることとする。

　なお，未就労者の逸失利益の算定方法は，次のとおりである。

基礎収入×労働能力喪失率×｛(67歳－症状固定時の年齢) 年のライプニッツ係数－(就労開始の年齢－症状固定時の年齢) 年のライプニッツ係数｝

　④　無職者（②及び③の者を除く）

　被害者の年齢や職歴，勤労能力，勤労意欲等にかんがみ，就職の蓋然性がある場合には，認められる。その場合，基礎収入は，被害者の年齢や失業前の実収入額等を考慮し，蓋然性が認められる収入額による。

ウ　労働能力喪失率

　労働能力の低下については，労働省労働基準局長通牒（昭和32年7月2日基発第551号）を参考にして，障害の部位・程度，被害者の性別・年齢・職業，事故前後の就労状況，減収の程度等を総合的に判断して定める。

エ　労働能力喪失期間

⑦　労働能力喪失期間の始期

　労働能力喪失期間の始期は症状固定日とする。未就労者の就労の始期は，原則として18歳とし，大学進学等によりそれ以後の就労を前提とする場合は，就学終了予定時とする。

㈑　労働能力喪失期間の終期

労働能力喪失期間の終期は，67歳までとし，年長者については67歳までの年数と平均余命の2分の1のいずれか長いほうとすることを原則としつつ，被害者の性別・年齢・職業・健康状態等を総合的に判断して定める。

ただし，いわゆるむち打ち症の場合には，後遺障害等級に応じ，次の期間を一応の目安とする。

第12級程度　　　　5年から10年

第14級程度　　　　3年から5年

オ　中間利息控除

民事法定利率の割合で控除し，計算方式はライプニッツ方式による。中間利息控除の基準時は，原則として，症状固定時とする。

> ㈏
> ①　賃金センサスを用いる場合は，症状固定時の年度の統計を使用する。
> ②　労働能力喪失期間を短期間に限定する場合，賃金センサスを使用するときは，原則として，学歴計・年齢別平均賃金を用いる（ただし，家事従事者については学歴計・女性全年齢平均賃金を用いる。）。
> ③　後遺障害逸失利益については，生活費控除をしない。
> ④　民事法定利率は，令和2年4月1日以後に損害賠償の請求権が生じた場合は年3％であり，同日よりも前に損害賠償の請求権が生じた場合は年5％である。

カ　算定方法（定期金方式）

定期金方式によるときは，基礎収入に労働能力の喪失割合を乗じて逸失利益の額（年額等）を算定し，その額につき，原則として就労可能年数までの定期的な支払を命じる。

⑶　死亡による逸失利益

ア　算定方法

基礎収入から被害者本人の生活費として一定割合を控除し，これに就労可能年数に応じたライプニッツ係数を乗じて算定する。

イ　基礎収入，就労可能期間及び中間利息控除

後遺障害逸失利益の場合に準じる。

ウ　生活費控除率

　原則として，一家の支柱及び女性は30％〜40％，その他は50％とする。ただし，年少女子につき，男女を合わせた全労働者の平均賃金を採用する場合は，生活費控除率を45％とする。

　　(注)
　　① 一家の支柱とは，被害者の世帯が主としてその被害者の収入によって生計を維持していた場合をいう。
　　② 賃金センサスを用いる場合は，死亡時の年度の統計を使用する。
　　③ 年金収入の逸失利益については，上記と異なる生活費控除率を用いることがある。

3　慰謝料

(1)　死亡慰謝料

死亡慰謝料は，次の額を基準とする。

一家の支柱　　　　　　　2,800万円

その他　　　　　　　　　2,000万円～2,500万円

　(注)
① 死亡慰謝料の基準額は本人分及び近親者分を含んだものである。
② 次のような事情があった場合は，慰謝料の増額を考慮する。
　ア 加害者に飲酒運転，無免許運転，著しい速度違反，殊更な信号無視，ひき逃げ等が認められる場合
　イ 被扶養者が多数の場合
　ウ 損害額の算定が不可能又は困難な損害の発生が認められる場合
③ 次のような事情があった場合は，慰謝料の減額を考慮する。
　　相続人が被害者と疎遠であった場合

(2)　入通院慰謝料

ア　算定方法

　入通院慰謝料については，入通院期間を基礎として別表（平成17年基準　通常又は重傷）の基準に基づいて定める。ただし，仕事や家庭の都合等で本来より入院期間が短くなった場合には増額が考慮され，他方，入院の必要性に乏しいのに本人の希望によって入院していた場合には減額が考慮される。なお，入院待機中の期間及びギブス固定中等による自宅安静期間は，入院期間とみることがある。

　「重傷」とは，重度の意識障害が相当期間継続した場合，骨折又は臓器損傷の程度が重大であるか多発した場合等，社会通念上，負傷の程度が著しい場合をいう。

　上記の重傷に至らない程度の傷害についても，傷害の部位・程度によっては，通常基準額を増額することがある。

イ　実通院日数と通院期間の計算

　受傷や治療の内容・程度等に照らして通院が長期にわたり，かつ，不規則な場合は，実際の通院期間（始期と終期の間の日数）と実通院日数を3.5倍した日数とを比較して，少ないほうの日数を基礎として通院期間を計算する。

ウ　軽度の神経症状

　軽度の神経症状（むち打ち症で他覚所見のない場合，軽度の打撲・挫創（傷）の場合等）の入通院慰謝料は，通常の慰謝料の3分の2程度とする。

　　(注)　入通院慰謝料の増額を考慮しうる事情は，死亡慰謝料の場合に準じる。

(3)　後遺障害慰謝料

　後遺障害の等級に応じ，次の額を基準とする（単位万円）。

　ただし，14級に至らない後遺障害がある場合は，それに応じた後遺障害慰謝料を認めることがある。

等　　級	1級	2級	3級	4級	5級	6級	7級
慰謝料額	2,800	2,400	2,000	1,700	1,440	1,220	1,030

等　　級	8級	9級	10級	11級	12級	13級	14級
慰謝料額	830	670	530	400	280	180	110

(注)

①　後遺障害慰謝料の増額を考慮しうる事情は，死亡慰謝料の場合に準じる。

②　原則として，後遺障害慰謝料には介護に当たる近親者の慰謝料を含むものとして扱うが，重度の後遺障害については，近親者に別途慰謝料を認めることがある。その額は，近親者と被害者の関係，今後の介護状況，被害者本人に認められた慰謝料額等を考慮して定める。

③　後遺障害等級別表第1の2級の後遺障害と同別表第2の後遺障害があった場合，慰謝料の算定に当たっては，併合による等級の繰り上げをして算定する。

4　物的損害

(1)　車両修理費等

ア　全損の場合

車両が修理不能（修理が著しく困難で買替えを相当とする場合も含む。）又は修理費が車両の時価相当額（及び買替諸費用の合計）を上回る場合は，原則として全損と評価し，事故時の時価額を損害とする。時価は，原則として，同一車種，年式，型，使用状態，走行距離等の自動車を中古車市場で取得しうる価格であるが，その認定に当たってはオートガイド自動車価格月報（いわゆるレッドブック）等を参考資料とする。

事故車両が一定の経済的価値を有する場合は，時価相当額と事故車両の売却代金の差額が損害として認められる。

なお，買替えのため必要となる諸手続費用は，必要かつ相当な範囲で認められる。

イ　一部損傷の場合

車両が修理可能であって，修理費が事故前の時価相当額を下回る場合は，必要かつ相当な範囲の修理費を損害とする。

(2)　評価損（いわゆる格落ち）

修理してもなお機能に欠陥を生じ，あるいは事故歴により商品価値の下落が見込まれる場合，その減少分を損害と認める。

評価損の有無及びその額については，損傷の内容・程度，修理の内容，修理費の額，初度登録からの経過期間，走行距離，車種（いわゆる高級乗用車であるか）等を考慮して，判断する。

(3)　代車使用料

事故により車両の修理又は買替えのために代車を使用する必要性があ

り，レンタカー使用等により実際に代車を利用した場合，相当な修理期間又は買替期間につき，相当額の単価を基準として代車使用料を損害と認める。

⑷ 休車損害

営業用車両については，車両の修理，買替え等のためこれを使用できなかった場合，修理相当期間又は買替相当期間につき，営業を継続していれば得られたであろう利益を損害として認める。なお，代車使用料が認められる場合は，休車損害は認められない。

⑸ 雑費等

保管料，レッカー代，廃車料等について，相当の範囲で損害と認める。

⑹ 慰謝料

物的損害に関する慰謝料は，原則として認められない。

5　弁護士費用及び遅延損害金

(1)　弁護士費用

　認容額の10％程度を基本としつつ，事案の難易，認容額その他諸般の事情を考慮して定める。

(2)　遅延損害金

　事故時から起算する。債務者が遅滞の責任を負った最初の時点が令和2年4月1日以後である場合はその時点における法定利率である年3％，債務者が遅滞の責任を負った最初の時点が同日よりも前である場合は年5％である。

別表　　　　　　　　**平成 17 年基準　通常**

（平成 17 年 1 月 1 日以降発生の事故に適用）

《入・通院慰謝料表》

	入院	1月	2月	3月	4月	5月	6月	7月	8月	9月	10月	11月	12月
通院		53	101	146	186	220	250	266	277	286	295	303	308
1月	27	76	121	164	201	228	255	270	282	291	298	306	310
2月	49	99	141	181	209	236	259	274	286	294	301	308	312
3月	72	119	159	193	217	244	263	278	290	298	304	311	314
4月	90	134	165	199	224	249	267	282	294	301	306	313	317
5月	108	145	175	207	230	254	270	286	298	304	308	316	319
6月	120	153	183	213	236	259	275	290	300	306	311	318	322
7月	128	161	193	217	242	263	280	294	302	308	313	320	324
8月	136	169	198	224	248	267	284	298	305	311	316	323	326
9月	144	176	204	232	254	271	288	301	307	313	318	325	329
10月	152	182	210	236	260	274	292	304	310	316	320	328	331
11月	160	188	216	241	264	277	294	306	312	318	323	330	334
12月	166	194	220	246	268	281	296	308	314	320	325	332	336
13月	170	199	224	250	271	284	299	311	317	323	328	335	338
14月	175	203	228	253	275	287	301	313	319	325	330	337	341
15月	180	206	232	257	277	289	304	316	322	328	332	340	343
16月	184	210	235	260	280	292	306	318	324	330	335	342	346
17月	187	214	239	263	282	294	308	320	326	332	337	344	348
18月	191	217	242	265	284	296	311	323	329	335	340	347	
19月	194	221	245	268	287	299	313	325	331	337	342		
20月	197	223	247	270	289	301	316	328	334	340			
21月	199	226	250	272	292	304	318	330	336				
22月	202	228	252	275	294	306	320	332					
23月	204	230	254	277	296	308	323						
24月	206	233	257	280	299	311							
25月	209	235	259	282	301								

（単位万円）

13月	14月	15月	16月	17月	18月	19月	20月	21月	22月	23月	24月	25月
312	316	319	323	326	329	331	334	336	338	341	343	346
314	318	322	325	329	331	334	336	338	341	343	346	348
317	320	324	328	331	334	336	338	341	343	346	348	350
319	323	326	330	334	336	338	341	343	346	348	350	353
322	325	329	332	336	338	341	343	346	348	350	353	355
324	328	331	335	338	341	343	346	348	350	353	355	
326	330	334	337	341	343	346	348	350	353	355		
329	332	336	340	343	346	348	350	353	355			
331	335	338	342	346	348	350	353	355				
334	337	341	344	348	350	353	355					
336	340	343	347	350	353	355						
338	342	346	349	353	355							
341	344	348	352	355								
343	347	350	354									
346	349	353										
348	352											
350												

別表　　　　　　　　**平成 17 年基準　重傷**

（平成 17 年 1 月 1 日以降発生の事故に適用）

《入・通院慰謝料表》

	入院	1月	2月	3月	4月	5月	6月	7月	8月	9月	10月	11月	12月
通院		64	121	175	223	264	300	319	332	343	354	364	370
1月	34	95	151	205	251	285	319	338	353	364	373	383	388
2月	61	124	176	226	261	295	324	343	358	367	376	385	390
3月	90	149	199	241	271	305	329	348	363	373	380	389	393
4月	113	168	206	249	280	311	334	353	368	376	383	391	396
5月	135	181	219	259	288	318	338	358	373	380	385	395	399
6月	150	191	229	266	295	324	344	363	375	383	389	398	403
7月	160	201	241	271	303	329	350	368	378	385	391	400	405
8月	170	211	248	280	310	334	355	373	381	389	395	404	408
9月	180	220	255	290	318	339	360	376	384	391	398	406	411
10月	190	228	263	295	325	343	365	380	388	395	400	410	414
11月	200	235	270	301	330	346	368	383	390	398	404	413	418
12月	208	243	275	308	335	351	370	385	393	400	406	415	420
13月	213	249	280	313	339	355	374	389	396	404	410	419	423
14月	219	254	285	316	344	359	376	391	399	406	413	421	426
15月	225	258	290	321	346	361	380	395	403	410	415	425	429
16月	230	263	294	325	350	365	383	398	405	413	419	428	433
17月	234	268	299	329	353	368	385	400	408	415	421	430	435
18月	239	271	303	331	355	370	389	404	411	419	425	434	
19月	243	276	306	335	359	374	391	406	414	421	428		
20月	246	279	309	338	361	376	395	410	418	425			
21月	249	283	313	340	365	380	398	413	420				
22月	253	285	315	344	368	383	400	415					
23月	255	288	318	346	370	385	404						
24月	258	291	321	350	374	389							
25月	261	294	324	353	376								

（単位万円）

13月	14月	15月	16月	17月	18月	19月	20月	21月	22月	23月	24月	25月
374	379	383	388	391	395	397	401	403	406	409	412	415
393	398	403	406	411	414	418	420	423	426	429	433	435
396	400	405	410	414	418	420	423	426	429	433	435	438
399	404	408	413	418	420	423	426	429	433	435	438	441
403	406	411	415	420	423	426	429	433	435	438	441	444
405	410	414	419	423	426	429	433	435	438	441	444	
408	413	418	421	426	429	433	435	438	441	444		
411	415	420	425	429	433	435	438	441	444			
414	419	423	428	433	435	438	441	444				
418	421	426	430	435	438	441	444					
420	425	429	434	438	441	444						
423	428	433	436	441	444							
426	430	435	440	444								
429	434	438	443									
433	436	441										
435	440											
438												

第 2 編

算定基準の解説と判例

○ 第2編は，算定基準の解説と判例につき，次の順序で記載した。

1　積極損害　　　　　　　　　　7　損害の塡補
2　消極損害　　　　　　　　　　8　使用者責任
3　慰謝料　　　　　　　　　　　9　共同不法行為
4　物的損害　　　　　　　　　　10　時効
5　弁護士費用及び遅延損害金等　11　まとめ
6　損害額の減額事由　　　　　　12　自賠法に基づく請求

　損害には，積極損害（事故により支出を余儀なくされた損害），消極損害（事故がなければ得られたであろう利益を事故により失ったことによる損害），慰謝料（事故により被った精神的苦痛）がある。また，人身損害と物的損害の区別がある。第2編では，1〜3において人身損害に関する積極損害，消極損害及び慰謝料，4において物的損害，5において弁護士費用，遅延損害金及び懲罰的損害賠償について記載した。

　6〜12は，算定基準にはないが，損害額の算定に必要な事項等を記載した。すなわち，6において事故につき被害者にも過失がある場合等，損害額自体が減額される場合，7において被害者が自賠責保険金を受領している場合等，損害の塡補がされたために損害額から支払額が控除される場合，8において使用者責任，9において共同不法行為，10において時効により損害賠償請求権が消滅する場合について記載した。また，11において，訴訟物を確認するとともに，損害の算定順序を記載し，弁済の提供及び供託に言及した。最後に，12において，自賠法に基づく請求固有の問題について記載した。

　以下，算定基準についてはゴシック体にし，四角の枠で囲んだ。

1　積極損害

(1)　治療関係費

> ア　治療費及び入院費は，必要かつ相当な実費を認める。
> イ　症状固定後の治療費は，原則として認めないが，症状の内容・程度に照らし，必要かつ相当なものは認める。
> ウ　入院中の特別室使用料は，医師の指示があった場合，症状が重篤であった場合，空室がなかった場合等の特別の事情がある場合に限り，相当な期間につき認める。
> エ　整骨院・接骨院における施術費，鍼灸，マッサージ費用，温泉治療費等は，医師の指示の有無などを参考にしつつ，症状により有効かつ相当な場合は，相当額を認めることがある。

　症状固定日までに発生した治療費及び入院費については，原則として，要した実費全額が損害として認められる。特別室使用料については，上記ウのような特別な事情がある場合には，損害として認められる。整骨院・接骨院における施術費，鍼灸，マッサージ費用，温泉治療費等は，医師の指示の有無などを参考にしつつ，症状の内容・程度等に照らして，有効かつ相当なものといえるかや額の相当性を吟味し，判断することになる。

　診断書作成料等の文書料については，必要かつ相当なものは認められる。

　治療関係費については，加害者が加入している保険会社や労災保険等から全額支払われていることが多く，原告（被害者）においてその請求をしない場合があるが，過失相殺や素因減額等が認められるときには，治療費についても過失相殺等をした残額から支払われた治療費が控除されるので（「7(4)　過失相殺との先後関係」参照），治療費も損害に計上する。

◆最判昭和 32 年 6 月 20 日民集 11 巻 6 号 1093 頁・判タ 72 号 63 頁

被上告人は本件傷害により治療費を支払うべき債務を負担するに至つたもので，そのこと自体がとりも直さず損害と認むべきであ［る］。

◆最判昭和 49 年 6 月 27 日裁判集民 112 号 133 頁

原審は，所論美容的形成手術費等の将来の支出が治療上必要であり，かつ，確実であると認めたうえ，右手術費用等の支出による現在の損害額を 58 万 1500 円と算定し，その賠償請求を認容したことが明らかである。右認定判断は，原判決挙示の証拠に照らし，正当として是認することができ，その過程に所論の違法はない。

(2) 入院雑費

> 入院雑費は，1 日当たり次の額を基準として，入院期間に応じて定める。
> 1,500 円

入院雑費は，入院中の日用雑貨費（寝具，衣類等），通信費（電話代等），文化費（新聞代，テレビ賃借料）等，入院することによって生じた諸々の費用を指す。これらの諸費用は，個別に立証することは著しく煩雑であり，金額も大きくないことから，一般的に要すると考えられる金額を入院雑費として認めたものである。したがって，これらの諸費用については具体的な額を立証することを要しない。

なお，入退院を繰り返している場合等には，正確な入院日数を認定することが容易ではない事案があり，また入院中に外泊をしている場合に入院雑費をどう定めるかという問題があるが，日額につき必ず上記の基準額によらなければならないという性質のものではないので，おおよその入院日数が判れば，それに基づいて入院雑費を算定することで足りるであろう。

(3) 交通費

> ア 入退院・通院の交通費は，実費相当額を認める。ただし，タクシー利用の場合，傷害の内容・程度，交通の便等からみて相当性が認められないときは，電車，バス等の公共交通機関の運賃とする。

　　　　自家用車利用による交通費を請求する場合のガソリン代（距離に
　　　応じて１km当たり15円程度を認める。）のほか，必要に応じて
　　　高速道路料金，駐車場代を認める。
　イ　近親者の付添い又は見舞いのための交通費は，原則として認めな
　　　いが，近親者が遠隔地に居住し，その付添い又は見舞いが必要で社
　　　会通念上相当な場合は，別途認める。

　交通費は，被害者自身の入退院や通院に要したものにつき認められる。
　近親者の付添いのための交通費を原則として認めないのは，近親者の付
添看護費に含まれているからである。このため，近親者が遠隔地に居住し
ており，その付添いが社会通念上相当である場合は，交通費が高額になる
ことにかんがみ，別途認めることにしたものである。
　交通費は，要した実費を領収書等によって立証することが原則である
が，長期間通院し多数回タクシーを利用した場合などには，被害者におい
てタクシー料金の領収書等の証拠を散逸していることが少なからずある上
に，タクシーの領収書等が何十枚と証拠として提出されてその金額を合計
するというのは極めて煩雑である。そこで，被害者において，次のような
立証方法を採ることが考えられる。
　まず，公共交通機関の料金を請求する場合は，公共交通機関の片道当た
りの金額及び通院日数を証する証拠で足りる。
　タクシー料金を請求する場合は，タクシー利用の必要性が認められるこ
とが前提となるが，交通費としては，自宅と病院との間の片道の一般的な
タクシー料金と通院日数の証拠を提出し，そこから交通費を立証する方法
が考えられる。この場合，タクシー料金の領収書は，毎回ごとのタクシー
料金の立証をするものではなく，タクシーを利用したこと及び片道の一般
的なタクシー料金の立証として提出することになる（この方法は，実費の
立証として不十分であるという見解はあろうが，かなりの事案において，
被害者が一部の領収書を紛失していたり，病院への往復路に別のところに
立ち寄ったりしたために普段より高額の領収書が提出されたりしており，
タクシー料金の領収書を合計して実費を立証することは現実には困難とな
っており，上記のような方法を認めることで差し支えないものと考えられ
る。）。

　自家用車利用による交通費を請求する場合は，ガソリン代（自宅から病院までの距離〔概算〕に応じて1km当たり15円程度を認める。）のほか，必要に応じて高速道路料金，駐車場料金も認められるので，自宅と病院との距離（概算），高速道路料金額，駐車場料金額の立証を要する。なお，ガソリン代の領収書が提出されることもあるが，通院以外にも自家用車を使用している場合には，領収書から通院に必要なガソリン代を算出することはできず，相当ではない。

◆最判昭和49年4月25日民集28巻3号447頁
　交通事故等の不法行為によつて被害者が重傷を負つたため，被害者の現在地から遠隔の地に居住又は滞在している被害者の近親者が，被害者の看護等のために被害者の許に赴くことを余儀なくされ，それに要する旅費を出捐した場合，当該近親者において看護等のため被害者の許に赴くことが，被害者の傷害の程度，当該近親者が看護に当たることの必要性等の諸般の事情からみて社会通念上相当であり，被害者が近親者に対し右旅費を返還又は償還すべきものと認められるときには，右旅費は，近親者が被害者の許に往復するために通常利用される交通機関の普通運賃の限度内においては，当該不法行為により通常生ずべき損害に該当するものと解すべきである。そして，国際交流が発達した今日，家族の一員が外国に赴いていることはしばしば見られる事態であり，また，日本にいるその家族の他の構成員が傷病のため看護を要する状態となつた場合，外国に滞在する者が，右の者の看護等のために一時帰国し，再び外国に赴くことも容易であるといえるから，前示の解釈は，被害者の近親者が外国に居住又は滞在している場合であつても妥当するものというべきである。

⑷　付添看護費

　ア　入院又は通院の付添看護費は，医師の指示があった場合又は症状の内容・程度，被害者の年齢等から付添看護の必要性が認められる場合は，被害者本人の損害として認める。
　イ　職業付添人を付した場合は，必要かつ相当な実費を認める。
　ウ　近親者付添看護の場合は，1日当たり次の金額を基準として，相当額を認める。
　　　入院付添　　　　　　6,000円

　　　通院付添　　　　　　3,000 円

(注)
① 病院が完全看護の態勢を採っている場合でも，症状の内容・程度や被害者の年齢により，近親者の付添看護費を認めることがある。
② 近親者の付添看護費は，原則として，付添人に生じた交通費，雑費，その他付添看護に必要な諸経費を含むものとして認め，特別な事情がない限り，基準額に加えて，これらの費用を損害として認めない。
③ 有職者が休業して付き添った場合，原則として，休業による損害と近親者の付添看護費の高いほうを認める。
④ 症状により自宅療養期間中の自宅付添費も認めることがあるが，近親者の自宅付添費は，近親者による入院・通院付添費を参考にして定める。

　近親者の付添看護費は，近親者が付き添ったことによる損害を金銭で評価したものであり，現実に近親者に報酬を支払う必要はない。

　近親者の付添看護の内容が，実際に食事や排泄の介助を行っていたり，長時間の付添を要していたなど，その負担が重い場合に比べ，比較的軽い場合には（とりわけ完全看護の態勢を採っている病院における付添看護の事例で多くみられる。），基準額どおりの金額を認めないことも多い。

　近親者が有職者の場合，自己の業務を休んで付き添うと，通常，休業による損害が生じることになるが，原則として，休業による損害と近親者の付添看護費の高いほうを認める。近親者と被害者との身分関係等からして，必ずしも当該近親者が付き添う必要はなく職業付添人で足りる場合には，休業による損害が生じても，職業付添人報酬を限度とすることになる。

　近親者付添人に生じた交通費が認められる特別の事情については，「1⑶　交通費」参照。

◆最判昭和46年6月29日民集25巻4号650頁・判タ265号99頁
　被害者が受傷により付添看護を必要とし，親子，配偶者などの近親者の付添看護を受けた場合には，現実に付添看護料の支払いをせずまたはその支払請求を受けていなくても，被害者は近親者の付添看護料相当額の損害を蒙つたものとして，加害者に対しその賠償請求をすることができるものと解するを相当とする。けだし，親子，配偶者などの近親者に身体の故障があるときに近親者がその身のまわりの世話をすることは肉親の情誼に出ることが多いことはもとよりであるが，それらの者の提供した労働はこれを金銭的に評価しえないものではなく，ただ，実

際には両者の身分関係上その出捐を免れていることが多いだけで，このような場合には肉親たるの身分関係に基因する恩恵の効果を加害者にまで及ぼすべきものではなく，被害者は，近親者の付添看護料相当額の損害を蒙つたものとして，加害者に対してその賠償を請求することができるものと解すべきだからである。

⑸ 将来の介護費

原則として，平均余命までの間，職業付添人の場合は必要かつ相当な実費を，近親者付添の場合は，常時介護を要するときは１日につき 8,000 円を，随時介護を要するときは（入浴，食事，更衣，排泄，外出等の一部の行動について介護を要する状態であるときは）介護の必要性の程度・内容に応じて相当な額を，被害者本人の損害として認める。

身体的介護を要しない看視的付添を要する場合についても，障害の内容・程度，被害者本人の年齢，必要とされる看視の内容・程度等に応じて，相当な額を定めることがある。

将来の介護費の算定に当たっては，対象となる期間に対応して中間利息を控除する。

将来の介護費は，被害者の後遺障害の内容・程度によって変動するものであるので，定期金賠償が相当であるとする見解も有力である。原告（被害者）の申立てがないのに定期金賠償を命じることができるかについては，裁判例は分かれている。

将来の介護費は，介護の必要性の程度・内容のほか，介護に必要な時間，介護態勢など介護者の介護に携わる環境，介護仕様の家屋の建築や介護用具の仕様等の事情やそれらの費用の認容額等，介護を必要とする年数が長期間に及ぶため将来に不確実な要素が多いなど将来の予測に困難な点が多くあるか否かも考慮されることがある。

一時金賠償の場合，職業付添人の費用については，まず，職業付添人による付添の蓋然性が問題となり，近親者による付添と職業付添人による付添の双方が必要と認められる場合には，単純に同費用が基準額通り合算されるとは限らない。また，職業付添人の費用については，将来の職業付添

人に対する報酬額の動向も考慮する必要があり，現在要している介護費が
そのまま認められるとは限らない。被害者が若年者の場合，介護にあたる
近親者の就労可能期間（67 歳まで）は近親者介護の水準で，その後は職
業付添人の水準で算定することもある。

　現実に支出していない将来介護費を一時金賠償の方法によって受け取る
場合は，中間利息を控除する。しかし，口頭弁論終結時までに現実に支出
し終えている付添介護費については，既に現実の支出をしている関係上，
中間利息を控除することなく実費を損害額に計上する取扱いにする方が妥
当な事案もあるため，個々の事案に応じて判断されることになる。

　将来の介護費の終期については，平均余命より短く認定した裁判例もあ
るが，平均余命まで認める裁判例が大多数である。平均余命については，
資料編「3　平均余命表」を参照されたい。

　交通事故後，当該交通事故とは別の原因により死亡した場合には，死亡
後に要したであろう介護費は当該交通事故による損害とは認められない。

　高次脳機能障害等の後遺障害により，身体的介護を要しない看視的付添
が必要とされる事案もあり，身体的介護を要しなくても，具体的な事案に
応じて相当な付添介護費を認める場合もある。

◆最判平成 11 年 12 月 20 日民集 53 巻 9 号 2038 頁・判タ 1021 号 123 頁
　交通事故の被害者が事故に起因する傷害のために身体的機能の一部を喪失し，
労働能力の一部を喪失した場合において，逸失利益の算定に当たっては，その後
に被害者が別の原因により死亡したとしても，右交通事故の時点で，その死亡の
原因となる具体的事由が存在し，近い将来における死亡が客観的に予測されてい
たなどの特段の事情がない限り，右死亡の事実は就労可能期間の認定上考慮すべ
きものではないと解するのが相当である（最高裁平成 5 年(オ)第 527 号同 8 年 4 月
25 日第一小法廷判決・民集 50 巻 5 号 1221 頁，最高裁平成 5 年(オ)第 1958 号同
8 年 5 月 31 日第二小法廷判決・民集 50 巻 6 号 1323 頁参照）。これを本件につ
いて見ると，前記一の事実によれば，亡 A が本件事故に遭ってから胃がんにより
死亡するまで約 4 年 10 箇月が経過しているところ，本件事故前，亡 A は普通に
生活をしていて，胃がんの兆候はうかがわれなかったのであるから，本件におい
て，右の特段の事情があるということはできず，亡 A の就労可能期間の認定上，
その死亡の事実を考慮すべきではない。
　しかし，介護費用の賠償については，逸失利益の賠償とはおのずから別個の考
慮を必要とする。すなわち，(一)　介護費用の賠償は，被害者において現実に支出
すべき費用を補てんするものであり，判決において将来の介護費用の支払を命ず

るのは，引き続き被害者の介護を必要とする蓋然性が認められるからにほかならない。ところが，被害者が死亡すれば，その時点以降の介護は不要となるのであるから，もはや介護費用の賠償を命ずべき理由はなく，その費用をなお加害者に負担させることは，被害者ないしその遺族に根拠のない利得を与える結果となり，かえって衡平の理念に反することになる。㈡　交通事故による損害賠償請求訴訟において一時金賠償方式を採る場合には，損害は交通事故の時に一定の内容のものとして発生したと観念され，交通事故後に生じた事由によって損害の内容に消長を来さないものとされるのであるが，右のように衡平性の裏付けが欠ける場合にまで，このような法的な擬制を及ぼすことは相当ではない。㈢　被害者死亡後の介護費用が損害に当たらないとすると，被害者が事実審の口頭弁論終結前に死亡した場合とその後に死亡した場合とで賠償すべき損害額が異なることがあり得るが，このことは被害者死亡後の介護費用を損害として認める理由になるものではない。以上によれば，交通事故の被害者が事故後に別の原因により死亡した場合には，死亡後に要したであろう介護費用を右交通事故による損害として請求することはできないと解するのが相当である。

そして，前記一の事実によれば，亡Ａは原審口頭弁論終結前である平成8年7月8日に胃がんにより死亡し，死亡後は同人の介護は不要となったものであるから，被上告人らは，死亡後の介護費用を本件事故による損害として請求することはできない。

⑹　装具・器具購入費等

車椅子，義足，電動ベッド等の装具・器具の購入費は，症状の内容・程度に応じて，必要かつ相当な範囲で認める。一定期間で交換の必要があるものは，装具・器具が必要な期間の範囲内で，将来の費用も認める。

　㊟　将来の装具・器具購入費は，取得価額相当額を基準に，使用開始時及び交換を必要とする時期に対応して中間利息を控除する。

例えば，30歳の男性が耐用年数5年の車椅子（単価10万円）を生涯必要とする場合の計算式は，3％のライプニッツ係数を用いた場合，次のとおりである（31歳男性の平均余命は51.21年［第23回生命表］であり，最初の購入後，10回買い替える［合計11回購入］ことになる。）が，相当計算が煩雑であるため，耐用年数と買替えの回数に応じて使用するライプニッツ係数を資料編「2—3　買替係数表」に掲げた（なお，次の計算式に使用したライプニッツ係数は，小数点8桁以下を切り捨てた

ものを使用しているため，その合計は資料編に記載されている係数とは若干異なっている。資料編に記載した数値がより正確である。)。

〔計算式〕

100,000×(1＋0.86260878＋0.74409391＋0.64186195＋0.55367575
＋0.47760557＋0.41198676＋0.35538340＋0.30655684＋0.26443862
＋0.22810708)＝100,000×5.84631866≒584,631（1円未満切捨て）

(7)　家屋改造費等

> 　家屋改造費，自動車改造費，調度品購入費，転居費用，家賃差額等については，症状の内容・程度に応じて，必要かつ相当な範囲で認める。

　事故により車椅子での生活を余儀なくされた場合，居宅内で車椅子での生活ができるように浴室や廊下の改造，段差解消等の工事をすることが必要となったり，あるいはそれに適した家屋に転居することが必要になることがある。これらの家屋改造費等につき，症状の内容・程度に応じて，必要かつ相当な範囲で損害と認められる。

　家屋改造費等につき，同居の家族がそれにより利便を得ていると認められる場合は，一定程度減額することがある。

(8)　葬儀関係費

> 　150万円
>
> ㊟
> ①　死亡の事実があれば，葬儀の執行とこれに伴う基準額程度の出費は必要なものと認められるものの，実際に支出した額が基準額を下回る場合は，実際に支出した額も考慮して相当額を算定する。
> ②　葬儀関係費は，原則として，墓碑建立費・仏壇費・仏具購入費・遺体処置費等の諸経費を含むものとして考え，特別な事情がない限り，基準額に加えて，これらの費用を損害として認める扱いはしない。
> ③　遺体運送料を要した場合は，相当額を加算する。
> ④　香典については，損害から差し引かず，香典返し，弔問客接待費等は損害と認めない。

　葬儀関係費としては，葬祭費，供養料のほか，墓碑建立費・仏壇費・仏具購入費等がある。被害者や遺族の宗教，地域の習慣等によって，葬儀等の規模や内容が異なり，支出される金額も様々であるが，交通事故と相当因果関係を有するものとしては，一般的に必要と考えられる金額をもって損害と認めることとしたものである。

　ただし，実際に支出した額が基準額を下回る場合は，実際に支出した額をも考慮して相当額を算定する。

◆最判昭和 43 年 10 月 3 日裁判集民 92 号 459 頁・判時 540 号 38 頁
　遺族の負担した葬式費用は，それが特に不相当なものでないかぎり，人の死亡事故によつて生じた必要的出費として，加害者側の賠償すべき損害と解するのが相当であり，人が早晩死亡すべきことをもつて，右賠償を免れる理由とすることはできない。

◆最判昭和 44 年 2 月 28 日民集 23 巻 2 号 525 頁・判タ 232 号 108 頁
　人が死亡した場合にその遺族が墓碑，仏壇等をもつてその霊をまつることは，わが国の習俗において通常必要とされることであるから，家族のため祭祀を主宰すべき立場にある者が，不法行為によつて死亡した家族のため墓碑を建設し，仏壇を購入したときは，そのために支出した費用は，不法行為によつて生じた損害でないとはいえない。死が何人も早晩免れえない運命であり，死者の霊をまつることが当然にその遺族の責務とされることではあつても，不法行為のさいに当該遺族がその費用の支出を余儀なくされることは，ひとえに不法行為によつて生じた事態であつて，この理は，墓碑建設，仏壇購入の費用とその他の葬儀費用とにおいて何ら区別するいわれがないものというべきである（大審院大正 13 年(オ)第 718 号同年 12 月 2 日判決，民集 3 巻 522 頁参照）。したがつて，前記の立場にある遺族が，墓碑建設，仏壇購入のため費用を支出した場合には，その支出が社会通念上相当と認められる限度において，不法行為により通常生ずべき損害として，その賠償を加害者に対して請求することができるものと解するのが相当である。

⑼　その他

　ア　事故証明書等の文書料，成年後見開始の審判手続費用等は，必要かつ相当なものについて認める。なお，医師等への謝礼は，損害として認めない。
　イ　その他，交通事故と相当因果関係のある損害については認める。

　医師の職業倫理指針（日本医師会「医師の職業倫理指針」平成 16 年 2
月）において，「医師は，医療行為に対し定められた以外の報酬を要求し
てはならない。患者から謝礼を受け取ることは，その見返りとして意識的
か否かにかかわらず何らかの医療上の便宜が図られるのではないかという
懸念を抱かせ，さらにこれが慣習化すれば結果として医療全体に対する国
民の信頼を損なうことになるので，医療人として慎むべきである。」との
規定が設けられたことも踏まえて，損害として認めることはしない（な
お，同指針は，平成 20 年 6 月，平成 26 年 6 月に改訂されたが，上記の
規定に変更はない。）。

　以上の各項目に掲げたもののほか，交通事故と相当因果関係があるもの
については損害として認められる。例えば，交通事故を原因として，旅行
をキャンセルせざるを得なかった場合のキャンセル料，学校を留年せざる
を得なかったことによる授業料，子の養育・監護ができなかったことによ
る子の保育料等につき，必要かつ相当な額につき損害として認められる。

2　消極損害

(1)　休業損害

ア　算定方法

　　休業損害は，現実に休業により喪失した額が分かる場合はその額が損害として認められ，それが判明しない場合は，基礎収入に休業期間を乗じて算定する。

　　賠償の対象となる休業期間は，原則として現実に休業した期間とするが，症状の内容・程度，治療経過等からして就労可能であったと認められる場合は，現実に休業していても賠償の対象にならないことや一定割合に制限されることもある。

　休業損害は，受傷のために現実に休業し，収入が減少した場合に，その減収額について認められるほか，給与所得者が通院等のために有給休暇を取得した場合や家事従事者のように現実の減収が生じていなくても休業損害が認められることがある。

　休業損害の額は，原則として休業により現実に喪失した収入額である。現実喪失額の把握の手法として，実務上は，基礎収入に休業期間を乗じて算定されることが多く，完全休業した事実や完全休業の必要性や相当性が認められない場合には，さらに休業割合（休業率）を乗じて算定される。

　賠償の対象となる休業期間は，事故による傷病が治癒し又は症状が固定した時期（それ以上の治療効果が見込まれないと判断された時期）までの間で，かつ，現実に休業した期間であるが，事故との間に相当因果関係（休業の必要性及び相当性）が認められることが前提となる。現実に休業した事実があっても，症状の内容・程度，治療経過や仕事の内容等から就労可能である場合や，部分的な就労制限があったにとどまる場合は，休業損害が認められないか，一定割合に制限されることになる。

イ　基礎収入の認定

　　基礎収入の認定は次のとおりである。なお，平均賃金を使用する場合は，賃金センサス第1巻第1表産業計・企業規模計の男女別平均賃金を用いる（以下，特記がない限り，上記平均賃金を前提として学歴と年齢による区別のみを記載する。）。

① 　給与所得者

　　受傷のための休業により現実に喪失した収入額を損害と認める。給与所得者の休業損害を算定するための基礎収入は，少なくとも事故直前3か月の平均収入を用い，不確定要素の強い職種についてはより長期間の平均収入を用いることがある。休業中，昇給・昇格があった後はその額を基礎とする。休業に伴う賞与の減額・不支給，昇給・昇格遅延による損害も認められる。なお，有給休暇は，現実の収入減がなくとも，損害として認める。

② 　事業所得者

　　受傷のため現実に収入減があった場合に認められ，原則として，事故直前の申告所得額を基礎とし，申告所得額を上回る実収入額の立証があった場合には，実収入額による。所得中に，実質上，資本の利子や近親者の労働によるものが含まれている場合には，被害者の寄与部分のみを基礎収入とする。事業を継続する上で休業中も支出を余儀なくされる家賃，従業員給与等の固定費も損害と認められる。被害者の代わりに他の者を雇用するなどして収入を維持した場合には，それに要した必要かつ相当な費用が損害となる。

③ 　会社役員

　　会社役員の報酬については，労務提供の対価部分は認められるが，利益配当の部分は認められない。

④ 　家事従事者

　　学歴計・女性全年齢平均賃金を基礎とする。ただし，年齢，家族構成，身体状況，家事労働の内容等に照らし，上記平均賃金に相当する労働を行い得る蓋然性が認められない場合は，学歴計・女性別年齢の平均賃金を参照するなどして基礎収入を定める。

　　有職者で家事労働に従事している場合には，実収入額が学歴

　計・女性全年齢平均賃金を上回っているときは実収入額による
　が，下回っているときは上記の家事従事者に準じる。
⑤　無職者（④の者を除く）
　　事故前に現に労働の対価である収入を得ていない者に対して
　は，原則として，休業損害を認めることはできない。ただし，治
　療が長期にわたる場合で，治療期間中に就職する蓋然性があった
　と認められるときは，休業損害を認めることがある。

　基礎収入は，実収入によって認定するのが原則であり，実収入が賃金セ
ンサスを下回る場合であっても，特段の事情がない限り，実収入を基礎と
して算定し，賃金センサスによることはしない。

①　給与所得者

　現実に休業をした場合であっても，給与等を受給していて減収が生じて
いなければ，休業損害は認められない。ただし，事故が原因で有給休暇を
使用することとなった場合には，現実の減収は生じていないとしても，本
来他に使用することができた有給休暇を事故が原因で使用しなければなら
なかったということであり，その結果，本来有給休暇を使用することがで
きたのに欠勤しなければならなくことも十分あり得るし，失った余暇等の
ための時間は財産的価値を有するものと考えることも可能であるから，損
害として認める。

◆最判平成7年10月24日交民28巻5号1260頁
　原審が証拠として掲げるその調査嘱託の回答書によれば，訴外会社は，被上告
人が本件事故を原因として休業した期間は平成元年11月1日から翌年1月3日
までの64日間であり，これ以外に被上告人の休業・欠勤はなく，この期間中は
社内規程により立替支給金として給与を支払つたが，本件事故の損害賠償問題が
解決した時点で被上告人から右支給額合計151万8049円を払い戻してもらう旨
回答していることが明らかである。そうだとすれば，訴外会社が休業・欠勤扱い
していない42日の通院日については，被上告人は訴外会社から正規に給与を支
給されており，後にこれを払い戻すことにはならないのであるから，右42日分
につき当然に被上告人に収入の減少が生じ，損害が発生したとすることはできな
い筋合いである。
　もつとも，前記のとおり，被上告人は，生命保険の外交員として稼働している

　ところ，記録によれば，被上告人が訴外会社から支給される給与には，固定給の外，保険契約の獲得実績により額が決まる能率給があることがうかがわれるから，通院による時間の損失が保険契約の獲得実績に影響を与え，右42日の通院日について被上告人に何らかの損害が生じる可能性は否定し得ないが，原審の前記判示はこれをいうものではない。

②　事業所得者

　受傷のため現実に収入減があった場合に認められる。原則として，事故直前の申告所得額を基礎とするが，事業所得の変動が大きく，事故直前の所得額が休業期間中の収入を適確に反映するものではないといえる場合には，より長期間の平均所得等を用いることがある。申告所得額を上回る実収入額の立証があった場合には，実収入額による。所得中に，実質上，資本の利子や近親者の労働によるものが含まれている場合には，被害者の寄与部分（事業内容や規模，当該事業者や近親者の各職務内容等に基づいて判断する。）のみを基礎収入とする。事業継続のために休業中も支出を余儀なくされる家賃，従業員給与等の固定経費があるときは，その経費額を所得に加算して基礎収入を算定する（なお，後遺障害逸失利益を算定する際の基礎収入については，このような経費額の加算はしない。）。被害者の代わりに他の者を雇用するなどして収入を維持した場合には，それに要した必要かつ相当な費用が損害となる。

◆**最判昭和43年8月2日民集22巻8号1525頁・判タ227号131頁**
　企業主が生命もしくは身体を侵害されたため，その企業に従事することができなくなつたことによつて生ずる財産上の損害額は，原則として，企業収益中に占める企業主の労務その他企業に対する個人的寄与に基づく収益部分の割合によつて算定すべきであり，企業主の死亡により廃業のやむなきに至つた場合等特段の事情の存しないかぎり，企業主生存中の従前の収益の全部が企業主の右労務等によつてのみ取得されていたと見ることはできない。したがつて，企業主の死亡にかかわらず企業そのものが存続し，収益をあげているときは，従前の収益の全部が企業主の右労務等によつてのみ取得されたものではないと推定するのが相当である。
　ところで，原審の確定した事実によれば，Aの営業収益額は昭和27年から同31年までの5年間の平均で年間978,044円であり，同人死亡後その営業を承継した被上告人らがあげた同33年度の営業収益は208,318円であるというのであ

る。したがつて，被上告人らのあげた同 34 年度以降の営業収益が右同 33 年度の営業収益と同額であるとすれば，特段の事情のないかぎり，右説示に照らして，A が生命を侵害されて企業に従事することができなくなつたことによつて生ずる昭和 33 年度以降の 1 年あたりの財産上の損害額は右 978,044 円から 208,318 円を差し引いた額であると推定するのが相当である。しかるに，原判決は右損害額の算定の基準として，なんら特段の事情を示すことなく，A が従前取得していた収益全額をもつてすべきものとしているのである。しからば，原判決には，判決に影響を及ぼすことの明らかな法令の違背および被上告人らの同 34 年度以降の営業収益について審理を尽さない違法があるものというべく，論旨はこの点において理由があるに帰する。

③　会社役員

会社役員の基礎収入については，報酬のうち労務提供の対価部分を基礎収入とし，利益配当の部分は休業損害の算定上，基礎収入として認めない。すなわち，会社役員が会社から受ける報酬には，労務の対価のみではなく，利益配当等も含まれるところ，休業損害として賠償の対象となるのは，飽くまで労務対価の部分である。労務の対価が役員報酬に占める割合は，会社の規模・営業状態，当該役員の職務内容・報酬額，他の役員や従業員の職務内容・給与額等を勘案して判断することになる。

④　家事従事者

家事従事者については，家事労働ができないことにより現実の減収が生じるものではないが，休業損害を観念することができる。家事従事者は，女性に限らず，家事労働に従事していると認められる男性も含む。

基礎収入については，原則として，学歴計・女性全年齢平均賃金を基礎とする。ただし，年齢，家族構成，身体状況，家事労働の内容，有職（兼業主婦）の場合にはその就労状況・収入等に照らして，上記平均賃金を割合的に減額し，あるいは学歴計・女性別年齢の平均賃金を参照するなどして基礎収入を定める。

他人のために家事労働に従事し，かつ，有職である者が，事故により，他人のための家事労働に従事できず，かつ，実収入も得られなくなった場合に，実収入が平均賃金を上回っているときには，基礎収入は実収入額による。

◆最判昭和 49 年 7 月 19 日民集 28 巻 5 号 872 頁・判タ 311 号 134 頁

　結婚して家事に専念する妻は，その従事する家事労働によつて現実に金銭収入を得ることはないが，家事労働に属する多くの労働は，労働社会において金銭的に評価されうるものであり，これを他人に依頼すれば当然相当の対価を支払わなければならないのであるから，妻は，自ら家事労働に従事することにより，財産上の利益を挙げているのである。一般に，妻がその家事労働につき現実に対価の支払を受けないのは，妻の家事労働が夫婦の相互扶助義務の履行の一環としてなされ，また，家庭内においては家族の労働に対して対価の授受が行われないという特殊な事情によるものというべきであるから，対価が支払われないことを理由として，妻の家事労働が財産上の利益を生じないということはできない。のみならず，法律上も，妻の家計支出の節減等によつて蓄積された財産は，離婚の際の財産分与又は夫の死亡の際の相続によつて，妻に還元されるのである。

　かように，妻の家事労働は財産上の利益を生ずるものというべきであり，これを金銭的に評価することも不可能ということはできない。ただ，具体的事案において金銭的に評価することが困難な場合が少くないことは予想されうるところであるが，かかる場合には，現在の社会情勢等にかんがみ，家事労働に専念する妻は，平均的労働不能年令に達するまで，女子雇傭労働者の平均的賃金に相当する財産上の収益を挙げるものと推定するのが適当である。

◆最判昭和 50 年 7 月 8 日裁判集民 115 号 257 頁・交民 8 巻 4 号 905 頁

　妻の家事労働が財産上の利益を生ずるものであり，これを金銭的に評価することが不可能といえないことは，当裁判所判例（昭和 44 年(オ)第 594 号同 49 年 7 月 19 日第二小法廷判決・民集 28 巻 5 号 872 頁）の示すとおりである。これと同旨の見解に立つて，被上告人が本件事故による負傷のため家事労働に従事することができなかつた期間について財産上の損害を被つたものとした原審の判断は，正当として是認することができ，原判決に所論の違法はない。

◆最判昭和 62 年 1 月 19 日民集 41 巻 1 号 1 頁・判タ 629 号 95 頁

　Ａのような死亡時に現実収入のない就労前の年少女子の場合には，当該女子の将来の就労の時期，内容，程度及び結婚後の職業継続の有無等将来につき不確定な要因が多いのであるが，原審が，Ａの将来の得べかりし利益の喪失による損害賠償額を算定するに当たり，賃金センサス昭和 56 年第 1 巻第 1 表中の女子労働者，旧中・新高卒，企業規模計（パートタイム労働者を除いたもの）の表による平均給与額を基準として収入額を算定したことは，交通事故により死亡した女子の将来の得べかりし利益の算定として不合理なものとはいえず（最高裁昭和 54 年(オ)第 214 号同年 6 月 26 日第三小法廷判決・裁判集民事 127 号 129 頁，同昭和 56 年(オ)第 498 号同年 10 月 8 日第一小法廷判決・裁判集民事 134 号 39 頁参照），Ａが専業として職業に就いて受けるべき給与額を基準として将来の得べかりし利益を算定するときには，Ａが将来労働によつて取得しうる利益は右の算定によつて評価し尽くされることになると解するのが相当であり，したがつて，これに家事労働分を加算することは，将来労働によつて取得しうる利益を二重に評価計算することに帰するから相当ではない。そして，賃金センサスに示されている男女間の平均賃金の格差は現実の労働市場における実態を反映していると解されるところ，女子の将来の得べかりし利益を算定するに当たつて，予測困難な右格差の

解消ないし縮少という事態が確実に生じるものとして現時点において損害賠償額に反映させ，これを不法行為者に負担させることは，損害賠償額の算定方法として必ずしも合理的なものであるとはいえない。したがつて，Ａの得べかりし利益を算定するにつき，Ａの受けるべき給与額に更に家事労働分を加算すべきではないとした原審の認定判断は，正当として是認することができる。

⑤ 無職者（④の者を除く）

事故前に現に労働の対価である収入を得ていない者に対しては，原則として，休業損害を認めることはできない。ただし，治療が長期にわたる場合で，治療期間中に就職する蓋然性があったと認められるときは，休業損害を認めることがある。就職が内定していた場合には，治療が長期にわたらない場合でも，休業損害を認めることがあり得る。

これらの場合の基礎収入は，就職が内定していた場合には受給予定であった給与等の額とし，それ以外の場合は，以前の就労の有無や給与の額等を踏まえ，学歴別・年齢別の平均賃金を参照するなどして定める。

(2) 後遺障害による逸失利益

後遺障害逸失利益の賠償は，原則として，一時金方式によるが，定期金方式によることができる場合もある。

◆最判令和2年7月9日民集74巻4号1204頁・判タ1480号138頁
　同一の事故により生じた同一の身体傷害を理由とする不法行為に基づく損害賠償債務は1個であり，その損害は不法行為の時に発生するものと解される（最高裁昭和43年(オ)第943号同48年4月5日第一小法廷判決・民集27巻3号419頁，最高裁昭和55年(オ)第1113号同58年9月6日第三小法廷判決・民集37巻7号901頁等参照）。したがって，被害者が事故によって身体傷害を受け，その後に後遺障害が残った場合において，労働能力の全部又は一部の喪失により将来において取得すべき利益を喪失したという損害についても，不法行為の時に発生したものとして，その額を算定した上，一時金による賠償を命ずることができる。

ア　算定方法（一時金方式）
　一時金方式によるときは，基礎収入に労働能力の喪失割合を乗

　　じ，これに喪失期間に対応するライプニッツ係数を乗じて算定する。

　　　㊟　後遺障害逸失利益については，生活費控除をしない。

〔一時金方式による場合の逸失利益の計算式〕

　　基礎収入（後記イ）×労働能力喪失率（後記ウ）×喪失期間に対応するライプニッツ係数（後記エ・オ）

　　後遺障害逸失利益とは，被害者が後遺障害を残し，労働能力が低下したことによる収入額の減少である。症状固定時以降につき認められる。

　　被害者に後遺障害が残存するが，減収が生じていない場合には，その後遺障害の程度が軽微で，被害者が従事する職業の性質からみて，現在又は将来における収入の減少が認められないときは，原則として，財産上の損害を認めることはできず，後遺障害が被害者にもたらす経済的不利益を肯認するに足りる特段の事情の存在を必要とする。被害者に減収が生じていない理由が被害者の不断の努力や使用者の温情等によるときには，長期間その状況が継続できるのか定かではない面があるため，一定程度の後遺障害逸失利益を認めることが少なくない。

　　◆最判昭和42年11月10日民集21巻9号2352頁・判タ215号94頁

　　　交通事故による傷害のため，労働力の喪失・減退を来たしたことを理由として，将来得べかりし利益喪失による損害を算定するにあたつて，上告人の援用する労働能力喪失率が有力な資料となることは否定できない。しかし，損害賠償制度は，被害者に生じた現実の損害を塡補することを目的とするものであるから，労働能力の喪失・減退にもかかわらず損害が発生しなかつた場合には，それを理由とする賠償請求ができないことはいうまでもない。原判決の確定した事実によれば，Ａは本件交通事故により左太腿複雑骨折の傷害をうけたが，その後従来どおり会社に勤務し，従来の作業に従事し，本件事故による労働能力の減少によつて格別の収入減を生じていないというのであるから，労働能力減少による損害賠償を認めなかつた原判決の判断は正当であつて，所論の判例に反するところもない。

　　◆最判昭和56年12月22日民集35巻9号1350頁・判タ463号126頁

　　　かりに交通事故の被害者が事故に起因する後遺症のために身体的機能の一部を喪失したこと自体を損害と観念することができるとしても，その後遺症の程度が比較的軽微であつて，しかも被害者が従事する職業の性質からみて現在又は将来における収入の減少も認められないという場合においては，特段の事情のない限り，労働能力の一部喪失を理由とする財産上の損害を認める余地はないというべ

きである。

　ところで，被上告人は，研究所に勤務する技官であり，その後遺症は身体障害等級14級程度のものであつて右下肢に局部神経症状を伴うものの，機能障害・運動障害はなく，事故後においても給与面で格別不利益な取扱も受けていないというのであるから，現状において財産上特段の不利益を蒙つているものとは認め難いというべきであり，それにもかかわらずなお後遺症に起因する労働能力低下に基づく財産上の損害があるというためには，たとえば，事故の前後を通じて収入に変更がないことが本人において労働能力低下による収入の減少を回復すべく特別の努力をしているなど事故以外の要因に基づくものであつて，かかる要因がなければ収入の減少を来たしているものと認められる場合とか，労働能力喪失の程度が軽微であつても，本人が現に従事し又は将来従事すべき職業の性質に照らし，特に昇給，昇任，転職等に際して不利益な取扱を受けるおそれがあるものと認められる場合など，後遺症が被害者にもたらす経済的不利益を肯認するに足りる特段の事情の存在を必要とするというべきである。

　後遺障害逸失利益については，原則として，生活費控除をしない。重度後遺障害事案については，生活費控除をする裁判例も少数ながらあるが，寝たきりの状態であっても，人としての楽しみを持てるような生活をするためには健常者に劣らない生活費が必要であると考えることもできるため，生活費控除はしないことがほとんどである。他方，被害者に必要とされる将来の雑費について，生活費の一部と考えることができる場合も多く，損害として認めないことがある。

イ　基礎収入の算定

①　給与所得者，事業所得者及び会社役員

　　休業損害の場合に準じる。ただし，若年者（概ね30歳未満の者）については，実収入額が学歴計・全年齢平均賃金を下回る場合であっても，年齢，職歴，実収入額と学歴計・全年齢平均賃金との乖離の程度，その原因等を総合的に考慮し，将来的に生涯を通じて学歴計・全年齢平均賃金を得られる蓋然性が認められる場合は，学歴計・全年齢平均賃金を基礎とする。その蓋然性が認められない場合であっても，直ちに実収入額を基礎とするのではなく，学歴別・全年齢平均賃金，学歴計・年齢別平均賃金等を採用することもある。

なお，大卒者については，大学卒・全年齢平均賃金との比較を
行う。
② 家事従事者
休業損害の場合に準じる。
③ 幼児，生徒，学生
原則として，学歴計・全年齢平均賃金を基礎とするが，大学生
又は大学への進学の蓋然性が認められる者については，大学卒・
全年齢平均賃金を基礎とする。年少女子については，原則とし
て，男女を合わせた全労働者の学歴計・全年齢平均賃金を用いる
こととする。
なお，未就労者の逸失利益の算定方法は，次のとおりである。
基礎収入×労働能力喪失率×{(67歳－症状固定時の年齢)年
のライプニッツ係数－(就労開始の年齢－症状固定時の年齢)年
のライプニッツ係数}
④ 無職者（②及び③の者を除く）
被害者の年齢や職歴，勤労能力，勤労意欲等にかんがみ，就職
の蓋然性がある場合には，認められる。その場合，基礎収入は，
被害者の年齢や失業前の実収入額等を考慮し，蓋然性が認められ
る収入額による。

(注)
① 賃金センサスを用いる場合は，症状固定時の年度の統計を使用する。
② 労働能力喪失期間を短期間に限定する場合，賃金センサスを使用するとき
は，原則として，学歴計・年齢別平均賃金を用いる（ただし，家事従事者に
ついては学歴計・女性全年齢平均賃金を用いる。）。

後遺障害逸失利益の基礎収入については，基本的には休業損害と同じで
あり，実収入額によるのが原則であるが，休業損害とは異なって，将来の
長期間にわたる所得の問題であるため，必ずしも事故当時の収入額による
のが相当ではない場合もある。このため，若年者（概ね30歳未満の者）
については，学生との均衡もあり，全年齢平均賃金を用いることを考慮す
ることとした。
例えば，症状固定時10歳の男子が後遺障害等級5級（労働能力喪失率
79％）の後遺障害を負った場合の一般的な計算式は，次のとおりである

（中間利息控除の法定利率は年3％とする。）。

〔計算式〕

　男性全年齢平均賃金×0.79×（27.15093566［57年のライプニッツ係
数］－ 7.01969219［8年のライプニッツ係数］）

　この結果，ライプニッツ係数は20.13124347となるが，この係数は，
資料編「2－2　就労可能年数とライプニッツ係数表」のとおりである。
ただし，裁判実務上，少数第4位までの数値によって計算されることが
多い。

　被害者の勤務先に定年退職制が設けられている場合，定年退職後の基礎
収入をどう認定するかという問題があるが，67歳までの期間を通じて同
一額を基礎として逸失利益を算定し，定年退職を考慮しない代わりに，退
職金も考慮しないことが多い。ただし，給与収入が相当高額で，定年後は
それだけの収入を維持することが難しいと認められる場合は，定年後は
60〜64歳の賃金センサス又は実収入額の一定割合を基礎収入とするこ
ともある。なお，退職金を別途考慮する場合，定年まで勤務すれば得られ
たであろう退職金と実際に支給された退職金との差額につき，中間利息を
控除して損害を認定することになる。

　将来昇給等による収入の増加を得たであろうことが，証拠に基づいて相
当の確かさをもって推定できる場合には，昇給等の回数，金額等を予測し
得る範囲で控え目に見積って，将来の得べかりし収入額を算出することも
許される。

　◆最判平成10年6月11日交民31巻3号631頁
　　所論の点に関する原審の認定判断は，原判決挙示の証拠関係に照らし，正当と
　して是認することができ，その過程に所論の違法はない［として，次の高裁判決
　を是認した。］
　◆大阪高判平成9年12月18日交民30巻6号1598頁
　　控訴人らは，Aの逸失利益は賃金センサスに基づき算定されるべきである旨主
　張する。
　　しかしながら，損害賠償制度は被害者に生じた現実の損害を填補することによ
　って損害の公平な負担を図ることを目的とするものであるから，逸失利益の算定
　に当たっても，基本的には，当該事案における具体的事情に応じて，被害者の事
　故当時の収入を基礎として個別に算定すべきであると解するのが相当である。す
　なわち，本件のように実収入が賃金センサスの平均賃金を下回る給与所得者の逸

失利益を算定するに当たっては，事故に遭わなければ近い将来転職によって平均賃金額と同程度の収入が得られたはずであるという蓋然性が具体的に認められるとか，現実の収入は副業的なものであって他にも斟酌すべき稼働の事実がありこれをも加算すると基礎収入が平均賃金に達すると評価し得るとかいった特段の事情が認められない限り，賃金センサスなどの諸種の統計的数値に直ちに依拠するのは相当ではなく，まず現実の収入を基礎として損害額を算定すべきであって，このような算定方法を用いたとしても不合理ではないというべきである。本件においては，証拠上右にいう特段の事情の存在は認め難いので，控訴人らの前記主張は採用することができない。

◆最判昭和43年8月27日民集22巻8号1704頁・判タ226号78頁

　　不法行為によつて死亡した者の得べかりし利益を喪失したことによる損害の額を認定するにあたつては，裁判所は，あらゆる証拠資料を総合し，経験則を活用して，でき得るかぎり蓋然性のある額を算出するよう努めるべきであり，蓋然性に疑いがある場合には被害者側にとつて控え目な算定方法を採用すべきであるが，ことがらの性質上将来取得すべき収益の額を完全な正確さをもつて定めることは不可能であり，そうかといつて，そのために損害の証明が不可能なものとして軽々に損害賠償請求を排斥し去るべきではないのであるから，客観的に相当程度の蓋然性をもつて予測される収益の額を算出することができる場合には，その限度で損害の発生を認めなければならないものというべきである。そして，死亡当時安定した収入を得ていた被害者において，生存していたならば将来昇給等による収入の増加を得たであろうことが，証拠に基づいて相当の確かさをもつて推定できる場合には，右昇給等の回数，金額等を予測し得る範囲で控え目に見積つて，これを基礎として将来の得べかりし収入額を算出することも許されるものと解すべきである。

将来の一般的な賃金や物価の上昇（下降）は考慮しない。

◆最判昭和58年2月18日裁判集民138号157頁・判タ494号66頁

　　昭和52年7月26日の交通事故により死亡した幼児（当時満2歳の男児）の将来の得べかりし利益の喪失による損害賠償額を算定するにあたり，原審が昭和54年賃金構造基本統計調査報告第1巻第1表中の産業計・企業規模計・学歴計の男子労働者の平均賃金額を基準として収入額を算定し，その後の物価上昇ないし賃金上昇を斟酌しなかつたとしても，交通事故により死亡した幼児の得べかりし収入額の算定として不合理なものとはいえず，原判決に所論の違法はない。

　年少女子の基礎収入については，女性労働者の学歴計・全年齢平均賃金を基礎とする裁判例と男女を合わせた全労働者の学歴計・全年齢平均賃金

を基礎とする裁判例があるが，近時では，男女を合わせた全労働者の賃金
センサスを用いることが増加している。

◆**最判昭和 54 年 6 月 26 日裁判集民 127 号 127 頁・判タ 391 号 71 頁**
　亡 A の将来得べかりし利益の喪失による損害賠償を算定するにあたり，原審が
賃金センサス昭和 50 年第 1 巻第 1 表，産業計，企業規模計，学歴計 18 歳ないし
19 歳の女子労働者の平均給与額を基準として収入額を算定したとしても，交通事
故により死亡した幼児の将来得べかりし収入額の算定として不合理なものとはい
えず，原判決に所論の違法はない。

◆**最判昭和 56 年 10 月 8 日裁判集民 134 号 39 頁・判タ 454 号 80 頁**
　交通事故により死亡した幼児（当時満 8 歳の女児）の将来の得べかりし利益の
喪失による損害賠償額を算定するにあたり，賃金センサスによるパートタイム労
働者を除く女子全労働者・産業計・学歴計の表による各年齢階級の平均給与額を
基準として収入額を算定したとしても，交通事故により死亡した幼児の将来の得
べかりし収入額の算定として不合理なものとはいえない［。］

◆**最判昭和 61 年 11 月 4 日裁判集民 149 号 71 頁・判タ 625 号 100 頁**
　原審が，亡 A（本件事故当時満 1 歳の女児）の将来の得べかりし利益の喪失に
よる損害賠償額を算定するに当たり，昭和 57 年賃金センサス第 1 巻第 1 表の産
業計・企業規模計・学歴計の女子労働者の全年齢平均賃金額を基準として収入額
を算定したうえ，その後の物価上昇ないし賃金上昇を斟酌することなくライプニ
ッツ式計算法により民法所定の年 5 分の利率による中間利息を控除しその事故時
における現在価額を算定したことは，交通事故により死亡した幼児の将来得べか
りし利益の算定として不合理なものとはいえ［ない。］

◆**最判昭和 62 年 1 月 19 日民集 41 巻 1 号 1 頁・判タ 629 号 95 頁**
　A のような死亡時に現実収入のない就労前の年少女子の場合には，当該女子の
将来の就労の時期，内容，程度及び結婚後の職業継続の有無等将来につき不確定
な要因が多いのであるが，原審が，A の将来の得べかりし利益の喪失による損害
賠償額を算定するに当たり，賃金センサス昭和 56 年第 1 巻第 1 表中の女子労働
者，旧中・新高卒，企業規模計（パートタイム労働者を除いたもの）の表による
平均給与額を基準として収入額を算定したことは，交通事故により死亡した女子
の将来の得べかりし利益の算定として不合理なものとはいえ［ない。］

◆**東京高判平成 13 年 8 月 20 日交民 34 巻 4 号 845 頁・判タ 1092 号 241 頁**
　［11 歳の女児の死亡による逸失利益について］高等学校卒業までか，少なくと
も義務教育を修了するまでの女子年少者については，逸失利益算定の基礎収入と
して賃金センサスの女子労働者の平均賃金を用いることは合理性を欠くものとい
わざるを得ず，男女を併せた全労働者の平均賃金を用いるのが合理的と考えられ
るのであって，このように解しても，逸失利益を過大に認定することにはならな
いものというべきである。［として，賃金センサスの全労働者平均賃金を基礎収入
として逸失利益を算定した。］
　（この判決に対する上告受理の申立ては，上告審において受理されなかった〔最
決平成 14 年 7 月 9 日交民 35 巻 4 号 917 頁〕。）

◆**東京高判平成13年10月16日交民34巻6号1818頁・判時1772号57頁**
　[11歳の女児の死亡による逸失利益について] 従来の判例・実務は，できる限り蓋然性のある逸失利益算定の方法として，賃金センサスの男女別平均賃金を基礎収入とする方法を採用した。後記のとおり，賃金センサスの数値は現実の労働市場における賃金の実態を反映していると解され，また，実態を反映する統計的数値に基づく推認は，蓋然性の証明において通常用いられる方法であるから，他により正確で利用可能な統計的数値等の資料がない場合には，従来の算定方法は，逸失利益の算定方法として合理的なものであるということができる。[として，賃金センサスの女性労働者の平均賃金を基礎収入として逸失利益を算定した。]
　（この判決に対する上告は棄却され，上告受理の申立ては，上告審において受理されなかった〔最決平成14年7月9日交民35巻4号921頁〕。）

ウ　労働能力喪失率
　　労働能力の低下については，労働省労働基準局長通牒（昭和32年7月2日基発第551号）を参考にして，障害の部位・程度，被害者の性別・年齢・職業，事故前後の就労状況，減収の程度等を総合的に判断して定める。

　労働能力喪失率は，労働省労働基準局長通牒（資料編「5　労働能力喪失率表」）を参考としつつ，障害の部位・程度や被害者の職業等を総合して判断する。このため，被害者が自賠責保険や労災保険の手続において一定の後遺障害等級の認定を受けていたとしても，裁判所の判断が必ずそれと一致するものではない。

◆**最判昭和48年11月16日裁判集民110号469頁・交民6巻6号1693頁**
　交通事故による傷害のため，労働能力の喪失・減退を来たしたことを理由として，得べかりし利益の喪失による損害を算定するにあたつて，上告人の援用する労働能力喪失率表が有力な資料となることは否定できない。しかし，損害賠償制度は，被害者に生じた現実の損害を填補することを目的とするものであるから，被害者の職業と傷害の具体的状況により，同表に基づく労働能力喪失率以上に収入の減少を生じる場合には，その収入減少率に照応する損害の賠償を請求できることはいうまでもない。そして，原判決が被上告人の労働能力の喪失率を90パーセントと認定したのは，このような意味において被上告人の収入減少率を90パーセントと認定した趣旨であることが明らかであり，その旨の原審の認定判断は，原判決（その引用する第一審判決を含む。）挙示の証拠関係に照らして肯認す

ることができる。［原審は，ピアノ及び書道の教師につき，右膝関節屈曲障害により，ピアノのペダル操作が困難になり，正座が不可能となったことなどを理由として，労働能力喪失率を90％と判断した。］

エ　労働能力喪失期間

　㋐　労働能力喪失期間の始期

　　　労働能力喪失期間の始期は症状固定日とする。未就労者の就労の始期は，原則として18歳とし，大学進学等によりそれ以後の就労を前提とする場合は，就学終了予定時とする。

　㋑　労働能力喪失期間の終期

　　　労働能力喪失期間の終期は，67歳までとし，年長者については67歳までの年数と平均余命の2分の1のいずれか長いほうとすることを原則としつつ，被害者の性別・年齢・職業・健康状態等を総合的に判断して定める。

　　　ただし，いわゆるむち打ち症の場合には，後遺障害等級に応じ，次の期間を一応の目安とする。

　　　第12級程度　　　　5年から10年

　　　第14級程度　　　　3年から5年

　高等学校（通信制を含む）進学率は98.8％，大学進学率は54.4％であり（令和2年「学校基本調査」文部科学省），一般的に高等学校を卒業するであろうと考えられる。大学進学の蓋然性が認められる場合には，大学卒業時である22歳を就労開始時期とすることになる。

　労働能力喪失期間の終期は，原則として67歳までとするが，これを超えて就労する蓋然性があるときは，67歳を超える期間を認めることがある。また，年長者については67歳までの年数と平均余命の2分の1のいずれか長い方とすることを原則としつつ，被害者の性別・年齢・職業・健康状態等を総合的に判断して定める。年長者の労働能力喪失期間の終期については，第23回生命表（令和2年）によると，男性は53歳以上，女性は48歳以上であれば，平均余命年数の2分の1が67歳までの期間を上回る（ライプニッツ方式の場合。資料編「2−2　就労可能年数とライプニッツ係数表」参照）。

◆**最判昭和40年6月8日裁判集民79号363頁**
　死者の労働可能年令期は，死者の年令，健康状態，職業その他諸般の事情を考慮してこれを認定すべきところ，原判示諸般の事情からすれば，本件事故により死亡した訴外Aの労働可能年令期を68歳（平均寿命）と認定判断することも首肯できないことではないから，原判決に所論の違法はない。

◆**最判昭和41年5月6日裁判集民83号477頁**
　死者の労働可能年令期は，死者の年令［死亡時60歳］・職業［クリーニング業］・健康状態［きわめて健康］その他諸般の事情を考慮して認定すべきところ，原判決挙示の証拠および認定した事情からすれば，本件事故により死亡した訴外Aの労働可能年令期を74歳と認定・判断したことは首肯できないことではないから，原判決には，所論のような違法はない。

　いわゆるむち打ち症の場合には，後遺障害等級に応じ，第12級程度については5年から10年，第14級程度については3年から5年を一応の目安とする。いわゆるむち打ちによるものでなくても，後遺障害が比較的軽度な外傷後の局部的な神経症状の場合にも，同様の扱いをすることが一般的である。

　オ　中間利息控除

　　民事法定利率の割合で控除し，計算方式はライプニッツ方式による。中間利息控除の基準時は，原則として，症状固定時とする。

　㊟　民事法定利率は，令和2年4月1日以後に損害賠償の請求権が生じた場合は年3%であり，同日よりも前に損害賠償の請求権が生じた場合は年5%である。

　一定の労働能力を喪失したことによる逸失利益につき，一時金として支払を求める場合は，将来にわたる逸失利益総額を現在価額に換算する必要があり，そのために中間利息を控除することになる。

　中間利息の控除方法には，ライプニッツ方式（複利）とホフマン方式（単利）があり，最高裁はいずれも不合理なものではないとして是認しているが，現在，一般的な事案ではほぼ全国的にライプニッツ方式が採用されている。

◆最判昭和 53 年 10 月 20 日民集 32 巻 7 号 1500 頁・判タ 371 号 60 頁
　ライプニッツ式計算法は，交通事故の被害者の将来得べかりし利益を事故当時の現在価額に換算するための中間利息控除の方法として不合理なものとはいえ［ない。］
◆最判平成 2 年 3 月 23 日裁判集民 159 号 317 頁・判タ 731 号 109 頁
　死亡した幼児の将来の得べかりし利益の喪失による損害賠償の額は，個々の事案に応じて適正に算定すべきものであるから，原審が，亡 A［被害者］（本件事故当時 9 歳の男児）の将来の得べかりし利益の喪失による損害賠償の額につき，賃金センサスによる男子労働者の産業計・企業規模計・学歴計の全年齢平均賃金額を基準として収入額を算定した上，ホフマン式計算法により事故当時の現在価額に換算したからといって，直ちに不合理な算定方法ということはできない。

　中間利息の控除割合は，民事法定利率による（新法 722 条 1 項，417 条の 2 第 1 項）。民事法定利率は，令和 2 年 4 月 1 日以後の損害賠償の請求権が生じた場合，当面年 3％であり，同日よりも前に損害賠償の請求権が生じた場合は年 5％である（附則 17 条 2 項）。

◆最判平成 17 年 6 月 14 日民集 59 巻 5 号 983 頁・判タ 1185 号 109 頁
　損害賠償額の算定に当たり，被害者の将来の逸失利益を現在価額に換算するために控除すべき中間利息の割合は，民事法定利率によらなければならないというべきである。

　中間利息控除の基準時としては，①事故時，②症状固定時，③紛争解決時の見解がある。最高裁判例により，事故時に全損害が発生し，遅延損害金も事故時から発生するとされていることからすると，論理的には事故時を基準に現価評価するのが正当なように思われるが，損害全体の中ではほとんど意味のない煩雑な損害計算を回避する等の観点から，症状固定時を基準とする扱いが多い。

カ　算定方法（定期金方式）
　定期金方式によるときは，基礎収入に労働能力の喪失割合を乗じて逸失利益の額（年額等）を算定し，その額につき，原則として就労可能年数までの定期的な支払を命じる。

　被害者が定期金による賠償を求めた場合，不法行為に基づく損害賠償制度の目的や損害の公平な分担を図る理念に照らして相当と認められるときは，定期金方式によることができる。なお，定期金方式によるときの賠償期間は，原則として就労可能年数までである。

◆**最判令和２年７月９日民集74巻４号1204頁・判タ1480号138頁**

　被害者が事故によって身体傷害を受け，その後に後遺障害が残った場合において，労働能力の全部又は一部の喪失により将来において取得すべき利益を喪失したという損害についても，不法行為の時に発生したものとして，その額を算定した上，一時金による賠償を命ずることができる。しかし，上記損害は，不法行為の時から相当な時間が経過した後に逐次現実化する性質のものであり，その額の算定は，不確実，不確定な要素に関する蓋然性に基づく将来予測や擬制の下に行わざるを得ないものであるから，将来，その算定の基礎となった後遺障害の程度，賃金水準その他の事情に著しい変更が生じ，算定した損害の額と現実化した損害の額との間に大きなかい離が生ずることもあり得る。民法は，不法行為に基づく損害賠償の方法につき，一時金による賠償によらなければならないものとは規定しておらず（722条１項，417条参照），他方で，民訴法117条は，定期金による賠償を命じた確定判決の変更を求める訴えを提起することができる旨を規定している。同条の趣旨は，口頭弁論終結前に生じているがその具体化が将来の時間的経過に依存している関係にあるような性質の損害については，実態に即した賠償を実現するために定期金による賠償が認められる場合があることを前提として，そのような賠償を命じた確定判決の基礎となった事情について，口頭弁論終結後に著しい変更が生じた場合には，事後的に上記かい離を是正し，現実化した損害の額に対応した損害賠償額とすることが公平に適うということにあると解される。

　そして，不法行為に基づく損害賠償制度は，被害者に生じた現実の損害を金銭的に評価し，加害者にこれを賠償させることにより，被害者が被った不利益を補塡して，不法行為がなかったときの状態に回復させることを目的とするものであり，また，損害の公平な分担を図ることをその理念とするところである。このような目的及び理念に照らすと，交通事故に起因する後遺障害による逸失利益という損害につき，将来において取得すべき利益の喪失が現実化する都度これに対応する時期にその利益に対応する定期金の支払をさせるとともに，上記かい離が生ずる場合には民訴法117条によりその是正を図ることができるようにすることが相当と認められる場合があるというべきである。

　以上によれば，交通事故の被害者が事故に起因する後遺障害による逸失利益について定期金による賠償を求めている場合において，上記目的及び理念に照らして相当と認められるときは，同逸失利益は，定期金による賠償の対象となるものと解される。

　上記後遺障害による逸失利益につき定期金による賠償を命ずるに当たっては，交通事故の時点で，被害者が死亡する原因となる具体的事由が存在し，近い将来

における死亡が客観的に予測されていたなどの特段の事情がない限り，就労可能期間の終期より前の被害者の死亡時を定期金による賠償の終期とすることを要しないと解するのが相当である。

(3) 死亡による逸失利益

ア　算定方法

　　基礎収入から被害者本人の生活費として一定割合を控除し，これに就労可能年数に応じたライプニッツ係数を乗じて算定する。

イ　基礎収入，就労可能期間及び中間利息控除

　　後遺障害逸失利益の場合に準じる。

ウ　生活費控除率

　　原則として，一家の支柱及び女性は 30％ 〜 40％，その他は 50％ とする。ただし，年少女子につき，男女を合わせた全労働者の平均賃金を採用する場合は，生活費控除率を 45％ とする。

(注)

① 一家の支柱とは，被害者の世帯が主としてその被害者の収入によって生計を維持していた場合をいう。

② 賃金センサスを用いる場合は，死亡時の年度の統計を使用する。

③ 年金収入の逸失利益については，上記と異なる生活費控除率を用いることがある。

〔計算式〕

　年収額×(1−生活費控除率)×就労可能年数のライプニッツ係数

　生活費控除については，本来的には，収入の多寡や被害者が浪費家か節約家かなどで生活費は異なるものではあるが，それを審理・判断することは困難であるため，原則として，被害者の家族構成・属性により一定割合を用いることとしている。

　生活費控除率は，調整機能的な役割を担っており，一家の支柱の生活費控除率を低くしているのは，残された遺族の生活保障の観点を重視しているからである。また，女性の生活費控除率を低くしているのは，基礎収入額が男性より低いことを考慮したからであり，男性と同程度の給与を取得

している場合は，男性と同様に考えることができる。なお，年少女子につき，賃金センサスの男女を合わせた全労働者の平均賃金を採用する場合，ライプニッツ係数が年5％であるときは，生活費控除率を45％程度にする必要がある（40％あるいはそれ以下であれば，男性で生活費控除率を50％とした場合よりも逸失利益額が上回ってしまうため）。

　年金収入のみの者については，年金の逸失利益が認められる場合，年金の性格からして，収入に占める生活費の割合が高いと考えられることから，生活費控除率を通常より高くすることが多い。

◆**最判昭和43年12月17日裁判集民93号677頁・判タ230号178頁**
　本件の被害者Aの学歴等原審の認定した諸般の事情に徴し，かつ被害者の得べかりし利益を算定するにあたり控除すべき被害者の生活費とは，被害者自身が将来収入を得るに必要な再生産の費用を意味するものであつて，家族のそれを含むものではないことに鑑みれば，被害者Aの得べかりし利益を算定するにあたり控除すべき同人の生活費が，その全稼働期間を通じ，収入の5割を越えないとする原審の判断は不当とはいえない。

◆**最判昭和56年10月8日裁判集民134号39頁・判タ454号80頁**
　［交通事故により死亡した女児の］得べかりし利益の喪失による損害賠償額を算定するにあたり右平均給与額の5割相当の生活費を控除したとしても，不合理なものとはいえない［。］

⑷　事故後の事情変更

　事故による後遺障害が残存した後に被害者が別の原因により死亡した場合，事故の時点で，その死亡の原因となる具体的事由が存在し，近い将来における死亡が客観的に予測されていたなどの特段の事情がない限り，死亡の事実は就労可能期間の認定上考慮すべきものではない（将来の介護費とは異なる。）。

◆**最判平成8年4月25日民集50巻5号1221頁・交民29巻2号302頁**
　交通事故の被害者が事故に起因する傷害のために身体的機能の一部を喪失し，労働能力の一部を喪失した場合において，いわゆる逸失利益の算定に当たっては，

その後に被害者が死亡したとしても，右交通事故の時点で，その死亡の原因となる具体的事由が存在し，近い将来における死亡が客観的に予測されていたなどの特段の事情がない限り，右死亡の事実は就労可能期間の認定上考慮すべきものではないと解するのが相当である。けだし，労働能力の一部喪失による損害は，交通事故の時に一定の内容のものとして発生しているのであるから，交通事故の後に生じた事由によってその内容に消長を来すものではなく，その逸失利益の額は，交通事故当時における被害者の年齢，職業，健康状態等の個別要素と平均稼働年数，平均余命等に関する統計資料から導かれる就労可能期間に基づいて算定すべきものであって，交通事故の後に被害者が死亡したことは，前記の特段の事情のない限り，就労可能期間の認定に当たって考慮すべきものとはいえないからである。また，交通事故の被害者が事故後にたまたま別の原因で死亡したことにより，賠償義務を負担する者がその義務の全部又は一部を免れ，他方被害者ないしその遺族が事故により生じた損害のてん補を受けることができなくなるというのでは，衡平の理念に反することになる。

◆**最判平成 8 年 5 月 31 日民集 50 巻 6 号 1323 頁・交民 29 巻 3 号 649 頁**

交通事故の被害者が事故に起因する後遺障害のために労働能力の一部を喪失した場合における財産上の損害の額を算定するに当たっては，その後に被害者が死亡したとしても，交通事故の時点で，その死亡の原因となる具体的事由が存在し，近い将来における死亡が客観的に予測されていたなどの特段の事情がない限り，右死亡の事実は就労可能期間の算定上考慮すべきものではないと解するのが相当である（最高裁平成 5 年(オ)第 527 号同 8 年 4 月 25 日第一小法廷判決・民集 50 巻 5 号登載予定参照［民集 50 巻 5 号 1221 頁・交民 29 巻 2 号 302 頁］）。

右のように解すべきことは，被害者の死亡が病気，事故，自殺，天災等のいかなる事由に基づくものか，死亡につき不法行為等に基づく責任を負担すべき第三者が存在するかどうか，交通事故と死亡との間に相当因果関係ないし条件関係が存在するかどうかといった事情によって異なるものではない。本件のように被害者が第二の交通事故によって死亡した場合，それが第三者の不法行為によるものであっても，右第三者の負担すべき賠償額は最初の交通事故に基づく後遺障害により低下した被害者の労働能力を前提として算定すべきものであるから，前記のように解することによって初めて，被害者ないしその遺族が，前後二つの交通事故により被害者の被った全損害についての賠償を受けることが可能となるのである。

また，交通事故の被害者が事故に起因する後遺障害のために労働能力の一部を喪失した後に死亡した場合，労働能力の一部喪失による財産上の損害の額の算定に当たっては，交通事故と被害者の死亡との間に相当因果関係があって死亡による損害の賠償をも請求できる場合に限り，死亡後の生活費を控除することができると解するのが相当である。けだし，交通事故と死亡との間の相当因果関係が認められない場合には，被害者が死亡により生活費の支出を必要としなくなったことは，損害の原因と同一原因により生じたものということができず，両者は損益相殺の法理又はその類推適用により控除すべき損失と利得との関係にないからである。

　交通事故とその後の被害者の自殺については，次の最高裁判例参照。

◆最判平成5年9月9日裁判集民169号603頁・判タ832号276頁
　本件事故によりAが被った傷害は，身体に重大な器質的障害を伴う後遺症を残すようなものでなかったとはいうものの，本件事故の態様がAに大きな精神的衝撃を与え，しかもその衝撃が長い年月にわたって残るようなものであったこと，その後の補償交渉が円滑に進行しなかったことなどが原因となって，Aが災害神経症状態に陥り，更にその状態から抜け出せないままうつ病になり，その改善をみないまま自殺に至ったこと，自らに責任のない事故で傷害を受けた場合には災害神経症状態を経てうつ病に発展しやすく，うつ病にり患した者の自殺率は全人口の自殺率と比較してはるかに高いなど原審の適法に確定した事実関係を総合すると，本件事故とAの自殺との間に相当因果関係があるとした上，自殺には同人の心因的要因も寄与しているとして相応の減額をして死亡による損害額を定めた原審の判断は，正当として是認することができ，原判決に所論の違法はない。

(5)　企業損害——被害者を雇用等している会社の損害

　会社の役員や従業員が事故で負傷し，就労が不可能又は制限されているのに，会社において従前どおり報酬や給与を支払っていた場合には，本来，会社の役員や従業員が加害者に対して請求できる損害を会社が肩代わりしたものとして，会社においてその分を加害者に対し請求することができる場合がある。

　会社の役員や従業員が事故で負傷した場合，会社が加害者に対し会社固有の損害（いわゆる間接損害）を請求できるかについては，いわゆる個人会社であり，被害者である当該個人に実権が集中し，同人に会社の機関として代替性がなく，経済的に同人と会社とが一体をなす関係にあるものと認められる場合には，事故による個人の受傷と会社の利益の逸失との間に相当因果関係を認めることができる。

◆最判昭和43年11月15日民集22巻12号2614頁・判タ229号153頁
　被上告会社は法人とは名ばかりの，俗にいう個人会社であり，その実権は従前同様A個人に集中して，同人には被上告会社の機関としての代替性がなく，経済的に同人と被上告会社とは一体をなす関係にあるものと認められるのであつて，

かかる原審認定の事実関係のもとにおいては，原審が，上告人の A に対する加害行為と同人の受傷による被上告会社の利益の逸失との間に相当因果関係の存することを認め，形式上間接の被害者たる被上告会社の本訴請求を認容しべきものとした判断は，正当である。

◆最判昭和 54 年 12 月 13 日交民 12 巻 6 号 1463 頁

〔次の高裁判決につき，原審の事実認定は，原判決挙示の証拠関係に照らして首肯するに足り，右事実関係のもとにおいて，上告人の本訴請求を棄却した原審の判断は正当であるとした事例。〕

◆東京高判昭和 54 年 4 月 17 日交民 12 巻 2 号 344 頁

事業の経営者は，通常，事業に従事する者が不時の災害を受けても営業に支障を生じないようあらかじめ担当者の配置換，あるいは後任者の養成など種々対応策を講じておくべきであり，その事業または従業員の職種が特殊の高度な専門的知識や長年の経験を要する場合において，経営者がその従業員により継続的な事業を維持しようとするときは，なおさら右の要請は強いといえるのであり，事業はその従業員が余人をもって代え難い者であればある程その者の事故に伴ない停滞し，あるいは困難となる危険が大きいが，その危険の除去は，その危険があるのにそのような継続的事業をしようとする経営者の責任であるというべきである。したがって，本件において，「企業の従業員としての代替性がないこと」をもって相当因果関係存在の一つの判断基準とするのは相当ではない。また，経営者がこの点につき万全の方策を講ずるかぎり，従業員が事故により事業に従事できなくなっても，右方策に従い直ちに他の者を補充し事業に支障を生じさせないことができるから，経営者がその対応策を講ずることを怠り，従業員が交通事故で従事できなくなり事業上の損害を生じたとしても，そのような損害は交通事故の加害者において一般に通常予見可能であったということのできる損害とは認め難いといわなければならない。

⑹ 年金受給者

年金を受給していた者が事故により死亡した場合，年金につき逸失利益が認められるかが問題となる。

年金は，全制度に共通する国民年金（基礎年金）を基礎とし，その上乗せとして，所得比例の厚生年金がある。年金給付の種類には，①老齢年金，②障害年金，③遺族年金の 3 つがある。これらの組合せにより，国民年金については，老齢基礎年金，障害基礎年金，遺族基礎年金があり，厚生年金については，老齢厚生年金，障害厚生年金，遺族厚生年金がある。かつては，公務員等が加入する共済年金（退職共済年金，障害共済年金，遺族共済年金）が存在したが，平成 27 年 10 月から厚生年金に統合

された。

　逸失利益性が認められるかは，当該年金給付の目的，拠出された保険料と年金給付との間の対価性，年金給付の存続の確実性に基づいて判断することになる。具体的には以下のとおりである。

　なお，これらは，既に年金を受給していた者が死亡した場合であるが，未だ年金を受給していない者につき，年金の逸失利益性を認めることができるかについては，この点について判断を示した最高裁判例はなく，裁判例は分かれている。

ア　老齢年金・退職年金

逸失利益性は認められる。

◆**最判昭和41年4月7日民集20巻4号499頁・判時449号44頁**
　国の公務員であつた者が一定期間勤務した後退職したことを要件として支給を受ける普通恩給は，当該恩給権者に対して損失補償ないし生活保障を与えることを目的とするものであるとともに，その者の収入に生計を依存している家族に対する関係においても，同一の機能を営むものと認められる。そして，恩給を受けていた者が死亡したときには，これにより生計を維持し，または，これと生計を共にしていた一定の遺族に扶助料が支給されるが，右扶助料は右遺族に対する損失補償ないし生活保障の目的をもつて給付されるものであることは明らかである。
　[国家公務員につき昭和34年1月1日以前，地方公務員につき昭和37年12月1日以前に退職や死亡した場合は，恩給法に基づく恩給が支給されていた。]
◆**最判昭和50年10月21日裁判集民116号307頁・判時799号39頁**
　国の公務員であつた者が一定期間勤務した後退職したことを要件として支給を受ける普通恩給は，当該恩給権者に対して損失補償ないし生活保障を与えることを目的とするものであるとともに，その者の収入に生計を依存している家族に対する関係においても，同一の機能を営むものと認められるところ（最高裁昭和38年(オ)第987号同41年4月7日第一小法廷判決・民集20巻4号499頁参照），地方公務員等共済組合法に基づく退職年金は，前記普通恩給とその趣旨・目的を同じくするものと解されるから，右退職年金が当該公務員本人及びその収入に依存する家族に対する生活保障のみならず損失補償の性格を有するとした原審の認定判断は，正当として是認することができる。
◆**最判昭和50年10月24日民集29巻9号1379頁・判タ329号127頁**
　国家公務員は，一定期間勤務したのち退職した場合，国家公務員等退職手当法による退職手当及び国家公務員共済組合法による退職給付の支給を受けることができるのであるから，右のような公務員が他人の不法行為によつて死亡した場合，同人は加害者に対し，生存していたならば得ることのできた給与，退職手当及び

退職給付の合計額からその生活必要経費及び中間利息を控除した額について損害賠償債権を取得し，その相続人は相続分に応じて右死亡した者の損害賠償債権を相続するのである。

◆最判昭和 59 年 10 月 9 日裁判集民 143 号 49 頁・判タ 542 号 196 頁

　公務員であつた者が支給を受ける普通恩給は，当該恩給権者に対して損失補償ないし生活保障を与えることを目的とするものであるとともに，その者の収入に生計を依存している家族に対する関係においても，同一の機能を営むものと認められるから（最高裁昭和 38 年(オ)第 987 号同 41 年 4 月 7 日第一小法廷判決・民集 20 巻 4 号 499 頁参照），他人の不法行為により死亡した者の得べかりし普通恩給は，その逸失利益として相続人が相続によりこれを取得するものと解するのが相当である。

◆最大判平成 5 年 3 月 24 日民集 47 巻 4 号 3039 頁・判タ 853 号 63 頁

　［地方公務員等共済組合法に基づく］退職年金を受給していた者が不法行為によって死亡した場合には，相続人は，加害者に対し，退職年金の受給者が生存していればその平均余命期間に受給することができた退職年金の現在額を同人の損害として，その賠償を求めることができる。

◆最判平成 5 年 9 月 21 日裁判集民 169 号 793 頁・判タ 832 号 70 頁

　公務員であった者が支給を受ける普通恩給は，当該恩給権者に対して損失補償ないし生活保障を与えることを目的とするものであるとともに，その者の収入に生計を依存している家族に対する関係においても，同一の機能を営むものと認められるから（最高裁昭和 38 年(オ)第 987 号同 41 年 4 月 7 日第一小法廷判決・民集 20 巻 4 号 499 頁参照），他人の不法行為により死亡した者の得べかりし普通恩給は，その逸失利益として相続人が相続によりこれを取得するものと解するのが相当である（最高裁昭和 57 年(オ)第 219 号同 59 年 10 月 9 日第三小法廷判決・裁判集民事 143 号 49 頁）。そして，国民年金法（昭和 60 年法律第 34 号による改正前のもの。）に基づいて支給される国民年金（老齢年金）もまた，その目的・趣旨は右と同様のものと解されるから，他人の不法行為により死亡した者の得べかりし国民年金は，その逸失利益として相続人が相続によりこれを取得し，加害者に対してその賠償を請求することができるものと解するのが相当である。

イ　障害年金

逸失利益性は認められる。ただし，加給分については否定される。

◆最判平成 11 年 10 月 22 日民集 53 巻 7 号 1211 頁・判タ 1016 号 98 頁

　国民年金法に基づく障害基礎年金も厚生年金保険法に基づく障害厚生年金も，原則として，保険料を納付している被保険者が所定の障害等級に該当する障害の状態になったときに支給されるものであって（国民年金法 30 条以下，87 条以下，厚生年金保険法 47 条以下，81 条以下参照），程度の差はあるものの，いずれも保

険料が拠出されたことに基づく給付としての性格を有している。したがって，障害年金を受給していた者が不法行為により死亡した場合には，その相続人は，加害者に対し，障害年金の受給権者が生存していれば受給することができたと認められる障害年金の現在額を同人の損害として，その賠償を求めることができるものと解するのが相当である。そして，亡Ａが本件事故により死亡しなければ平均余命まで障害年金を受給することのできたがい然性が高いものとして，この間に亡Ａが得べかりし障害年金相当額を逸失利益と認めた原審の認定判断は，原判決挙示の証拠関係に照らして是認するに足りる。

　もっとも，子及び妻の加給分については，これを亡Ａの受給していた基本となる障害年金と同列に論ずることはできない。すなわち，国民年金法33条の2に基づく子の加給分及び厚生年金保険法50条の2に基づく配偶者の加給分は，いずれも受給権者によって生計を維持している者がある場合にその生活保障のために基本となる障害年金に加算されるものであって，受給権者と一定の関係がある者の存否により支給の有無が決まるという意味において，拠出された保険料とのけん連関係があるものとはいえず，社会保障的性格の強い給付である。加えて，右各加給分については，国民年金法及び厚生年金保険法の規定上，子の婚姻，養子縁組，配偶者の離婚など，本人の意思により決定し得る事由により加算の終了することが予定されていて，基本となる障害年金自体と同じ程度にその存続が確実なものということもできない。これらの点にかんがみると，右各加給分については，年金としての逸失利益性を認めるのは相当でないというべきである。

ウ　遺族年金

逸失利益性は認められない。

◆最判平成12年11月14日民集54巻9号2683頁・判タ1049号220頁
　遺族厚生年金は，厚生年金保険の被保険者又は被保険者であった者が死亡した場合に，その遺族のうち一定の者に支給される（厚生年金保険法58条以下）ものであるところ，その受給権者が被保険者又は被保険者であった者の死亡当時その者によって生計を維持した者に限られており，妻以外の受給権者については一定の年齢や障害の状態にあることなどが必要とされていること，受給権者の婚姻，養子縁組といった一般的に生活状況の変更を生ずることが予想される事由の発生により受給権が消滅するとされていることなどからすると，これは，専ら受給権者自身の生計の維持を目的とした給付という性格を有するものと解される。また，右年金は，受給権者自身が保険料を拠出しておらず，給付と保険料とのけん連性が間接的であるところからして，社会保障的性格の強い給付ということができる。加えて，右年金は，受給権者の婚姻，養子縁組など本人の意思により決定し得る事由により受給権が消滅するとされていて，その存続が必ずしも確実なものということもできない。これらの点にかんがみると，遺族厚生年金は，受給権者自身

の生存中その生活を安定させる必要を考慮して支給するものであるから，他人の不法行為により死亡した者が生存していたならば将来受給し得たであろう右年金は，右不法行為による損害としての逸失利益には当たらないと解するのが相当である。

　また，市議会議員共済会の共済給付金としての遺族年金は，市議会議員又は市議会議員であった者が死亡した場合に，その遺族のうち一定の者に支給される（地方公務員等共済組合法163条以下，市議会議員共済会定款25条以下）ものであるが，受給権者の範囲，失権事由等の定めにおいて，遺族厚生年金と類似しており，受給権者自身は掛金及び特別掛金を拠出していないことからすると，遺族厚生年金とその目的，性格を同じくするものと解される。したがって，遺族厚生年金について述べた理は，共済給付金たる遺族年金においても異なるところはない。

エ　軍人恩給としての扶助料──旧軍人又は旧準軍人が死亡した場合に，その遺族のうち一定の者に支給されるもの

逸失利益性は認められない。

◆最判平成12年11月14日裁判集民200号155頁・判タ1049号218頁

　恩給法の一部を改正する法律（昭和28年法律第155号）附則10条に基づく扶助料は，旧軍人又は旧準軍人が死亡した場合に，その遺族のうち一定の者に支給されるものであるところ，成人の子については重度障害の状態にあって生活資料を得る途がないことが必要とされていること，受給権者の婚姻，養子縁組といった一般的に生活状況の変更を生ずることが予想される事由の発生により受給権が消滅するとされていることなどからすると，専ら受給権者自身の生計の維持を目的とした給付という性格を有するものと解される。また，扶助料は，全額国庫負担であり，社会保障的性格の強い給付ということができる。加えて，扶助料は，受給権者の婚姻，養子縁組など本人の意思により決定し得る事由により受給権が消滅するとされていて，その存続が必ずしも確実なものということもできない。これらの点にかんがみると，扶助料は，受給権者自身の生存中その生活を安定させる必要を考慮して支給するものであるから，他人の不法行為により死亡した者が生存していたならば将来受給し得たであろう扶助料は，右不法行為による損害としての逸失利益には当たらないと解するのが相当である。

⑺　扶養利益の喪失

　被害者の内縁の配偶者，相続を放棄した者等，相続人として損害賠償請求権を有しない者であっても，被害者によって扶養を受けていた場合には，扶養利益の賠償を請求することができる。ただし，扶養利益喪失による損害額は，相続により取得すべき死亡者の逸失利益の額と当然に同じ額となるものではなく，被害者の生前の収入，被扶養者の生計の維持に充てられていた部分等の具体的事情に応じて適正に算定すべきである。

　被害者の内縁の配偶者と相続人との関係については，被害者の逸失利益につき，扶養利益分が内縁の配偶者に，残余が相続人に帰属することになる。

◆最判平成 5 年 4 月 6 日民集 47 巻 6 号 4505 頁・判タ 832 号 73 頁
　自動車損害賠償保障法 72 条 1 項に定める政府の行う自動車損害賠償保障事業は，自動車の運行によって生命又は身体を害された者がある場合において，その自動車の保有者が明らかでないため被害者が同法 3 条の規定による損害賠償の請求をすることができないときは，政府がその損害をてん補するものであるから，同法 72 条 1 項にいう「被害者」とは，保有者に対して損害賠償の請求をすることができる者をいうと解すべきところ，内縁の配偶者が他方の配偶者の扶養を受けている場合において，その他方の配偶者が保有者の自動車の運行によって死亡したときは，内縁の配偶者は，自己が他方の配偶者から受けることができた将来の扶養利益の喪失を損害として，保有者に対してその賠償を請求することができるものというべきであるから，内縁の配偶者は，同項にいう「被害者」に当たると解するのが相当である。
　そして，政府が，同項に基づき，保有者の自動車の運行によって死亡した被害者の相続人の請求により，右死亡による損害をてん補すべき場合において，政府が死亡被害者の内縁の配偶者にその扶養利益の喪失に相当する額を支払い，その損害をてん補したときは，右てん補額は相続人にてん補すべき死亡被害者の逸失利益の額からこれを控除すべきものと解するのが相当である。
◆最判平成 12 年 9 月 7 日裁判集民 199 号 477 頁・判タ 1045 号 120 頁
　1　不法行為によって死亡した者の配偶者及び子が右死亡者から扶養を受けていた場合に，加害者は右配偶者等の固有の利益である扶養請求権を侵害したものであるから，右配偶者等は，相続放棄をしたときであっても，加害者に対し，扶養利益の喪失による損害賠償を請求することができるというべきである。しかし，その扶養利益喪失による損害額は，相続により取得すべき死亡者の逸失利益の額と当然に同じ額となるものではなく，個々の事案において，扶養者の生前の収入，そのうち被扶養者の生計の維持に充てるべき部分，被扶養各人につき扶養利益

として認められるべき比率割合，扶養を要する状態が存続する期間などの具体的
事情に応じて適正に算定すべきものである。

　2　これを本件についてみるに，原審は，Ａの前記債務の負担状況にかんがみ，
扶養利益喪失による損害額の算定に当たり，同人の死亡時前年度の年収 780 万円
をそのまま用いることなく，前記賃金センサスによる平均年収額 544 万 1400 円
を用いるべきであると判断しているが，Ａの債務負担額が約 48 億円にも達して
いることにかんがみると，なおこれを是認することはできない。また，Ａの逸失
利益全額をそのまま被上告人らの扶養利益の総額とし，これを被上告人らの相続
分と同じ割合で分割して，各人の扶養利益の喪失分とした点，並びに被上告人Ｂ
及び同Ｃについては，特段の事情がない限り，Ａの就労可能期間が終了する前に
成長して扶養を要する状態が消滅すると考えられるにもかかわらず，右扶養を要
する状態の消滅につき適切に考慮することなく，扶養利益喪失額を認定した点は，
前記 1 に判示した事項を適正に考慮していないといわざるを得ず，扶養利益喪失
による損害額の算定につき，法令の解釈適用を誤ったものというべきである。

⑻　外国人

　被害者が外国人である場合，当該被害者が永住資格を有しているか，定
められた在留期間内のことであれば，日本人と同様の方法で逸失利益を算
定することになる。他方，一時的に我が国に滞在し将来出国が予定されて
いる外国人の逸失利益については，予測される我が国での就労可能期間な
いし滞在可能期間内は我が国での収入等を基礎とし，その後は想定される
出国先（多くは母国）での収入等を基礎として逸失利益を算定することに
なる。

　外国の賃金については，総務省統計局「世界の統計」等が参考になる。

◆最判平成 9 年 1 月 28 日民集 51 巻 1 号 78 頁・判タ 934 号 216 頁
　　財産上の損害としての逸失利益は，事故がなかったら存したであろう利益の喪
　失分として評価算定されるものであり，その性質上，種々の証拠資料に基づき相
　当程度の蓋然性をもって推定される当該被害者の将来の収入等の状況を基礎とし
　て算定せざるを得ない。損害の塡補，すなわち，あるべき状態への回復という損
　害賠償の目的からして，右算定は，被害者個々人の具体的事情を考慮して行うの
　が相当である。こうした逸失利益算定の方法については，被害者が日本人である
　と否とによって異なるべき理由はない。したがって，一時的に我が国に滞在し将
　来出国が予定される外国人の逸失利益を算定するに当たっては，当該外国人がい
　つまで我が国に居住して就労するか，その後はどこの国に出国してどこに生活の

本拠を置いて就労することになるか，などの点を証拠資料に基づき相当程度の蓋然性が認められる程度に予測し，将来のあり得べき収入状況を推定すべきことになる。そうすると，予測される我が国での就労可能期間ないし滞在可能期間内は我が国での収入等を基礎とし，その後は想定される出国先（多くは母国）での収入等を基礎として逸失利益を算定するのが合理的ということができる。そして，我が国における就労可能期間は，来日目的，事故の時点における本人の意思，在留資格の有無，在留資格の内容，在留期間，在留期間更新の実績及び蓋然性，就労資格の有無，就労の態様等の事実的及び規範的な諸要素を考慮して，これを認定するのが相当である。

　在留期間を超えて不法に我が国に残留し就労する不法残留外国人は，出入国管理及び難民認定法24条4号ロにより，退去強制の対象となり，最終的には我が国からの退去を強制されるものであり，我が国における滞在及び就労は不安定なものといわざるを得ない。そうすると，事実上は直ちに摘発を受けることなくある程度の期間滞在している不法残留外国人がいること等を考慮しても，在留特別許可等によりその滞在及び就労が合法的なものとなる具体的蓋然性が認められる場合はともかく，不法残留外国人の我が国における就労可能期間を長期にわたるものと認めることはできないものというべきである。

3　慰謝料

(1)　死亡慰謝料

死亡慰謝料は，次の額を基準とする。

一家の支柱　　　　　2,800 万円

その他　　　　　　　2,000 万円～ 2,500 万円

㊟

①　死亡慰謝料の基準額は本人分及び近親者分を含んだものである。

②　次のような事情があった場合は，慰謝料の増額を考慮する。

　ア　加害者に飲酒運転，無免許運転，著しい速度違反，殊更な信号無視，ひき逃げ等が認められる場合

　イ　被扶養者が多数の場合

　ウ　損害額の算定が不可能又は困難な損害の発生が認められる場合

③　次のような事情があった場合は，慰謝料の減額を考慮する。

　　相続人が被害者と疎遠であった場合

　死亡慰謝料は，被害者の死亡によって当然に発生し，これを放棄，免除する等特別の事情が認められない限り，被害者の相続人が慰謝料請求権を相続する。

◆**最大判昭和 42 年 11 月 1 日民集 21 巻 9 号 2249 頁・判タ 211 号 224 頁**

　ある者が他人の故意過失によつて財産以外の損害を被つた場合には，その者は，財産上の損害を被つた場合と同様，損害の発生と同時にその賠償を請求する権利すなわち慰藉料請求権を取得し，右請求権を放棄したものと解しうる特別の事情がないかぎり，これを行使することができ，その損害の賠償を請求する意思を表明するなど格別の行為をすることを必要とするものではない。そして，当該被害者が死亡したときは，その相続人は当然に慰藉料請求権を相続するものと解するのが相当である。けだし，損害賠償請求権発生の時点について，民法は，その損害が財産上のものであるか，財産以外のものであるかによつて，別異の取扱いをしていないし，慰藉料請求権が発生する場合における被害法益は当該被害者の一身に専属するものであるけれども，これを侵害したことによつて生ずる慰藉料請

求権そのものは，財産上の損害賠償請求権と同様，単純な金銭債権であり，相続の対象となりえないものと解すべき法的根拠はなく，民法711条によれば，生命を害された被害者と一定の身分関係にある者は，被害者の取得する慰藉料請求権とは別に，固有の慰藉料請求権を取得しうるが，この両者の請求権は被害法益を異にし，併存しうるものであり，かつ，被害者の相続人は，必ずしも，同条の規定により慰藉料請求権を取得しうるものとは限らないのであるから，同条があるからといつて，慰藉料請求権が相続の対象となりえないものと解すべきではないからである。

◆**最判昭和44年10月31日裁判集民97号143頁・交民2巻5号1238頁**

不法行為にもとづく慰藉料の請求権は，被害者本人が慰藉料を請求する旨の意思表示をしなくても，当然に発生し，これを放棄し，免除する等の特別の事情のないかぎり，その被害者の相続人においてこれを相続することができるものであることは，当裁判所の判例（昭和38年(オ)第1408号同42年11月1日大法廷判決・民集21巻9号2249頁以下参照。）とするところであつて，これと同旨の見解に立つ原審の判断は，正当である。

◆**最判昭和45年4月21日裁判集民99号89頁・判タ248号125頁**

不法行為による精神的苦痛に基づく損害の賠償を請求する権利，すなわち，慰藉料請求権は，被害者の死亡によつて当然に発生し，これを放棄，免除する等特別の事情の認められないかぎり，被害者の相続人がこれを相続することができると解して，被上告人らがその被相続人である亡Aの本件慰藉料請求権を相続したものと認定した原審の判断は，当裁判所昭和38年(オ)第1408号昭和42年11月1日大法廷判決（民集21巻9号2249頁）の判旨に照らし，正当として首肯することができる。

◆**最判昭和58年4月15日交民16巻2号284頁**

ある者が他人の故意・過失によつて財産以外の損害を被つた場合には，その者は，財産上の損害を被つた場合と同様，損害の発生と同時にその賠償を請求する権利即ち慰藉料請求権を取得し，その者が死亡したときは，右慰藉料請求権は当然に相続の対象になるものと解するのが相当である（最高裁昭和38年(オ)第1408号同42年11月1日大法廷判決・民集21巻9号2249頁，昭和44年(オ)第555号同44年10月31日第二小法廷判決・裁判集民事97号143頁，昭和44年(オ)第479号同45年4月21日第三小法廷判決・裁判集民事99号89頁）。そして，民法711条は，死者の近親者に固有の慰藉料請求権を認めたものであるから，同条があるからといつて死者の慰藉料請求権を否定する理由とはなりえないし，また，死者自身の保護のために慰藉料請求権を認めるにあたつては，その者に相続人が存在するかどうかは直接には関係がないものというべきである。

慰謝料額は一切の事情を考慮して定められるので，考慮される事情は算定基準に掲げたものに限らない。ここでの一家の支柱とは，被害者の世帯が主としてその被害者の収入によって生計を維持していた場合をいう。例えば，独身者であるが高齢の父母に仕送りをしていた場合，一家の支柱に

当たるかという議論があるが，上記の慰謝料額は基準にすぎず，独身者で
あるが高齢の父母に仕送りをしていたという事実を前提にして，その他一
切の事情を斟酌して慰謝料額は決められるのであるから，必ずしも慰謝料
額を決定づけるものではない。

◆最判昭和38年3月26日裁判集民65号241頁
　　所論は，原審が上告人の本訴請求に対して慰藉料額金10万円しか認容しなか
つたのは，原判決の認定事実に比して著しく安きに失し，衡平の理念に反し，個
人の尊厳と両性の本質的平等を規定した民法1条ノ2の理念に反するものである
というが，慰藉料額の認定は原審の裁量に属する事実認定の問題であり，ただ右
認定額が著しく不相当であつて経験則もしくは条理に反するような事情でも存す
るならば格別，原判決認定の事実に照せばそのような特別の事情も認められない
から，所論は採るを得ない。

◆最判昭和38年4月30日裁判集民65号761頁
　　慰藉料額は，裁判所において諸般の事情を考慮して量定すれば足りるのであつ
て，その量定の根拠を逐一説示しなければならないものではない。

◆最判昭和44年10月31日裁判集民97号143頁・交民2巻5号1238頁
　　不法行為にもとづく慰藉料の金額をいかに算定するかは，原則として，事実審
裁判所の自由裁量に属するところであり，原判示の諸般の事情を考慮したうえ，
訴外A本人の慰藉料の金額を金60万円と算定した原審の判断に，所論の違法は
認められない。

〔参考・労災判決〕
◆最判平成6年2月22日民集48巻2号441頁・判タ853号73頁
　　［炭坑労務に従事してじん肺にかかった者又はその相続人が，雇用者に対し，財
産上の損害の賠償を別途請求する意思のない旨を訴訟上明らかにして慰謝料の支
払を求めた場合に，じん肺が重篤な進行性の疾患であって，現在の医学では治療
が不可能とされ，その症状も深刻であるなど判示の事情の下において，その慰謝
料額を，じん肺法所定の管理区分に従い，死者を含む管理四該当者につき1200
万円又は1000万円，管理三該当者につき600万円，管理二該当者につき300万
円とした原審の認定には，その額が低きに失し，著しく不相当なものとして，経
験則又は条理に反する違法がある。〕

　　一家の支柱以外の者については，幼児から高齢者まで様々であり，家族
構成もいろいろありうることから，基準額とはいえ，一定の幅をもたせた
慰謝料額としている。

　　飲酒運転，無免許運転，著しい速度違反等加害者の悪性が強い場合に慰

謝料の増額を考慮するのは，それにより被害者あるいは遺族が受けた精神的苦痛は大きなものがあると考えられるからである。

　近親者固有の慰謝料は，近親者自身が被った精神的苦痛についてのものであるから，被害者の有する慰謝料請求権とは別の訴訟物であるが，被害者の慰謝料請求権の斟酌事由としては，近親者が受けた精神的苦痛も考慮されているのであり，被害者の慰謝料請求権と近親者固有の慰謝料請求権は重なりあうものがあること，近親者の多くは，死亡した被害者の慰謝料請求権を相続しており，固有の慰謝料請求権を行使したか否かによって慰謝料額に差が生じることは相当ではないことなどから，死亡慰謝料は本人分及び近親者分を含んだものとして基準額を定めている。

　文言上民法711条に該当しない者であっても，被害者との間に同条所定の者と実質的に同視しうべき身分関係が存し，被害者の死亡により甚大な精神的苦痛を受けた者は，同条の類推適用により，加害者に対し直接に固有の慰謝料を請求することができる。

◆**最判昭和49年12月17日民集28巻10号2040頁・交民7巻6号1612頁**
　不法行為による生命侵害があつた場合，被害者の父母，配偶者及び子が加害者に対し直接に固有の慰藉料を請求しうることは，民法711条が明文をもって認めるところであるが，右規定はこれを限定的に解すべきものでなく，文言上同条に該当しない者であつても，被害者との間に同条所定の者と実質的に同視しうべき身分関係が存し，被害者の死亡により甚大な精神的苦痛を受けた者は，同条の類推適用により，加害者に対し直接に固有の慰藉料を請求しうるものと解するのが，相当である。本件において，原審が適法に確定したところによれば，被上告人Aは，Bの夫である被上告人Cの実妹であり，原審の口頭弁論終結当時46年に達していたが，幼児期に罹患した脊髄等カリエスの後遺症により跛行顕著な身体障害等級2号の身体障害者であるため，長年にわたりBと同居し，同女の庇護のもとに生活を維持し，将来もその継続が期待されていたところ，同女の突然の死亡により甚大な精神的苦痛を受けたというのであるから，被上告人Aは，民法711条の類推適用により，上告人に対し慰藉料を請求しうるものと解するのが，相当である。

　事故により受傷し，慰謝料につき示談が成立した後に，事故を原因として死亡した場合の慰謝料請求権については，次の最高裁判例がある。

◆最判昭和 43 年 4 月 11 日民集 22 巻 4 号 862 頁・判タ 219 号 225 頁
　精神上の損害賠償請求の点については，Ａおよび上告人らはまず調停において
Ａの受傷による慰藉料請求をし，その後Ａが死亡したため，本訴において，同人
の死亡を原因として慰藉料を請求するものであることは前記のとおりであり，か
つ，右調停当時Ａの死亡することは全く予想されなかつたものとすれば，身体侵
害を理由とする慰藉料請求権と生命侵害を理由とする慰藉料請求権とは，被侵害
権利を異にするから，右のような関係にある場合においては，同一の原因事実に
基づく場合であつても，受傷に基づく慰藉料請求と生命侵害を理由とする慰藉料
請求とは同一性を有しないと解するを相当とする。ところで，右調停が，原判決
のいうように，Ａの受傷による損害賠償のほか，その死亡による慰藉料も含めて，
そのすべてにつき成立したと解し得るためには，原判決の確定した事実関係のほ
か，なおこれを肯定し得るに足る特別の事情が存し，且つその調停の内容が公序
良俗に反しないものであることが必要であるといわなければならない。けだし，
右Ａは老齢とはいえ，調停当時は生存中で（なお，上告人の主張によれば，前記
のとおり，調停成立後 10 月を経て死亡したという。），右調停はＡ本人も申立人
の一人となつており，調停においては申立人全員に対して賠償額が僅か 5 万円と
合意された等の事情にあり，これらの事情に徴すれば，右調停においては，一般
にはＡの死亡による慰藉料についても合意したものとは解されないのを相当とす
るところ，この場合をもつてなおＡの死亡による慰藉料についても合意されたも
のと解するためには，Ａの受傷が致命的不可回復的であつて，死亡は殆んど必至
であつたため，当事者において同人が死亡することあるべきことを予想し，その
ため，死亡による損害賠償をも含めて，合意したというような前記のごとき特別
の事情等が存しなければならないのである。しかるに，原判決は，このような特
別の事情等を何ら認定せずして，Ａの死亡による慰藉料の損害賠償をも含めて合
意がなされたとし，本訴請求を排斥したものである。しからば，原判決には，判
決に影響を及ぼすことの明らかな審理不尽，理由不備の違法があるものというべ
く，論旨はこの点において理由があるに帰する。

(2)　入通院慰謝料

ア　算定方法
　　入通院慰謝料については，入通院期間を基礎として別表（平成
17 年基準　通常又は重傷。注：本書第 1 編〔16 〜 19 頁〕に掲
載）の基準に基づいて定める。ただし，仕事や家庭の都合等で本来
より入院期間が短くなった場合には増額が考慮され，他方，入院の
必要性に乏しいのに本人の希望によって入院していた場合には減額
が考慮される。なお，入院待機中の期間及びギブス固定中等による

　　　自宅安静期間は，入院期間とみることがある。

　　　「重傷」とは，重度の意識障害が相当期間継続した場合，骨折又
　　は臓器損傷の程度が重大であるか多発した場合等，社会通念上，負
　　傷の程度が著しい場合をいう。

　　　上記の重傷に至らない程度の傷害についても，傷害の部位・程度
　　によっては，通常基準額を増額することがある。

　イ　実通院日数と通院期間の計算

　　　受傷や治療の内容・程度等に照らして通院が長期にわたり，か
　　つ，不規則な場合は，実際の通院期間（始期と終期の間の日数）と
　　実通院日数を 3.5 倍した日数とを比較して，少ないほうの日数を
　　基礎として通院期間を計算する。

　ウ　軽度の神経症状

　　　軽度の神経症状（むち打ち症で他覚所見のない場合，軽度の打
　　撲・挫創〔傷〕の場合等）の入通院慰謝料は，通常の慰謝料の３
　　分の２程度とする。

　⒥　入通院慰謝料の増額を考慮しうる事情は，死亡慰謝料の場合に準じる。

　入通院慰謝料（傷害慰謝料）は，入通院期間に応じて形式的に決まるも
のではない。養育や介護のためあるいは仕事等の都合により，予定より早
期に退院した場合には基準より増額が考慮され，逆に，入院の必要性に乏
しいのに入院していた場合は基準より減額が考慮される。あくまでも実質
的な判断によるのであり，長期間入院していたほうが当然に入通院慰謝料
が高額になるというものではない。

　軽度の神経症状の場合は，神経症状が軽度であることから，低い基準と
している。なお，他覚的所見がない場合は，本人の気質的な要因等が影響
して入通院期間が長引いていることがあり，このことも慰謝料の額を考慮
する一つの要素となることがある。

　「通院が長期にわたり，かつ，不規則な場合」に該当するか否かの判断
は，評価の問題であるので，必ずしも常に実通院日数の 3.5 倍の基準が採
用されるわけではない。通院が「長期」と評価できるか否かは，受傷や治
療の内容・程度等に照らして判断されるものであり，「長期」と評価でき
るための期間を一律に決することはできない。例えば，複数回にわたる手

術を要するなど治療に相当の期間を要するような傷害の場合には，通院期間が1年を超えたからといって直ちに「長期」とは評価し難い一方，軽度の神経症状にとどまるような場合には，通院期間が同じ1年であっても「長期」と評価することがある。

(3)　後遺障害慰謝料

後遺障害の等級に応じ，次の額を基準とする（単位万円）。

ただし，14級に至らない後遺障害がある場合は，それに応じた後遺障害慰謝料を認めることがある。

等　　級	1級	2級	3級	4級	5級	6級	7級
慰謝料額	2,800	2,400	2,000	1,700	1,440	1,220	1,030

等　　級	8級	9級	10級	11級	12級	13級	14級
慰謝料額	830	670	530	400	280	180	110

(注)
① 後遺障害慰謝料の増額を考慮しうる事情は，死亡慰謝料の場合に準じる。
② 原則として，後遺障害慰謝料には介護に当たる近親者の慰謝料を含むものとして扱うが，重度の後遺障害については，近親者に別途慰謝料を認めることがある。その額は，近親者と被害者の関係，今後の介護状況，被害者本人に認められた慰謝料額等を考慮して定める。
③ 後遺障害等級別表第1の2級の後遺障害と同別表第2の後遺障害があった場合，慰謝料の算定に当たっては，併合による等級の繰り上げをして算定する。

近親者において，死亡にも比肩すべき精神的苦痛を被ったと認められる場合には，近親者固有の慰謝料請求権が認められる。

◆最判昭和33年8月5日民集12巻12号1901頁・判時157号12頁
　原審の認定するところによれば，被上告人Aは，上告人の本件不法行為により顔面に傷害を受けた結果，判示のような外傷後遺症の症状となり果ては医療によつて除去しえない著明な瘢痕を遺すにいたり，ために同女の容貌は著しい影響を受け，他面その母親である被上告人Bは，夫を戦争で失い，爾来自らの内職のみによつて右A外1児を養育しているのであり，右不法行為により精神上多大の苦痛を受けたというのである。ところで，民法709条，710条の各規定と対比して

みると，所論民法711条が生命を害された者の近親者の慰藉料請求につき明文を
もつて規定しているとの一事をもつて，直ちに生命侵害以外の場合はいかなる事
情があつてもその近親者の慰藉料請求権がすべて否定されていると解しなければ
ならないものではなく，むしろ，前記のような原審認定の事実関係によれば被上
告人Bはその子の死亡したときにも比肩しうべき精神上の苦痛を受けたと認めら
れるのであつて，かかる民法711条所定の場合に類する本件においては，同被上
告人は，同法709条，710条に基いて，自己の権利として慰藉料を請求しうるも
のと解するのが相当である。

◆**最判昭和42年1月31日民集21巻1号61頁・判タ204号115頁**

　原判決（引用第一審判決を含む。）の判示するところによると，被上告人Aは，
本件事故の昭和34年4月3日当時満7年2ケ月余であつて，小学校2年生に進
級したばかりであつたこと，本件事故は，道路上で遊戯中の右Aに加害自動車が
衝突し，Aを路上に転倒させて右後輪で同人の両足を轢いたものであること，A
は，本件事故による負傷の治療のため，前後2回，通算約11ケ月間にわたる入
院加療，約1ケ月の通院加療を受け，その間手術回数も約10回に及び，本件事
故後1年を経過した昭和35年4月末頃，ようやく治癒の状態となつたが，本件
負傷は各病院の医者から両足切断の外ないと診断されるほどの重傷であつたこと，
現在なお右下腿の上3分の2の部分，後面の膝部下方手掌大の部分にそれぞれ醜
状瘢痕があつて，右瘢痕部に知覚減弱と一部知覚過敏とがあり，また，右下肢が
左下肢に比し2糎短縮し，長時間の正坐，歩行及び激しい運動等には到底たえが
たいこと，そのため同人の将来の学業，就職等にも著しく制約を受け，その影響
を受けることが多いものと考えられること，また，両下肢に残存する前記瘢痕部
は醜く，Aはこれを衆目にさらすことを恥じ，夏でも長ズボンをはき，銭湯にも
行きたがらないほどであること，そして現在においても，衣類等が触れることに
より右下肢の瘢痕部から出血をみることもしばしばで，そのたびに通院加療を受
けていること，被上告人B，Cは，その長男たるAの前記のような重傷に対し，
長期間の献身的な看護をし，Aは幸い奇蹟的に両足の切断を免れて，現在の状態
にまで回復するに至つたけれども，前述のとおり通常人の身体に比すれば，多く
の障害があり，父母として将来のAの身のふり方等につき今後ともその精神的苦
労が絶えないであろうことが認められるというのである。右認定の事実関係から
すれば，被上告人B，同Cの父母としての精神的苦痛は本件事故によつてAの生
命が侵害された場合のそれに比し著しく劣るものではないということができるか
ら，右被上告人両名に自己の権利として慰藉料請求権を認めた原審の判断は是認
できる。

　死亡慰謝料については近親者分も含めて基準となる慰謝料額を定めているところ，後遺障害慰謝料についても原則的には同様である。ただし，重度後遺障害事案については，近親者が現実に被害者の介護を余儀なくされ，その負担が多大なものになることや近親者自身の自由が奪われるなどといった面があることなどを考慮し，近親者につき別途慰謝料を認めることが多い。

4　物的損害

　物的損害については，車両の損傷のほか，車両に積載していた物品の破
損，車両の衝突による建物の損壊など多様なものが存在するが，交通事故
により発生することの多い車両に関する損害を中心として基準を設けてい
る。

(1)　車両修理費等

　ア　全損の場合
　　車両が修理不能（修理が著しく困難で買替えを相当とする場合も
　含む。）又は修理費が車両の時価相当額（及び買替諸費用の合計）
　を上回る場合は，原則として全損と評価し，事故時の時価額を損害
　とする。時価は，原則として，同一車種，年式，型，使用状態，走
　行距離等の自動車を中古車市場で取得しうる価格であるが，その認
　定に当たってはオートガイド自動車価格月報（いわゆるレッドブッ
　ク）等を参考資料とする。
　　事故車両が一定の経済的価値を有する場合は，時価相当額と事故
　車両の売却代金の差額が損害として認められる。
　　なお，買替えのため必要となる諸手続費用は，必要かつ相当な範
　囲で認められる。
　イ　一部損傷の場合
　　車両が修理可能であって，修理費が事故前の時価相当額を下回る
　場合は，必要かつ相当な範囲の修理費を損害とする。

　いわゆるレッドブック等には，古い車種や特殊な車両は掲載されていな
いので，中古車の専門雑誌やインターネット等の情報により，中古車価格
を調査する必要がある。

◆**最判昭和49年4月15日民集28巻3号385頁・交民7巻2号275頁**

　交通事故により自動車が損傷を被つた場合において，被害車輌の所有者が，これを売却し，事故当時におけるその価格と売却代金との差額を事故と相当因果関係のある損害として加害者に対し請求しうるのは，被害車輌が事故によつて，物理的又は経済的に修理不能と認められる状態になつたときのほか，被害車輌の所有者においてその買替えをすることが社会通念上相当と認められるときをも含むものと解すべきであるが，被害車輌を買替えたことを社会通念上相当と認めうるがためには，フレーム等車体の本質的構造部分に重大な損傷の生じたことが客観的に認められることを要するものというべきである。

　また，いわゆる中古車が損傷を受けた場合，当該自動車の事故当時における取引価格は，原則として，これと同一の車種・年式・型，同程度の使用状態・走行距離等の自動車を中古車市場において取得しうるに要する価額によつて定めるべきであり，右価格を課税又は企業会計上の減価償却の方法である定率法又は定額法によつて定めることは，加害者及び被害者がこれによることに異議がない等の特段の事情のないかぎり，許されないものというべきである。

⑵　評価損（いわゆる格落ち）

> 　修理してもなお機能に欠陥を生じ，あるいは事故歴により商品価値の下落が認められる場合，その減少分を損害と認める。
>
> 　評価損の有無及びその額については，損傷の内容・程度，修理の内容，修理費の額，初年度登録からの経過期間，走行距離，車種（いわゆる高級車であるか）等を考慮して判断する。

　評価損の発生の有無を判断するに当たり，車種や走行距離，事故歴だけでなく，損傷の内容・程度，修理の内容も考慮すべきである。

　評価損が認められるかどうか，認められる場合の算定方法について，実務上，争われる場合が多い。客観的価値の低下がないとして否定する例もあるが，肯定される場合は，修理費用の10％〜30％程度とする例が多い。

(3)　代車使用料

> 　事故により車両の修理又は買替えのために代車を使用する必要性が
> あり，レンタカー使用等により実際に代車を利用した場合，相当な修
> 理期間又は買替期間につき，相当額の単価を基準として代車使用料を
> 損害と認める。

　被害者が他に車両を保有しているなど代車使用の必要性がない場合は認
められない。

　代車のグレードは，必ずしも事故車両と同等のものが認められるわけで
はなく，当該代車使用の用途・目的に照らして，これに相応するものと認
められることが必要である。

　対物賠償保険に加入している場合には，事故車の修理業者と保険会社と
の間で，修理方法・内容等について協議し，協定を結んだ上で修理をする
のが一般的であるため，この交渉期間も含めて相当な修理期間を判断する
ことになる。

(4)　休車損害

> 　営業用車両については，車両の修理，買替え等のためこれを使用で
> きなかった場合，修理相当期間又は買替相当期間につき，営業を継続
> していれば得られたであろう利益を損害として認める。なお，代車使
> 用料が認められる場合は，休車損害は認められない。

　タクシー等の営業用車両については，営業主において，事故車以外の代
替可能な遊休車を有しており，それを利用することが可能であった場合に
は，それを利用することによって営業損害の発生を回避できるので，休車
損害は認められないことが多い。

　休車損害は，一般に，次のようにして算定することが多い。

〔計算式〕

（被害車両の1日当たりの売上高－変動経費［燃料費等］）×必要な休車
期間

◆最判昭和 33 年 7 月 17 日民集 12 巻 12 号 1751 頁

　原審の確定したところによれば，右消極的損害は，昭和 23 年 9 月 10 日午後 8 時前後頃，控訴会社（被上告会社）の使用人である電車運転手 A が控訴会社（被上告会社）所有の電車を運転し，福井新駅を発車して次の藤島神社停留場前に向う途中，通称「木田四辻の線路のカーヴ」の部分を通過してから後，右 A の過失によつて，その電車を被控訴会社（上告会社）所有の貨物自動車に追突するに至らしめ，その結果右自動車が損害を蒙るに至つたものであつて，前記消極的損害は，右のごとく，被控訴会社（上告会社）の自動車が右衝突により損傷を蒙つたため，これを休車としたことによる得べかりし利益の喪失であり，そして原審が引用した第一審判決事実摘示によれば，被控訴会社（上告会社）代理人は，本件自動車は，右衝突の日の翌日たる昭和 23 年 9 月 11 日より同 24 年 1 月 10 日迄休車し，翌 1 月 11 日より同年 3 月 1 日までの間において修繕したのであるが，当時貨物自動車を使用すれば少くとも 1 日金 2,000 円の純益があり，被控訴会社（上告会社）は，右衝突がなかつたとすれば，同年 9 月 11 日から同年 12 月 31 日までの間の中 70 日以上は右自動車を使用し得た筈であつて，これによれば合計 14 万円の得べかりし利益を喪失しているのであるから，その中金 92,850 円の損害賠償を求めると主張するのである。

　しからば，右本件自動車の休車による得べかりし利益の喪失即ち消極的損害は，これにつき被控訴会社（上告会社）代理人が原審において主張した請求の中には，特段の事情の認められない限り，少くともその一部に，通常生ずべき損害を包含しているものと解するを相当とする。しかるに，原審は右消極的損害のすべてにつき，漫然これを特別の事情により生ずべき損害と解すべきものであると判示したことは，経験則に反し，審理不尽，理由不備のそしりを免れない。

(5) 雑費等

　保管料，レッカー代，廃車料等について，相当の範囲で損害と認める。

(6) 慰謝料

　物的損害に関する慰謝料は，原則として認められない。

5　弁護士費用及び遅延損害金等

(1)　弁護士費用

> 認容額の10％程度を基本としつつ，事案の難易，認容額その他諸般の事情を考慮して定める。

弁護士費用は，事案の難易，請求額，認容された額その他諸般の事情を斟酌して相当と認められる額の範囲内のものに限り，不法行為と相当因果関係に立つ損害として認められる。

◆**最判昭和44年2月27日民集23巻2号441頁・判タ232号276頁**
　思うに，わが国の現行法は弁護士強制主義を採ることなく，訴訟追行を本人が行なうか，弁護士を選任して行なうかの選択の余地が当事者に残されているのみならず，弁護士費用は訴訟費用に含まれていないのであるが，現在の訴訟はますます専門化され技術化された訴訟追行を当事者に対して要求する以上，一般人が単独にて十分な訴訟活動を展開することはほとんど不可能に近いのである。従つて，相手方の故意又は過失によつて自己の権利を侵害された者が損害賠償義務者たる相手方から容易にその履行を受け得ないため，自己の権利擁護上，訴を提起することを余儀なくされた場合においては，一般人は弁護士に委任するにあらざれば，十分な訴訟活動をなし得ないのである。そして現在においては，このようなことが通常と認められるからには，訴訟追行を弁護士に委任した場合には，その弁護士費用は，事案の難易，請求額，認容された額その他諸般の事情を斟酌して相当と認められる額の範囲内のものに限り，右不法行為と相当因果関係に立つ損害というべきである。
◆**最判昭和57年1月19日民集36巻1号1頁・判タ463号123頁**
　不法行為の被害者が，自己の権利擁護のため訴を提起することを余儀なくされ，訴訟追行を弁護士に委任した場合には，その弁護士費用は，事案の難易，請求額，認容された額その他諸般の事情を斟酌して相当と認められる額の範囲内のものにかぎり，右不法行為と相当因果関係に立つ損害というべきであることは当裁判所の判例とするところであり（最高裁昭和41年(オ)第280号同44年2月27日第一小法廷判決・民集23巻2号441頁），この理は，被害者が自動車損害賠償保障法16条1項に基づき保険金額の限度において損害賠償額の支払を保険会社に対して

　直接請求する場合においても異ならないと解するのが相当である。

　弁護士費用は当然に認容額の 10％になるものではなく，一般的にいえば，認容額が高額になれば 10％を下回り，少額であれば 10％を上回ることが多く，それに事案の難易等が考慮される。

　自賠責保険金の支払を受けることができるのに，それを受けないで訴訟を提起した場合，自賠責保険金の支払を受けた後に訴訟を提起した場合と比べ，認容額は高くなるが，弁護士費用の算定につき，この点を考慮する裁判例もある。

　弁護士費用も，事故時から遅滞に陥るが，そのことを考慮して弁護士費用の額を定める必要がある。

◆**最判昭和 58 年 9 月 6 日民集 37 巻 7 号 901 頁・判タ 509 号 123 頁**
　不法行為に基づく損害賠償債務は，なんらの催告を要することなく，損害の発生と同時に遅滞に陥るものと解すべきところ（最高裁昭和 34 年(オ)第 117 号同 37 年 9 月 4 日第三小法廷判決・民集 16 巻 9 号 1834 頁参照），弁護士費用に関する前記損害は，被害者が当該不法行為に基づくその余の費目の損害の賠償を求めるについて弁護士に訴訟の追行を委任し，かつ，相手方に対して勝訴した場合に限つて，弁護士費用の全部又は一部が損害と認められるという性質のものであるが，その余の費目の損害と同一の不法行為による身体傷害など同一利益の侵害に基づいて生じたものである場合には一個の損害賠償債務の一部を構成するものというべきであるから（最高裁昭和 43 年(オ)第 943 号同 48 年 4 月 5 日第一小法廷判決・民集 27 巻 3 号 419 頁参照），右弁護士費用につき不法行為の加害者が負担すべき損害賠償債務も，当該不法行為の時に発生し，かつ，遅滞に陥るものと解するのが相当である。なお，右損害の額については，被害者が弁護士費用につき不法行為時からその支払時までの間に生ずることのありうべき中間利息を不当に利得することのないように算定すべきものであることは，いうまでもない。

　弁護士費用は，過失相殺後の認容額も考慮して算定するため，さらに過失相殺をすることはしない。

◆**最判昭和 49 年 4 月 5 日裁判集民 111 号 521 頁・交民 7 巻 2 号 263 頁**

原審は，本件事案の難易，請求認容額等の諸般の事情を考慮して弁護士費用 17 万円を本件事故と相当因果関係のある被上告人の損害と認めたものであることが明らかであつて，右 17 万円は，既に過失相殺をして減額した請求認容額を考慮して定められたものであるから，さらに過失相殺による差引をすべきではない。

◆**最判昭和 52 年 10 月 20 日裁判集民 122 号 55 頁・判時 871 号 29 頁**

不法行為の被害者が損害賠償を請求するために提起した訴訟追行のための弁護士費用は，事案の難易，請求額，認容された額その他諸般の事情を斟酌して相当と認められる額の範囲内のものが，右不法行為と相当因果関係に立つ損害となるのであるから，右のようにして算定された額に対してさらに過失相殺の規定を適用するのは相当でなく，原審もまた，同様の見解により弁護士費用を過失相殺の対象から除外したものであることはその判文に照らして明らかである。

(2) 遅延損害金

> 事故時から起算する。債務者が遅滞の責任を負った最初の時点が令和 2 年 4 月 1 日以後である場合はその時点における法定利率である年 3%，債務者が遅滞の責任を負った最初の時点が同日よりも前である場合は年 5% である。

不法行為に基づく損害賠償債務は，損害の発生と同時に当然に遅滞に陥る。債務者が遅滞の責任を負った最初の時点が令和 2 年 4 月 1 日以後である場合はその時点における法定利率である年 3%（新法 722 条 1 項，417 条，419 条 1 項，404 条 2 項），債務者が遅滞の責任を負った最初の時点が同日よりも前である場合は年 5% である（附則 17 条 3 項，新法 722 条 1 項，417 条，旧法 419 条 1 項，404 条）。

弁護士費用と遅延損害金の発生時期の関係については「5(1) 弁護士費用」も参照。

◆**最判昭和 37 年 9 月 4 日民集 16 巻 9 号 1834 頁・判タ 139 号 51 頁**

本件は，被上告人らが上告人の不法行為によりこうむつた損害の賠償債務の履行およびこの債務の履行遅滞による損害金として昭和 31 年 1 月 22 日以降年 5 分の割合による金員の支払を求める訴訟であることが記録上明らかである。そして，

右賠償債務は，損害の発生と同時に，なんらの催告を要することなく，遅滞に陥るものと解するのが相当である。

◆最判平成 7 年 7 月 14 日交民 28 巻 4 号 963 頁

　不法行為に基づく損害賠償債務は，損害の発生と同時に，なんらの催告を要することなく，遅滞に陥るものである（最高裁昭和 34 年(オ)第 117 号同 37 年 9 月 4 日第三小法廷判決・民集 16 巻 9 号 1834 頁参照）。そして，同一事故により生じた同一の身体傷害を理由とする損害賠償債務は一個と解すべきであって，一体として損害発生の時に遅滞に陥るものであり，個々の損害費目ごとに遅滞の時期が異なるものではないから（最高裁昭和 55 年(オ)第 1113 号同 58 年 9 月 6 日第三小法廷判決・民集 37 巻 7 号 901 頁参照），同一の交通事故によって生じた身体傷害を理由として損害賠償を請求する本件において，個々の遅延損害金の起算日の特定を問題にする余地はない。また，上告人が損害額及びこれから控除すべき額を争ったからといって，これによって当然に遅延損害金の請求が制限される理由はない。したがって，本件においては，損害発生の日すなわち本件事故の発生の日からの遅延損害金請求は認容されるべきであって，事故発生日から訴状送達の日までの遅延損害金請求を棄却すべきものとした原判決には，法令の解釈適用を誤った違法があり，右違法は原判決の結論に影響を及ぼすことが明らかである。

　保険金を被害者に支払った保険会社が，保険法 25 条に基づき被害者に代位したことを根拠として行ういわゆる求償金請求の場合，遅延損害金の起算日は保険金支払日の翌日となる。

　代位取得した損害賠償請求権に係る遅延損害金の起算日について参考となるものとして，次の最高裁判決がある。

◆最判平成 24 年 2 月 20 日民集 66 巻 2 号 742 頁・判タ 1366 号 83 頁

　本件約款中の人身傷害条項に基づき，被保険者である交通事故等の被害者が被った損害に対して保険金を支払った訴外保険会社は，上記保険金の額の限度内で，これによって塡補される損害に係る保険金請求権者の加害者に対する賠償請求権を代位取得し，その結果，訴外保険会社が代位取得する限度で，保険金請求権者は上記請求権を失い，上記請求権の額が減少することとなるところ（最高裁昭和 49 年(オ)第 531 号同 50 年 1 月 31 日第三小法廷判決・民集 29 巻 1 号 68 頁参照），訴外保険会社がいかなる範囲で保険金請求権者の上記請求権を代位取得するのかは，本件保険契約に適用される本件約款の定めるところによることとなる。

　本件約款によれば，上記保険金は，被害者が被る損害の元本を塡補するものであり，損害の元本に対する遅延損害金を塡補するものではないと解される。そうであれば，上記保険金を支払った訴外保険会社は，その支払時に，上記保険金に相当する額の保険金請求権者の加害者に対する損害金元本の支払請求権を代位取

得するものであって，損害金元本に対する遅延損害金の支払請求権を代位取得するものではないというべきである。

◆最判令和元年9月6日民集73巻4号419頁・判タ1468号40頁

　後期高齢者医療給付を行った後期高齢者医療広域連合は，その給付事由が第三者の不法行為によって生じた場合，当該第三者に対し，当該後期高齢者医療給付により代位取得した当該不法行為に基づく損害賠償請求権に係る債務について，当該後期高齢者医療給付が行われた日の翌日からの遅延損害金の支払を求めることができるというべきである。

　不法行為に基づく損害賠償債務の遅延損害金は，民法405条の適用又は類推適用により元本に組み入れることはできない。

◆最判令和4年1月18日裁時1783号1頁

　不法行為に基づく損害賠償債務は，貸金債務とは異なり，債務者にとって履行すべき債務の額が定かではないことが少なくないから，債務者がその履行遅滞により生ずる遅延損害金を支払わなかったからといって，一概に債務者を責めることはできない。また，不法行為に基づく損害賠償債務については，何らの催告を要することなく不法行為の時から遅延損害金が発生すると解されており（最高裁昭和34年(オ)第117号同37年9月4日第三小法廷判決・民集16巻9号1834頁参照），上記遅延損害金の元本への組入れを認めてまで債権者の保護を図る必要性も乏しい。そうすると，不法行為に基づく損害賠償債務の遅延損害金については，民法405条の上記趣旨は妥当しないというべきである。

　したがって，不法行為に基づく損害賠償債務の遅延損害金は，民法405条の適用又は類推適用により元本に組み入れることはできないと解するのが相当である。

(3)　懲罰的損害賠償

　懲罰的損害賠償は認められない（飲酒運転等の加害者の悪性を慰謝料増額事由としているのは，それにより被害者の受けた精神的苦痛に大きなものがあったと考えられるからである。）。

　なお，次の最高裁判決のほか，懲罰的損害賠償としての金員の支払を命じた部分が含まれる外国裁判所の判決について判断した最高裁判決として，最判令和3年5月25日判タ1489号36頁がある。

◆最判平成 9 年 7 月 11 日民集 51 巻 6 号 2573 頁・判タ 958 号 93 頁

　カリフォルニア州民法典の定める懲罰的損害賠償（以下，単に「懲罰的損害賠償」という。）の制度は，悪性の強い行為をした加害者に対し，実際に生じた損害の賠償に加えて，さらに賠償金の支払を命ずることにより，加害者に制裁を加え，かつ，将来における同様の行為を抑止しようとするものであることが明らかであって，その目的からすると，むしろ我が国における罰金等の刑罰とほぼ同様の意義を有するものということができる。これに対し，我が国の不法行為に基づく損害賠償制度は，被害者に生じた現実の損害を金銭的に評価し，加害者にこれを賠償させることにより，被害者が被った不利益を補てんして，不法行為がなかったときの状態に回復させることを目的とするものであり（最高裁昭和 63 年(オ)第 1749 号平成 5 年 3 月 24 日大法廷判決・民集 47 巻 4 号 3039 頁参照），加害者に対する制裁や，将来における同様の行為の抑止，すなわち一般予防を目的とするものではない。もっとも，加害者に対して損害賠償義務を課することによって，結果的に加害者に対する制裁ないし一般予防の効果を生ずることがあるとしても，それは被害者が被った不利益を回復するために加害者に対し損害賠償義務を負わせたことの反射的，副次的な効果にすぎず，加害者に対する制裁及び一般予防を本来的な目的とする懲罰的損害賠償の制度とは本質的に異なるというべきである。我が国においては，加害者に対して制裁を科し，将来の同様の行為を抑止することは，刑事上又は行政上の制裁にゆだねられているのである。そうしてみると，不法行為の当事者間において，被害者が加害者から，実際に生じた損害の賠償に加えて，制裁及び一般予防を目的とする賠償金の支払を受け得るとすることは，右に見た我が国における不法行為に基づく損害賠償制度の基本原則ないし基本理念と相いれないものであると認められる。

6　損害額の減額事由

(1)　過失相殺

　被害者に過失があるときは，損害額から被害者の過失割合に相当する額が控除される。過失相殺の基準については，東京地裁民事交通訴訟研究会編『民事交通訴訟における過失相殺率の認定基準〔全訂5版〕』別冊判例タイムズ38号等参照。

　なお，自賠責保険については，被害者に重大な過失がある場合に限り，2割から5割の減額がされることになっており，裁判よりも被害者に有利な取扱いがされている。

　過失相殺は，加害者の主張がなくても裁判所が職権ですることができるが，被害者に過失があったことを基礎づける事実は加害者において立証責任を負うものと解される。

◆最判昭和34年11月26日民集13巻12号1562頁
　被害者の過失を斟酌すると否とは裁判所の自由裁量に属することであるばかりではなく，原審は被害者である被上告人に過失があつたことを認定してはいないのであるから本件賠償額の算定につき所論の事実を斟酌しなかつたからといつて所論の違法があるとはいえない。

◆最判昭和41年6月21日民集20巻5号1078頁・判タ194号83頁
　不法行為による損害賠償の額を定めるにあたり，被害者に過失のあるときは，裁判所がこれをしんしやくすることができることは民法722条の規定するところである。この規定によると，被害者の過失は賠償額の範囲に影響を及ぼすべき事実であるから，裁判所は訴訟にあらわれた資料にもとづき被害者に過失があると認めるべき場合には，賠償額を判定するについて職権をもつてこれをしんしやくすることができると解すべきであつて，賠償義務者から過失相殺の主張のあることを要しないものである（大審院判昭和2年(オ)802号・同3年8月1日民集7巻648頁参照）。

　したがつて，これと異なり，過失相殺にもいわゆる弁論主義の適用のあることを主張する論旨は，失当として排斥を免れない。

〔**参考・債務不履行に関する過失相殺**〕
◆最判昭和43年12月24日民集22巻13号3454頁・判タ230号170頁

　民法418条による過失相殺は，債務者の主張がなくても，裁判所が職権ですることができるが，債権者に過失があつた事実は，債務者において立証責任を負うものと解すべきである。しかるに，本件にあつては，債務者である上告人の債務不履行に関し債権者である被上告人に過失があつた事実については，上告人においてなんらの立証をもしていないことは，本件記録に徴し明らかである。されば，原審が本件について民法418条を適用しなかつたのは当然であつて，原判決には所論の違法はない。

ア　被害者の過失

　民法722条2項により被害者の過失を斟酌するには，被害者たる未成年者が，事理を弁識するに足る知能を備えていれば足り，行為の責任を弁識するに足る知能を備えていることを要しない。

◆最大判昭和39年6月24日民集18巻5号854頁・判タ166号105頁

　民法722条2項の過失相殺の問題は，不法行為者に対し積極的に損害賠償責任を負わせる問題とは趣を異にし，不法行為者が責任を負うべき損害賠償の額を定めるにつき，公平の見地から，損害発生についての被害者の不注意をいかにしんしやくするかの問題に過ぎないのであるから，被害者たる未成年者の過失をしんしやくする場合においても，未成年者に事理を弁識するに足る知能が具わつていれば足り，未成年者に対し不法行為責任を負わせる場合のごとく，行為の責任を弁識するに足る知能が具わつていることを要しないものと解するのが相当である。したがつて，前示判例［最判昭和31年7月20日民集10巻8号1079頁・判タ61号61頁］は，これを変更すべきものと認める。

　原審の確定するところによれば，本件被害者らは，事故当時は満8才余の普通健康体を有する男子であり，また，当時すでに小学校2年生として，日頃学校及び家庭で交通の危険につき充分訓戒されており，交通の危険につき弁識があつたものと推定することができるというのであり，右認定は原判決挙示の証拠関係に照らし肯認するに足る。右によれば，本件被害者らは事理を弁識するに足る知能を具えていたものというべきであるから，原審が，右事実関係の下において，進んで被害者らの過失を認定した上，本件損害賠償額を決定するにつき右過失をしんしやくしたのは正当であ［る。］

　民法722条2項に定める被害者の過失とは，単に被害者本人の過失の
みでなく，被害者側の過失をも包含する趣旨と解されている。被害者側の
過失とは，被害者本人と身分上，生活関係上，一体をなすとみられるよう
な関係にある者の過失をいう。

◆最判昭和34年11月26日民集13巻12号1573頁・判時206号14頁
　民法722条にいわゆる過失とは単に被害者本人の過失のみでなく，ひろく被害
者側の過失をも包含する趣旨と解するを相当とする。

◆最判昭和42年6月27日民集21巻6号1507号・判タ209号143頁
　民法722条2項に定める被害者の過失とは単に被害者本人の過失のみでなく，
ひろく被害者側の過失をも包含する趣旨と解すべきではあるが，本件のように被
害者本人が幼児である場合において，右にいう被害者側の過失とは，例えば被害
者に対する監督者である父母ないしはその被用者である家事使用人などのように，
被害者と身分上ないしは生活関係上一体をなすとみられるような関係にある者の
過失をいうものと解するを相当とし，所論のように両親より幼児の監護を委託さ
れた者の被用者のような被害者と一体をなすとみられない者の過失はこれに含ま
れないものと解すべきである。けだし，同条項が損害賠償の額を定めるにあたつ
て被害者の過失を斟酌することができる旨を定めたのは，発生した損害を加害者
と被害者との間において公平に分担させるという公平の理念に基づくものである
以上，被害者と一体をなすとみられない者の過失を斟酌することは，第三者の過
失によつて生じた損害を被害者の負担に帰せしめ，加害者の負担を免ずることと
なり，却つて公平の理念に反する結果となるからである。

◆最判昭和51年3月25日民集30巻2号160頁・判タ336号220頁
　民法722条2項が不法行為による損害賠償の額を定めるにつき被害者の過失を
斟酌することができる旨を定めたのは，不法行為によつて発生した損害を加害者
と被害者との間において公平に分担させるという公平の理念に基づくものである
と考えられるから，右被害者の過失には，被害者本人と身分上，生活関係上，一
体をなすとみられるような関係にある者の過失，すなわちいわゆる被害者側の過
失をも包含するものと解される。したがつて，夫が妻を同乗させて運転する自動
車と第三者が運転する自動車とが，右第三者と夫との双方の過失の競合により衝
突したため，傷害を被つた妻が右第三者に対し損害賠償を請求する場合の損害額
を算定するについては，右夫婦の婚姻関係が既に破綻にひんしているなど特段の
事情のない限り，夫の過失を被害者側の過失として斟酌することができるものと
解するのを相当とする。このように解するときは，加害者が，いつたん被害者で
ある妻に対して全損害を賠償した後，夫にその過失に応じた負担部分を求償する
という求償関係をも一挙に解決し，紛争を1回で処理することができるという合
理性もある。

◆最判平成9年9月9日交民30巻5号1281頁・判タ955号139頁
　不法行為に基づく損害賠償額を定めるに当たり，被害者と身分上，生活関係上
一体を成すとみることができない者の過失を被害者側の過失としてしんしゃくす

ることは許されないところ（最高裁昭和 40 年(オ)第 1056 号同 42 年 6 月 27 日第
三小法廷判決・民集 21 巻 6 号 1507 頁，最高裁昭和 47 年(オ)第 457 号同 51 年 3
月 25 日第一小法廷判決・民集 30 巻 2 号 160 頁参照），A［被害者］と B［運転
手］は，本件事故の約 3 年前から恋愛関係にあったものの，婚姻していたわけで
も，同居していたわけでもないから，身分上，生活関係上一体を成す関係にあっ
たということはできない。A と B との関係が右のようなものにすぎない以上，B
の過失の有無及びその程度は，上告人らに対し損害を賠償した被上告人が B に対
しその過失に応じた負担部分を求償する際に考慮されるべき事柄であるにすぎず，
被上告人の支払うべき損害賠償額を定めるにつき，B の過失をしんしゃくして損
害額を減額することは許されないと解すべきである。

◆**最判平成 19 年 4 月 24 日裁判集民 224 号 261 頁・判タ 1240 号 118 頁**
　内縁の夫が内縁の妻を同乗させて運転する自動車と第三者が運転する自動車と
が衝突し，それにより傷害を負った内縁の妻が第三者に対して損害賠償を請求す
る場合において，その損害賠償額を定めるに当たっては，内縁の夫の過失を被害
者側の過失として考慮することができると解するのが相当である。

　なお，A が運転し B が同乗する自動二輪車とパトカーとが衝突し B が
死亡した交通事故につき，B の相続人がパトカーの運行供用者に対し損害
賠償を請求する場合において，過失相殺をするに当たり，A の過失を B
の過失として考慮することができるとされた事例判例がある。

◆**最判平成 20 年 7 月 4 日裁判集民 228 号 399 頁・判タ 1279 号 106 頁**
　［A が運転し B が同乗する自動二輪車と，これを停止させる目的で前方の路上
に停止していたパトカーとが衝突し，B が死亡した交通事故につき，B の相続人
が上記パトカーの運行供用者に対し損害賠償を請求する場合において，(1) A と B
は，上記交通事故の前に上記自動二輪車を交代で運転しながら共同して暴走行為
を繰り返し，上記パトカーに追跡されていたこと，(2) A は，道路脇の駐車場に停
車していた別のパトカーを見付け，これから逃れるため制限速度を大きく超過し
て走行するとともに，その様子をうかがおうとしてわき見をするという運転行為
をしたため上記交通事故が発生したものであることなど判示の事実関係の下では，
A の上記(2)の運転行為は A と B が共同して行っていた上記(1)の暴走行為の一環を
なすものとして，過失相殺をするに当たり，A の上記(2)の運転行為における過失
を B の過失として考慮することができる。］

イ　一部請求と過失相殺

　一部請求の場合，損害の全額から過失割合による減額をし，その残額が請求額を超えないときは残額を認容し，残額が請求額を超えるときは請求の全額を認容することになる。

◆**最判昭和48年4月5日民集27巻3号419頁・判タ299号298頁**
　　一個の損害賠償請求権のうちの一部が訴訟上請求されている場合に，過失相殺をするにあたつては，損害の全額から過失割合による減額をし，その残額が請求額をこえないときは右残額を認容し，残額が請求額をこえるときは請求の全額を認容することができるものと解すべきである。このように解することが一部請求をする当事者の通常の意思にもそうものというべきであつて，所論のように，請求額を基礎とし，これから過失割合による減額をした残額のみを認容すべきものと解するのは，相当でない。

(2)　好意（無償）同乗

　単なる好意（無償）同乗であることは減額事由にならない。無免許運転や飲酒運転であることを知っていながら同乗したなど，危険な運転状態を容認し，あるいは危険な運転を助長，誘発した場合には，減額事由となる。

(3)　素因減額

　身体的要因による減額と心因的要因による減額がある。

ア　身体的要因による減額

　被害者に対する加害行為と被害者の疾患とがともに原因となって損害が発生した場合において，当該疾患の態様，程度などに照らし，加害者に損害の全部を賠償させるのが公平を失するときは，民法722条2項の過失相殺の規定を類推適用して，被害者の当該疾患を斟酌することができるものと解されるが，被害者が平均的な体格ないし通常の体質と異なる身体的特徴を有していたとしても，それが疾患に当たらない場合には，特段の事情の存しない限り，被害者の身体的特徴を斟酌することはできない。

◆最判平成4年6月25日民集46巻4号400頁・判タ813号198頁

　被害者に対する加害行為と被害者のり患していた疾患とがともに原因となって損害が発生した場合において，当該疾患の態様，程度などに照らし，加害者に損害の全部を賠償させるのが公平を失するときは，裁判所は，損害賠償の額を定めるに当たり，民法722条2項の過失相殺の規定を類推適用して，被害者の当該疾患をしんしゃくすることができるものと解するのが相当である。けだし，このような場合においてもなお，被害者に生じた損害の全部を加害者に賠償させるのは，損害の公平な分担を図る損害賠償法の理念に反するものといわなければならないからである。〔中略〕

　Aは，本件事故により頭部，頸部及び脳に対し相当に強い衝撃を受け，これが一酸化炭素中毒による脳内の損傷に悪影響を負荷し，本件事故による頭部打撲傷と一酸化炭素中毒とが併存競合することによって，一たんは潜在化ないし消失していた一酸化炭素中毒における各種の精神的症状が本件事故による頭部打撲傷を引金に顕在発現して長期にわたり持続し，次第に増悪し，ついに死亡したと推認するのが相当である。

　原審の右認定は，原判決挙示の証拠関係に照らして首肯するに足り，これによれば，本件事故後，Aが前記精神障害を呈して死亡するに至ったのは，本件事故による頭部打撲傷のほか，本件事故前にり患した一酸化炭素中毒もその原因となっていたことが明らかである。そして，原審は，前記事実関係の下において，Aに生じた損害につき，右一酸化炭素中毒の態様，程度その他の諸般の事情をしんしゃくし，損害の50パーセントを減額するのが相当であるとしているのであって，その判断は，前示したところに照らし，正当として是認することができる。

◆最判平成8年10月29日民集50巻9号2474頁・判タ931号164頁

　被害者が平均的な体格ないし通常の体質と異なる身体的特徴を有していたとしても，それが疾患に当たらない場合には，特段の事情の存しない限り，被害者の右身体的特徴を損害賠償の額を定めるに当たり斟酌することはできないと解すべきである。けだし，人の体格ないし体質は，すべての人が均一同質なものということはできないものであり，極端な肥満など通常人の平均値から著しくかけ離れた身体的特徴を有する者が，転倒などにより重大な傷害を被りかねないことから日常生活において通常人に比べてより慎重な行動をとることが求められるような場合は格別，その程度に至らない身体的特徴は，個々人の個体差の範囲として当然にその存在が予定されているものというべきだからである。

　これを本件についてみるに，上告人の身体的特徴は首が長くこれに伴う多少の頸椎不安定症があるということであり，これが疾患に当たらないことはもちろん，このような身体的特徴を有する者が一般的に負傷しやすいものとして慎重な行動を要請されているといった事情は認められないから，前記特段の事情が存するということはできず，右身体的特徴と本件事故による加害行為とが競合して上告人の右傷害が発生し，又は右身体的特徴が被害者の損害の拡大に寄与していたとしても，これを損害賠償の額を定めるに当たり斟酌するのは相当でない。

◆最判平成8年10月29日交民29巻5号1272頁

　被害者に対する加害行為と加害行為前から存在した被害者の疾患とが共に原因となって損害が発生した場合において，当該疾患の態様，程度などに照らし，加

害者に損害の全部を賠償させるのが公平を失するときは，裁判所は，損害賠償の額を定めるに当たり，民法722条2項の規定を類推適用して，被害者の疾患を斟酌することができることは，当裁判所の判例（最高裁昭和63年㈠第1094号平成4年6月25日第一小法廷判決・民集46巻4号400頁）とするところである。そしてこのことは，加害行為前に疾患に伴う症状が発現していたかどうか，疾患が難病であるかどうか，疾患に罹患するにつき被害者の責めに帰すべき事由があるかどうか，加害行為により被害者が被った衝撃の強弱，損害拡大の素因を有しながら社会生活を営んでいる者の多寡等の事情によって左右されるものではないというべきである。

　前記の事実関係によれば，被上告人の本件疾患は，頸椎後縦靱帯骨化症であるが，本件において被上告人の罹患していた疾患が被上告人の治療の長期化や後遺障害の程度に大きく寄与していることが明白であるというのであるから，たとい本件交通事故前に右疾患に伴う症状が発現しておらず，右疾患が難病であり，右疾患に罹患するにつき被上告人の責めに帰すべき事由がなく，本件交通事故により被上告人が被った衝撃の程度が強く，損害拡大の素因を有しながら社会生活を営んでいる者が多いとしても，これらの事実により直ちに上告人らに損害の全部を賠償させるのが公平を失するときに当たらないとはいえ，損害の額を定めるに当たり右疾患を斟酌すべきものではないということはできない。

〔参考・労災判決〕

◆最判平成20年3月27日裁判集民227号585頁・判タ1267号156頁

　［業務上の過重負荷と従業員Aの基礎疾患とが共に原因となってAが急性心筋虚血により死亡した場合において，(1)Aは，虚血性心疾患の危険因子となる家族性高コレステロール血症にり患し，冠状動脈の2枝に障害があり，陳旧性心筋梗塞の合併症を有していたこと，(2)使用者は，原審（控訴審）において初めて過失相殺の主張をしたが，第1審の段階ではAが家族性高コレステロール血症にり患していた事実を認識していなかったことがうかがわれることなど判示の事情の下では，使用者の不法行為を理由とする損害賠償の額を定めるに当たり，上記過失相殺の主張が訴訟上の信義則に反するとして民法722条2項の規定を類推適用しなかった原審の判断には，違法がある。］

イ　心因的要因による減額

　身体に対する加害行為と発生した損害との間に相当因果関係がある場合において，その損害がその加害行為のみによって通常発生する程度，範囲を超えるものであって，かつ，その損害の拡大について被害者の心因的要因が寄与しているときは，民法722条2項の過失相殺の規定を類推適用して，その損害の拡大に寄与した被害者の事情を斟酌することができる。

◆最判昭和63年4月21日民集42巻4号243頁・判タ667号99頁

　身体に対する加害行為と発生した損害との間に相当因果関係がある場合において，その損害がその加害行為のみによつて通常発生する程度，範囲を超えるものであつて，かつ，その損害の拡大について被害者の心因的要因が寄与しているときは，損害を公平に分担させるという損害賠償法の理念に照らし，裁判所は，損害賠償の額を定めるに当たり，民法722条2項の過失相殺の規定を類推適用して，その損害の拡大に寄与した被害者の右事情を斟酌することができるものと解するのが相当である。〔中略〕

　原審の確定した事実関係のもとにおいては，上告人は本件事故により頭頸部軟部組織に損傷を生じ外傷性頭頸部症候群の症状を発するに至つたが，これにとどまらず，上告人の特異な性格，初診医の安静加療約50日という常識はずれの診断に対する過剰な反応，本件事故前の受傷及び損害賠償請求の経験，加害者の態度に対する不満等の心理的な要因によつて外傷性神経症を引き起こし，更に長期の療養生活によりその症状が固定化したものと認めるのが相当であり，この上告人の症状のうち頭頸部軟部組織の受傷による外傷性頭頸部症候群の症状が被上告人Aの惹起した本件事故と因果関係があることは当然であるが，その後の神経症に基づく症状についても右受傷を契機として発現したもので，その症状の態様からみて，B病院退院後自宅療養を開始したのち約3か月を経過した日，すなわち事故後3年を経過した昭和47年3月20日までに，右各症状に起因して生じた損害については，本件事故との間に相当因果関係があるものというべきであるが，その後生じた分については，本件事故との間に相当因果関係があるものとはいえない。また，右事実関係のもとにおいては，上告人の訴えている右症状のうちには上告人の特異な性格に起因する症状も多く，初診医の診断についても上告人の言動に誘発された一面があり，更に上告人の回復への自発的意欲の欠如等があいまつて，適切さを欠く治療を継続させた結果，症状の悪化とその固定化を招いたと考えられ，このような事情のもとでは，本件事故による受傷及びそれに起因して3年間にわたつて上告人に生じた損害を全部被上告人らに負担させることは公平の理念に照らし相当ではない。すなわち，右損害は本件事故のみによつて通常発生する程度，範囲を超えているものということができ，かつ，その損害の拡大について上告人の心因的要因が寄与していることが明らかであるから，本件の損害賠償の額を定めるに当たつては，民法722条2項の過失相殺の規定を類推適用して，その損害の拡大に寄与した上告人の右事情を斟酌することができるものというべきである。そして，前記事実関係のもとでは，事故後昭和47年3月20日までに発生した損害のうちその4割の限度に減額して被上告人らに負担させるのが相当であるとした原審の判断は，結局正当として是認することができる。

〔参考・労災判決〕

◆最判平成12年3月24日民集54巻3号1155頁・判タ1028号80頁

　身体に対する加害行為を原因とする被害者の損害賠償請求において，裁判所は，加害者の賠償すべき額を決定するに当たり，損害を公平に分担させるという損害賠償法の理念に照らし，民法722条2項の過失相殺の規定を類推適用して，損害の発生又は拡大に寄与した被害者の性格等の心因的要因を一定の限度でしんしゃくすることができる（最高裁昭和59年(オ)第33号同63年4月21日第一小法廷

判決・民集 42 巻 4 号 243 頁参照）。この趣旨は，労働者の業務の負担が過重であることを原因とする損害賠償請求においても，基本的に同様に解すべきものである。しかしながら，企業等に雇用される労働者の性格が多様のものであることはいうまでもないところ，ある業務に従事する特定の労働者の性格が同種の業務に従事する労働者の個性の多様さとして通常想定される範囲を外れるものでない限り，その性格及びこれに基づく業務遂行の態様等が業務の過重負担に起因して当該労働者に生じた損害の発生又は拡大に寄与したとしても，そのような事態は使用者として予想すべきものということができる。しかも，使用者又はこれに代わって労働者に対し業務上の指揮監督を行う者は，各労働者がその従事すべき業務に適するか否かを判断して，その配置先，遂行すべき業務の内容等を定めるのであり，その際に，各労働者の性格をも考慮することができるのである。したがって，労働者の性格が前記の範囲を外れるものでない場合には，裁判所は，業務の負担が過重であることを原因とする損害賠償請求において使用者の賠償すべき額を決定するに当たり，その性格及びこれに基づく業務遂行の態様等を，心因的要因としてしんしゃくすることはできないというべきである。

　これを本件について見ると，A の性格は，一般の社会人の中にしばしば見られるものの一つであって，A の上司である B らは，A の従事する業務との関係で，その性格を積極的に評価していたというのである。そうすると，A の性格は，同種の業務に従事する労働者の個性の多様さとして通常想定される範囲を外れるものであったと認めることはできないから，一審被告の賠償すべき額を決定するに当たり，A の前記のような性格及びこれに基づく業務遂行の態様等をしんしゃくすることはできないというべきである。

7　損害の塡補

　被害者あるいはその相続人が損害を被っても，他方において何らかの給付を受けた場合には，賠償額からその給付額を控除する必要が生ずる場合がある。

　以下では，(1)控除の対象となる給付といえるか，(2)いつまでの給付を控除すべきか（控除すべき時的範囲），(3)どの相続人から控除すべきか（控除すべき主観的範囲），(4)過失相殺がある場合，過失相殺と控除の先後関係をどうするかにつき，順に記載する。

> **◆最大判平成 5 年 3 月 24 日民集 47 巻 4 号 3039 頁・判タ 853 号 63 頁**
> 　不法行為に基づく損害賠償制度は，被害者に生じた現実の損害を金銭的に評価し，加害者にこれを賠償させることにより，被害者が被った不利益を補てんして，不法行為がなかったときの状態に回復させることを目的とするものである。
> 　被害者が不法行為によって損害を被ると同時に，同一の原因によって利益を受ける場合には，損害と利益との間に同質性がある限り，公平の見地から，その利益の額を被害者が加害者に対して賠償を求める損害額から控除することによって損益相殺的な調整を図る必要があり，また，被害者が不法行為によって死亡し，その損害賠償請求権を取得した相続人が不法行為と同一の原因によって利益を受ける場合にも，右の損益相殺的な調整を図ることが必要なときがあり得る。このような調整は，前記の不法行為に基づく損害賠償制度の目的から考えると，被害者又はその相続人の受ける利益によって被害者に生じた損害が現実に補てんされたということができる範囲に限られるべきである。

(1)　控除の対象となる給付といえるか

　給付により損害の塡補がされたとして損害額から給付額が控除されるのは，当該給付が損害の塡補を目的としているものであるかによって決められるが，具体的には，以下のとおりである。

ア　自賠責保険金

　自賠責保険金は，損害の塡補を目的としたものであり，控除の対象となるが，塡補されるのは人身損害に限られ，物的損害に塡補されることはない。また，労災保険と異なり，損害費目による拘束はなく，人身損害額全体から自賠責保険金を控除する。なお，充当方法については，特段の主張がないときは，元本に充当する裁判例が多い。遅延損害金から充当すべきである旨の主張がされた場合は，遅延損害金から充当し，その残額を元本に充当することになる。

◆最判平成 11 年 10 月 26 日交民 32 巻 5 号 1331 頁

　不法行為に基づく損害賠償債務は，損害の発生と同時に，何らの催告を要することなく，遅滞に陥るものであって（最高裁昭和 34 年㋔第 117 号同 37 年 9 月 4 日第三小法廷判決・民集 16 巻 9 号 1834 頁），後に自動車損害賠償保障法に基づく保険金の支払によって元本債務に相当する損害がてん補されたとしても，右てん補に係る損害金の支払債務に対する損害発生日である事故の日から右支払日までの遅延損害金は既に発生しているのであるから，右遅延損害金の請求が制限される理由はない。したがって，本件においては，自動車損害賠償保障法に基づき支払われた保険金に相当する損害額に対する本件事故の発生日から右保険金の支払日までの遅延損害金請求は認容されるべきであって，これを棄却すべきものとした原審の判断には，判決に影響を及ぼすことが明らかな法令の違反がある。［中略］

　そうすると，上告人らの請求は，原審が認容したところに加えて，右保険金に相当する損害額に対する本件事故の発生日である平成 8 年 5 月 25 日から右支払日である平成 9 年 2 月 14 日までの民法所定の年 5 分の割合による遅延損害金 84 万 7392 円（円未満切り捨て）の支払を認める限度で認容し，その余は棄却すべきであるから，上告人 A については原審認容額に 42 万 3696 円を，その余の上告人らについては原審認容額に 14 万 1232 円をそれぞれ加算して，原判決を主文第 1 項のとおり変更するのが相当である。

◆最判平成 12 年 9 月 8 日金法 1595 号 63 頁

　不法行為に基づく損害賠償債務は，損害の発生と同時に，何らの催告を要することなく，遅滞に陥るものであって（最高裁昭和 34 年㋔第 117 号同 37 年 9 月 4 日第三小法廷判決・民集 16 巻 9 号 1834 頁），後に自賠法に基づく保険金の支払によって元本債務に相当する損害がてん補されたとしても，右てん補された損害金の支払債務に対する損害発生日である事故の日から右支払日までの遅延損害金は既に発生しているのであるから，右遅延損害金の請求が制限される理由はない。

　したがって，本件においては，自賠法に基づく保険金によりてん補された損害額に対する本件事故発生日から右保険金支払日までの遅延損害金請求は当然に認容されるべきであり，これを棄却した原審の判断には，判決に影響を及ぼすこと

が明らかな法令の違反がある。［中略］

　そうすると，上告人らの請求は，原審が認容したところに加えて，右保険金によりてん補された損害額各1255万3122円に対する本件事故発生日である平成2年11月10日から右保険金支払日である同4年3月25日までの民法所定の年5分の割合による遅延損害金のうち上告人らが請求する各86万1054円（円未満切り捨て）の支払を求める限度で認容すべきである。

◆最判平成16年12月20日裁判集民215号987頁・判タ1173号154頁

　被上告人らの損害賠償債務は，本件事故の日に発生し，かつ，何らの催告を要することなく，遅滞に陥ったものである（最高裁昭和34年(オ)第117号同37年9月4日第三小法廷判決・民集16巻9号1834頁参照）。［自賠責保険金］によっててん補される損害についても，本件事故時から［自賠責保険金］の支払日までの間の遅延損害金が既に発生していたのであるから，［自賠責保険金］が支払時における損害金の元本及び遅延損害金の全部を消滅させるに足りないときは，遅延損害金の支払債務にまず充当されるべきものであることは明らかである（民法491条1項参照）。

イ　政府の自動車損害賠償保障事業てん補金（自賠法72条1項）

　政府の自動車損害賠償保障事業は，アの自賠責保険金を補充するものであり，自賠責保険金と同様の性質を有する。

ウ　任意保険金

　任意保険金の支払は加害者の支払と同視でき，控除の対象となる。自賠責保険金と同様，費目による拘束はない（ただし，対人賠償責任保険による保険金は人身損害に，対物賠償責任保険による保険金は物的損害に充当される。）。任意保険金については，元本充当の合意が認められることが少なくない。

エ　各種社会保険給付

　各種社会保険給付が控除の対象になるかは，当該給付制度の趣旨・目的，代位規定の有無，社会保険の費用の負担者，被害者の二重取りになるか等の観点から決められることになる。具体的には次のとおりである。

　(ア)　労働者災害補償保険（労災保険）給付

　控除の対象となる労災保険給付には，①療養補償給付（療養給付），②休業補償給付（休業給付），③障害補償給付（障害給付），④遺族補償給付

（遺族給付），⑤葬祭料（葬祭給付），⑥傷病補償年金（傷病年金），⑦介護補償給付（介護給付）の7種類（本文は業務災害に関する保険給付，かっこ内は通勤災害に関する保険給付）がある。

　これらの給付は，それぞれの制度の趣旨目的に従い，特定の損害について必要額を填補するために支給されるものであるから，填補の対象となる特定の損害と同性質であり，かつ，相互補完性を有する損害の元本との間で，損益相殺的な調整が行われる（損害費目による拘束がある。）。労災保険給付と損害の填補の関係を整理すると，療養補償給付（療養給付）は療養に要する費用の元本との間で損益相殺的調整が行われることになるところ，上記費用に治療費が含まれることは明らかであるが，入院雑費，通院交通費，付添介護費等が上記費用に含まれるかについては争いがある。休業補償給付（休業給付），障害補償給付（障害給付），遺族補償給付（遺族給付），傷病補償年金（傷病年金）は休業損害及び逸失利益の元本との間で損益相殺的調整が行われ（休業損害と逸失利益は，症状固定の前後で区別しているにすぎず，法的には同質性を有する。），葬祭料（葬祭給付）は葬儀関係費用の元本との間で，介護補償給付（介護給付）は介護費用の元本との間で，それぞれ損益相殺的調整が行われる。

　具体的には，被害者に4割の過失がある事案で，治療費として100万円を要し，労災保険から療養補償給付として全額の支払がされていた場合，治療費のうち40万円は加害者が支払う必要はなく，被害者が負担すべきものであるが，療養補償給付は，休業損害等の消極損害や慰謝料とは趣旨目的が同一とはいえないので，支払済みの療養補償給付40万円を，休業損害等の消極損害や慰謝料から控除することはできない。

　労災保険給付を損害賠償債務の遅延損害金に充当することの可否につき，最判平成16年12月20日（裁判集民215号987頁・判タ1173号154頁。以下「平成16年判決」という。）は，死亡事案において，労災保険法に基づく遺族補償年金が損害賠償債務の元本及び遅延損害金の全部を消滅させるに足りないときは，事故の日から上記年金の支払日までの間に発生した遅延損害金の支払債務にまず充当されるべきである旨判断していた。

　しかし，最判平成22年9月13日（民集64巻6号1626頁・判タ1337号92頁）は，後遺障害事案において，療養給付については治療費

等の療養に要する費用の元本と，休業給付については休業損害の元本との間でそれぞれ損益相殺的な調整を行うべきであり，これらに対する遅延損害金が発生しているとしてそれとの間で上記調整を行うことは相当ではないとした上で，労災保険給付は，特段の事情のない限り，その給付が支給され，又は支給されることが確定することにより，その塡補の対象となる損害は不法行為の時に塡補されたものと法的に評価して損益相殺的な調整をすることが相当であるとした。また，最判平成22年10月15日（裁判集民235号65頁）も，後遺障害事案において，休業給付及び障害一時金について，上記最判平成22年9月13日と同様の判断をした。そして，最大判平成27年3月4日（民集69巻2号178頁・判タ1414号140頁。以下「平成27年判決」という。）は，死亡事案において，死亡した被害者の損害賠償請求権を取得した相続人が遺族補償年金の支給を受け，又は支給を受けることが確定したときは，制度の予定するところと異なってその支給が著しく遅滞するなどの特段の事情のない限り，その塡補の対象となる損害は不法行為の時に塡補されたものと法的に評価して損益相殺的な調整をすることが公平の見地からみて相当であるというべきであるとして，平成16年判決の上記判断部分を変更した。これにより，遺族補償年金を遅延損害金の支払債務にまず充当されるべきとした判断が改められ，不法行為時から当該年金の支給日までの遅延損害金は発生しないことになった。

◆最判昭和37年4月26日民集16巻4号975頁
　原判決の引用する第一審判決によれば，本件事故による被害者Aの死亡に因り物質的の損害賠償としてその妻たる被上告人Bは金21万3714円の，被上告人C，同D，同EはAの子として各金14万2476円の各請求権を取得したものとされ，その外に慰藉料として被上告人Bは金10万円，被上告人Fは金3万円，被上告人C，同D，同Eは各金5万円の請求権を取得したものとされたこと，一方被上告人BはAの本件事故に因る死亡を理由として労働者災害補償保険法に基づき遺族補償費として金36万8840円，葬祭料として金2万2130円の各交付を受けたことは所論のとおりである。そして，右のような場合労働基準法84条2項及び労働者災害補償保険法12条1項4号，15条，労働基準法施行細則42条の法意に基づき被上告人Bの受けたる右遺族補償費36万8840円はBの取得するものとされた前示物質的の損害賠償請求権21万3714円にのみ充てらるべき筋合のものであつて，同人の前示慰藉料請求権にも，亦その他の被上告人の損害賠償

95

（有形無形とも）請求権にも及ばないものであり，前示葬祭料に至つては勿論その対象とならないものと解するを相当とする。

◆**最判昭和41年12月1日民集20巻10号2017頁・判夕202号117頁**

　被上告人が昭和簡易裁判所の調停の結果Aから15,000円（記録上13,000円の誤りと認められる。）の交付を受けた旨陳述しているけれども，記録によれば，それは慰藉料として受領した趣旨であることが認められるから，原審において，本件災害補償金から右慰藉料額を控除することなく上告人に支払を命じたことは正当である。けだし，労働者に対する災害補償は，労働者のこうむつた財産上の損害の塡補のためにのみなされるのであつて，精神的損害の塡補の目的をも含むものではないから，加害者たる第三者が支払つた慰藉料が使用者の支払うべき災害補償の額に影響を及ぼさないからである。

◆**最判昭和52年5月27日民集31巻3号427頁・判夕350号269頁**

　厚生年金保険法40条及び労働者災害補償保険法（昭和48年法律第85号による改正前のもの。）20条［現行12条の4］は，事故が第三者の行為によつて生じた場合において，受給権者に対し，政府が先に保険給付又は災害補償をしたときは，受給権者の第三者に対する損害賠償請求権はその価額の限度で当然国に移転し，これに反して第三者が先に損害の賠償をしたときは，政府はその価額の限度で保険給付をしないことができ，又は災害補償の義務を免れるものと定め，受給権者に対する第三者の損害賠償義務と政府の保険給付又は災害補償の義務とが，相互補完の関係にあり，同一事由による損害の二重塡補を認めるものではない趣旨を明らかにしている。

◆**最判昭和52年10月25日民集31巻6号836頁・判夕357号218頁**

　労働者災害補償保険法に基づく保険給付の実質は，使用者の労働基準法上の災害補償義務を政府が保険給付の形式で行うものであつて，厚生年金保険法に基づく保険給付と同様，受給権者に対する損害の塡補の性質をも有するから，事故が使用者の行為によつて生じた場合において，受給権者に対し，政府が労働者災害補償保険法に基づく保険給付をしたときは労働基準法84条2項の規定を類推適用し，また，政府が厚生年金保険法に基づく保険給付をしたときは衡平の理念に照らし，使用者は，同一の事由については，その価額の限度において民法による損害賠償の責を免れると解するのが，相当である。

◆**最判昭和58年4月19日民集37巻3号321頁・判夕497号89頁**

　労働者に対する災害補償は，労働者の被つた財産上の損害の塡補のためにのみされるものであつて，精神上の損害の塡補の目的をも含むものではないから（最高裁昭和35年(オ)第381号同37年4月26日第一小法廷判決・民集16巻4号975頁，同昭和38年(オ)第1035号同41年12月1日第一小法廷判決・民集20巻10号2017頁参照），前記上告人が受領した労災保険による障害補償一時金及び休業補償金のごときは上告人の財産上の損害の賠償請求権にのみ充てられるべき筋合のものであつて，上告人の慰藉料請求権には及ばないものというべきであり，従つて上告人が右各補償金を受領したからといつてその全部ないし一部を上告人の被つた精神上の損害を塡補すべきものとして認められた慰藉料から控除することは許されないというべきである。

◆最判昭和 62 年 7 月 10 日民集 41 巻 5 号 1202 頁・判タ 658 号 81 頁

　　労災保険法又は厚生年金保険法に基づく保険給付の原因となる事故が被用者の行為により惹起され，右被用者及びその使用者が右行為によつて生じた損害につき賠償責任を負うべき場合において，政府が被害者に対し労災保険法又は厚生年金保険法に基づく保険給付をしたときは，被害者が被用者及び使用者に対して取得した各損害賠償請求権は，右保険給付と同一の事由（労働基準法 84 条 2 項，労災保険法 12 条の 4，厚生年金保険法 40 条参照）については損害の填補がされたものとして，その給付の価額の限度において減縮するものと解されるところ（最高裁昭和 50 年(オ)第 431 号同 52 年 5 月 27 日第三小法廷判決・民集 31 巻 3 号 427 頁，同 50 年(オ)第 621 号同 52 年 10 月 25 日第三小法廷判決・民集 31 巻 6 号 836 頁参照），右にいう保険給付と損害賠償とが「同一の事由」の関係にあるとは，保険給付の趣旨目的と民事上の損害賠償のそれとが一致すること，すなわち，保険給付の対象となる損害と民事上の損害賠償の対象となる損害とが同性質であり，保険給付と損害賠償とが相互補完性を有する関係にある場合をいうものと解すべきであつて，単に同一の事故から生じた損害であることをいうものではない。そして，民事上の損害賠償の対象となる損害のうち，労災保険法による休業補償給付及び傷病補償年金並びに厚生年金保険法による障害年金が対象とする損害と同性質であり，したがつて，その間で前示の同一の事由の関係にあることを肯定することができるのは，財産的損害のうちの消極損害（いわゆる逸失利益）のみであつて，財産的損害のうちの積極損害（入院雑費，付添看護費はこれに含まれる。）及び精神的損害（慰藉料）は右の保険給付が対象とする損害とは同性質であるとはいえないものというべきである。したがつて，右の保険給付が現に認定された消極損害の額を上回るとしても，当該超過分を財産的損害のうちの積極損害や精神的損害（慰藉料）を填補するものとして，右給付額をこれらとの関係で控除することは許されないものというべきである。労災保険法による保険給付を慰藉料から控除することは許されないとする当裁判所の判例（昭和 35 年(オ)第 381 号同 37 年 4 月 26 日第一小法廷判決・民集 16 巻 4 号 975 頁，同 55 年(オ)第 82 号同 58 年 4 月 19 日第三小法廷判決・民集 37 巻 3 号 321 頁。なお，同 38 年(オ)第 1035 号同 41 年 12 月 1 日第一小法廷判決・民集 20 巻 10 号 2017 頁参照）は，この趣旨を明らかにするものにほかならない。

◆最判平成 22 年 9 月 13 民集 64 巻 6 号 1626 頁・判タ 1337 号 92 頁

　(1)　被害者が不法行為によって損害を被ると同時に，同一の原因によって利益を受ける場合には，損害と利益との間に同質性がある限り，公平の見地から，その利益の額を被害者が加害者に対して賠償を求める損害額から控除することによって損益相殺的な調整を図る必要がある（最高裁昭和 63 年(オ)第 1749 号平成 5 年 3 月 24 日大法廷判決・民集 47 巻 4 号 3039 頁）。そして，被害者が，不法行為によって傷害を受け，その後に後遺障害が残った場合において，労災保険法に基づく各種保険給付や公的年金制度に基づく各種年金給付を受けたときは，これらの社会保険給付は，それぞれの制度の趣旨目的に従い，特定の損害について必要額をてん補するために支給されるものであるから，同給付については，てん補の対象となる特定の損害と同性質であり，かつ，相互補完性を有する損害の元本との間で，損益相殺的な調整を行うべきものと解するのが相当である。

　これを本件各保険給付についてみると，労働者が通勤（労災保険法7条1項2号の通勤をいう。）により負傷し，疾病にかかった場合において，療養給付は，治療費等の療養に要する費用をてん補するために，休業給付は，負傷又は疾病により労働することができないために受けることができない賃金をてん補するために，それぞれ支給されるものである。このような本件各保険給付の趣旨目的に照らせば，本件各保険給付については，これによるてん補の対象となる損害と同性質であり，かつ，相互補完性を有する関係にある治療費等の療養に要する費用又は休業損害の元本との間で損益相殺的な調整を行うべきであり，これらに対する遅延損害金が発生しているとしてそれとの間で上記の調整を行うことは相当でない。

　また，本件各年金給付は，労働者ないし被保険者が，負傷し，又は疾病にかかり，なおったときに障害が残った場合に，労働能力を喪失し，又はこれが制限されることによる逸失利益をてん補するために支給されるものである。このような本件各年金給付の趣旨目的に照らせば，本件各年金給付については，これによるてん補の対象となる損害と同性質であり，かつ，相互補完性を有する関係にある後遺障害による逸失利益の元本との間で損益相殺的な調整を行うべきであり，これに対する遅延損害金が発生しているとしてそれとの間で上記の調整を行うことは相当でない。

　(2)　そして，不法行為による損害賠償債務は，不法行為の時に発生し，かつ，何らの催告を要することなく遅滞に陥るものと解されるが（最高裁昭和34年(オ)第117号同37年9月4日第三小法廷判決・民集16巻9号1834頁参照），被害者が不法行為によって傷害を受け，その後に後遺障害が残った場合においては，不法行為の時から相当な時間が経過した後に現実化する損害につき，不確実，不確定な要素に関する蓋然性に基づく将来予測や擬制の下に，不法行為の時におけるその額を算定せざるを得ない。その額の算定に当たっては，一般に，不法行為の時から損害が現実化する時までの間の中間利息が必ずしも厳密に控除されるわけではないこと，上記の場合に支給される労災保険法に基づく各種保険給付や公的年金制度に基づく各種年金給付は，それぞれの制度の趣旨目的に従い，特定の損害について必要額をてん補するために，てん補の対象となる損害が現実化する都度ないし現実化するのに対応して定期的に支給されることが予定されていることなどを考慮すると，制度の予定するところと異なってその支給が著しく遅滞するなどの特段の事情のない限り，これらが支給され，又は支給されることが確定することにより，そのてん補の対象となる損害は不法行為の時にてん補されたものと法的に評価して損益相殺的な調整をすることが，公平の見地からみて相当というべきである。

◆**最判平成22年10月15日裁判集民235号65頁**

　被害者が不法行為によって損害を被ると同時に，同一の原因によって利益を受ける場合には，損害と利益との間に同質性がある限り，公平の見地から，その利益の額を被害者が加害者に対して賠償を求める損害額から控除することによって損益相殺的な調整を図る必要がある（最高裁昭和63年(オ)第1749号平成5年3月24日大法廷判決・民集47巻4号3039頁）。そして，被害者が，不法行為によって傷害を受け，その後に後遺障害が残った場合において，労災保険法に基づく各種保険給付を受けたときは，これらの社会保険給付は，それぞれの制度の趣

旨目的に従い，特定の損害について必要額をてん補するために支給されるものであるから，同給付については，てん補の対象となる特定の損害と同性質であり，かつ，相互補完性を有する損害の元本との間で，損益相殺的な調整を行うべきものと解するのが相当である（最高裁平成20年(受)第494号・第495号同22年9月13日第一小法廷判決・裁判所時報1515号6頁［民集64巻6号1626頁・判タ1337号92頁］参照）。

これを本件休業給付等についてみると，休業給付は，労働者が通勤（労災保険法7条1項2号の通勤をいう。）により負傷し，疾病にかかった場合において，負傷又は疾病により労働することができないために受けることができない賃金をてん補するために，障害一時金は，労働者が，負傷し，又は疾病にかかり，治ったときに障害が残った場合に，労働能力を喪失し，又はこれが制限されることによる逸失利益をてん補するために，それぞれ支給されるものである。このような本件休業給付等の趣旨目的に照らせば，本件休業給付等については，これによるてん補の対象となる損害と同性質であり，かつ，相互補完性を有する関係にある休業損害及び後遺障害による逸失利益の元本との間で損益相殺的な調整を行うべきであり，これらに対する遅延損害金が発生しているとしてそれとの間で上記の調整を行うことは相当でない。

そして，被害者が不法行為によって傷害を受け，その後に後遺障害が残った場合に支給される労災保険法に基づく各種保険給付は，それぞれの制度の趣旨目的に従い，特定の損害について必要額をてん補するために，てん補の対象となる損害が現実化する都度ないし現実化するのに対応して定期的に支給されることが予定されていることなどを考慮すると，制度の予定するところと異なってその支給が著しく遅滞するなどの特段の事情のない限り，これらが支給され，又は支給されることが確定することにより，そのてん補の対象となる損害は不法行為の時にてん補されたものと法的に評価して損益相殺的な調整をすることが，公平の見地からみて相当である（上記第一小法廷判決参照）。

前記事実関係によれば，本件休業給付等は，その制度の予定するところに従って，てん補の対象となる損害が現実化する都度，これに対応して支給されたものということができるから，そのてん補の対象となる損害は本件事故の日にてん補されたものと法的に評価して損益相殺的な調整をするのが相当である。

◆最大判平成27年3月4日民集69巻2号178頁・判タ1414号140頁

被害者が不法行為によって死亡し，その損害賠償請求権を取得した相続人が不法行為と同一の原因によって利益を受ける場合には，損害と利益との間に同質性がある限り，公平の見地から，その利益の額を相続人が加害者に対して賠償を求める損害額から控除することによって損益相殺的な調整を図ることが必要なときがあり得る（最高裁昭和63年(オ)第1749号平成5年3月24日大法廷判決・民集47巻4号3039頁）。そして，上記の相続人が受ける利益が，被害者の死亡に関する労災保険法に基づく保険給付であるときは，民事上の損害賠償の対象となる損害のうち，当該保険給付による塡補の対象となる損害と同性質であり，かつ，相互補完性を有するものについて，損益相殺的な調整を図るべきものと解される（最高裁昭和58年(オ)第128号同62年7月10日第二小法廷判決・民集41巻5号1202頁，最高裁平成20年(受)第494号・第495号同22年9月13日第一小法

廷判決・民集 64 巻 6 号 1626 頁，最高裁平成 21 年㈹第 1932 号同 22 年 10 月 15 日第二小法廷判決・裁判集民事 235 号 65 頁参照)。

　労災保険法に基づく保険給付は，その制度の趣旨目的に従い，特定の損害について必要額を塡補するために支給されるものであり，遺族補償年金は，労働者の死亡による遺族の被扶養利益の喪失を塡補することを目的とするものであって（労災保険法 1 条，16 条の 2 から 16 条の 4 まで)，その塡補の対象とする損害は，被害者の死亡による逸失利益等の消極損害と同性質であり，かつ，相互補完性があるものと解される。他方，損害の元本に対する遅延損害金に係る債権は，飽くまでも債務者の履行遅滞を理由とする損害賠償債権であるから，遅延損害金を債務者に支払わせることとしている目的は，遺族補償年金の目的とは明らかに異なるものであって，遺族補償年金による塡補の対象となる損害が，遅延損害金と同性質であるということも，相互補完性があるということもできない。

　したがって，被害者が不法行為によって死亡した場合において，その損害賠償請求権を取得した相続人が遺族補償年金の支給を受け，又は支給を受けることが確定したときは，損害賠償額を算定するに当たり，上記の遺族補償年金につき，その塡補の対象となる被扶養利益の喪失による損害と同性質であり，かつ，相互補完性を有する逸失利益等の消極損害の元本との間で，損益相殺的な調整を行うべきものと解するのが相当である。

　ところで，不法行為による損害賠償債務は，不法行為の時に発生し，かつ，何らの催告を要することなく遅滞に陥るものと解されており（最高裁昭和 34 年㈡第 117 号同 37 年 9 月 4 日第三小法廷判決・民集 16 巻 9 号 1834 頁参照)，被害者が不法行為によって死亡した場合において，不法行為の時から相当な時間が経過した後に得られたはずの利益を喪失したという損害についても，不法行為の時に発生したものとしてその額を算定する必要が生ずる。しかし，この算定は，事柄の性質上，不確実，不確定な要素に関する蓋然性に基づく将来予測や擬制の下に行わざるを得ないもので，中間利息の控除等も含め，法的安定性を維持しつつ公平かつ迅速な損害賠償額の算定の仕組みを確保するという観点からの要請等をも考慮した上で行うことが相当であるといえるものである。

　遺族補償年金は，労働者の死亡による遺族の被扶養利益の喪失の塡補を目的とする保険給付であり，その目的に従い，法令に基づき，定められた額が定められた時期に定期的に支給されるものとされているが（労災保険法 9 条 3 項，16 条の 3 第 1 項参照)，これは，遺族の被扶養利益の喪失が現実化する都度ないし現実化するのに対応して，その支給を行うことを制度上予定しているものと解されるのであって，制度の趣旨に沿った支給がされる限り，その支給分については当該遺族に被扶養利益の喪失が生じなかったとみることが相当である。そして，上記の支給に係る損害が被害者の逸失利益等の消極損害と同性質であり，かつ，相互補完性を有することは，上記のとおりである。

　上述した損害の算定の在り方と上記のような遺族補償年金の給付の意義等に照らせば，不法行為により死亡した被害者の相続人が遺族補償年金の支給を受け，又は支給を受けることが確定することにより，上記相続人が喪失した被扶養利益が塡補されたこととなる場合には，その限度で，被害者の逸失利益等の消極損害は現実にはないものと評価できる。

　以上によれば，被害者が不法行為によって死亡した場合において，その損害賠償請求を取得した相続人が遺族補償年金の支給を受け，又は支給を受けることが確定したときは，制度の予定するところと異なってその支給が著しく遅滞するなどの特段の事情のない限り，その塡補の対象となる損害は不法行為の時に塡補されたものと法的に評価して損益相殺的な調整をすることが公平の見地からみて相当であるというべきである（前掲最高裁平成22年9月13日第一小法廷判決等参照）。［中略］

　本件において上告人らが支給を受け，又は支給を受けることが確定していた遺族補償年金は，その制度の予定するところに従って支給され，又は支給されることが確定したものということができ，その他上記特段の事情もうかがわれないから，その塡補の対象となる損害は不法行為の時に塡補されたものと法的に評価して損益相殺的な調整をすることが相当である。

　以上説示するところに従い，所論引用の当裁判所第二小法廷平成16年12月20日判決は，上記判断と抵触する限度において，これを変更すべきである。

　休業特別支給金，障害特別支給金等の特別支給金は，被災労働者の療養生活の援護等によりその福祉の増進を図るために行われるものであり，控除の対象とならない（特別支給金は，会計名目において福祉施設給付金に該当する。）。

◆最判平成8年2月23日民集50巻2号249頁・判タ904号57頁
　労働者災害補償保険法（以下「法」という。）による保険給付は，使用者の労働基準法上の災害補償義務を政府が労働者災害補償保険（以下「労災保険」という。）によって保険給付の形式で行うものであり，業務災害又は通勤災害による労働者の損害をてん補する性質を有するから，保険給付の原因となる事故が使用者の行為によって生じた場合につき，政府が保険給付をしたときは，労働基準法84条2項の類推適用により，使用者はその給付の価額の限度で労働者に対する損害賠償の責めを免れると解され（最高裁昭和50年(オ)第621号同52年10月25日第三小法廷判決・民集31巻6号836頁参照），使用者の損害賠償義務の履行と年金給付との調整に関する規定（法64条，平成2年法律第40号による改正前の法67条）も設けられている。また，保険給付の原因となる事故が第三者の行為によって生じた場合につき，政府が保険給付をしたときは，その給付の価額の限度で，保険給付を受けた者の第三者に対する損害賠償請求権を取得し，保険給付を受けるべき者が当該第三者から同一の事由について損害賠償を受けたときは，政府はその価額の限度で保険給付をしないことができる旨定められている（法12条の4）。他方，政府は，労災保険により，被災労働者に対し，休業特別支給金，障害特別支給金等の特別支給金を支給する（労働者災害補償保険特別支給金支給規則

(昭和49年労働省令第30号))が，右特別支給金の支給は，労働福祉事業の一環
として，被災労働者の療養生活の援護等によりその福祉の増進を図るために行わ
れるものであり（平成7年法律第35号による改正前の法23条1項2号，同規則
1条），使用者又は第三者の損害賠償義務の履行と特別支給金の支給との関係につ
いて，保険給付の場合における前記各規定と同趣旨の定めはない。このような保険
給付と特別支給金との差異を考慮すると，特別支給金が被災労働者の損害をてん
補する性質を有するということはできず，したがって，被災労働者が労災保険から
受領した特別支給金をその損害額から控除することはできないというべきである。

㈡　遺族年金の給付

　被害者の遺族が被害者の死亡を原因として遺族年金を受給することにな
った場合，遺族年金は控除の対象となるが，逸失利益からのみ控除され，
他の財産的損害や精神的損害との間で控除することはできない。なお，遺
族年金については，被害者が支給を受けるべき障害年金等の逸失利益だけ
でなく，給与収入等を含めた逸失利益全般との関係で控除すべきである。

◆最判昭和41年4月7日民集20巻4号499頁・判時449号44頁
　国の公務員であった者が一定期間勤務した後退職したことを要件として支給を
受ける普通恩給は，当該恩給権者に対して損失補償ないし生活保障を与えること
を目的とするものであるとともに，その者の収入に生計を依存している家族に対
する関係においても，同一の機能を営むものと認められる。そして，恩給を受け
ていた者が死亡したときには，これにより生計を維持し，または，これと生計を
共にしていた一定の遺族に扶助料が支給されるが，右扶助料は右遺族に対する損
失補償ないし生活保障の目的をもって給付されるものであることは明らかである。
このように，恩給権者固有の恩給と遺族の扶助料の両者が，当該遺族について，
その目的あるいは機能を同じくすることを考えると，恩給を受けている者が，他
人の不法行為によって死亡し，これによって被った財産的損害の中に，その者が
なお生存すべかりし期間内に取得すべき恩給受給利益を喪失した損害が計上され
ており，右財産的損害賠償債権の全部もしくは一部が，相続により，一相続人に
承継された場合において，右相続人が，他方において，前記恩給受給者の死亡に
より，扶助料の支給を受ける権利を取得したときは，右相続人の請求できる財産
的損害賠償額の算定にあたり，右損害賠償債権の中の恩給受給の利益に関する部
分は，右扶助料額の限度において，当然，減縮しなければならないと解するのが
相当である。けだし，このように解することが，同一目的の給付の二重取りを許
すにも等しい結果の不合理を避け得る所以であるとともに，不法行為に基づく損
害賠償額の範囲を定めるにあたり依拠すべき衡平の理念に適合するからである。

◆最判昭和 50 年 10 月 24 日民集 29 巻 9 号 1379 頁・判タ 329 号 127 頁

　国家公務員が死亡した場合，その遺族のうち一定の資格がある者に対して，国家公務員等退職手当法による退職手当及び国家公務員共済組合法による遺族年金が支給され，更に，右死亡が公務上の災害にあたるときは，国家公務員災害補償法による遺族補償金が支給されるのである。そして，遺族に支給される右各給付は，国家公務員の収入によつて生計を維持していた遺族に対して，右公務員の死亡のためその収入によつて受けることのできた利益を喪失したことに対する損失補償及び生活保障を与えることを目的とし，かつ，その機能を営むものであつて，遺族にとつて右各給付によつて受ける利益は死亡した者の得べかりし収入によつて受けることのできた利益と実質的に同一同質のものといえるから，死亡した者からその得べかりし収入の喪失についての損害賠償債権を相続した遺族が右各給付の支給を受ける権利を取得したときは，同人の加害者に対する損害賠償債権額の算定にあたつては，相続した前記損害賠償債権額から右各給付相当額を控除しなければならないと解するのが相当である（最高裁昭和 38 年(オ)第 987 号，同 41 年 4 月 7 日第一小法廷判決民集 20 巻 4 号 499 頁参照）。

◆最大判平成 5 年 3 月 24 日民集 47 巻 4 号 3039 頁・判タ 853 号 63 頁

　［地方公務員等共済組合法（昭和 60 年法律第 108 号による改正前のもの）の規定する］退職年金を受給していた者が不法行為によって死亡した場合には，相続人は，加害者に対し，退職年金の受給者が生存していればその平均余命期間に受給することができた退職年金の現在額を同人の損害として，その賠償を求めることができる。この場合において，右の相続人のうちに，退職年金の受給者の死亡を原因として，遺族年金の受給権を取得した者があるときは，遺族年金の支給を受けるべき者につき，支給を受けることが確定した遺族年金の額の限度で，その者が加害者に対して賠償を求め得る損害額からこれを控除すべきものであるが，いまだ支給を受けることが確定していない遺族年金の額についてまで損害額から控除することを要しないと解するのが相当である。

◆最判平成 11 年 10 月 22 日民集 53 巻 7 号 1211 頁・判タ 1016 号 98 頁

　国民年金法及び厚生年金保険法に基づく障害年金の受給権者が不法行為により死亡した場合において，その相続人のうちに，障害年金の受給権者の死亡を原因として遺族年金の受給権を取得した者があるときは，遺族年金の支給を受けるべき者につき，支給を受けることが確定した遺族年金の額の限度で，その者が加害者に対して賠償を求め得る損害額からこれを控除すべきものと解するのが相当である（最高裁昭和 63 年(オ)第 1749 号平成 5 年 3 月 24 日大法廷判決・民集 47 巻 4 号 3039 頁参照）。そして，この場合において，右のように遺族年金をもって損益相殺的な調整を図ることのできる損害は，財産的損害のうちの逸失利益に限られるものであって，支給を受けることが確定した遺族年金の額がこれを上回る場合であっても，当該超過分を他の財産的損害や精神的損害との関係で控除することはできないというべきである。

◆最判平成 16 年 12 月 20 日裁判集民 215 号 987 頁・判タ 1173 号 154 頁

　不法行為によって被害者が死亡し，その損害賠償請求権を取得した相続人が不法行為と同一の原因によって利益を受ける場合には，損害と利益との間に同質性がある限り，公平の見地から，その利益の額を当該相続人が加害者に対して賠償

を求め得る損害の額から控除することによって，損益相殺的な調整を図ることが必要である（最高裁昭和63年(オ)第1749号平成5年3月24日大法廷判決・民集47巻4号3039頁参照）。また，国民年金法に基づく障害基礎年金及び厚生年金保険法に基づく障害厚生年金の受給権者が不法行為により死亡した場合に，その相続人のうちに被害者の死亡を原因として遺族厚生年金の受給権を取得した者がいるときは，その者が加害者に対して賠償を求め得る被害者の逸失利益（被害者が得べかりし障害基礎年金等）に係る損害の額から，支給を受けることが確定した遺族厚生年金を控除すべきものである（最高裁平成9年(オ)第434号，第435号同11年10月22日第二小法廷判決・民集53巻7号1211頁参照）。そして，この理は，不法行為により死亡した者が障害基礎年金等の受給権者でなかった場合においても，相続人が被害者の死亡を原因として被害者の逸失利益に係る損害賠償請求権と遺族厚生年金の受給権との双方を取得したときには，同様に妥当するというべきである。そうすると，不法行為により死亡した被害者の相続人が，その死亡を原因として遺族厚生年金の受給権を取得したときは，被害者が支給を受けるべき障害基礎年金等に係る逸失利益だけでなく，給与収入等を含めた逸失利益全般との関係で，支給を受けることが確定した遺族厚生年金を控除すべきものと解するのが相当である。

　平成16年判決は，死亡事案において，厚生年金保険法に基づく遺族厚生年金が損害賠償債務の元本及び遅延損害金の全部を消滅させるに足りないときは，事故の日から上記年金の支払日までの間に発生した遅延損害金の支払債務にまず充当されるべきである旨判断しているが，平成27年判決の判断内容からすれば，遺族厚生年金についても，不法行為時から当該年金の支給日までの遅延損害金は発生しないと考えることになるように思われる。

◆最判平成16年12月20日裁判集民215号987頁・判タ1173号154頁
　被上告人らの損害賠償債務は，本件事故の日に発生し，かつ，何らの催告を要することなく，遅滞に陥ったものである（最高裁昭和34年(オ)第117号同37年9月4日第三小法廷判決・民集16巻9号1834頁参照）。［厚生年金保険法に基づく遺族厚生年金］によっててん補される損害についても，本件事故時から［厚生年金保険法に基づく遺族厚生年金］の支払日までの間の遅延損害金が既に発生していたのであるから，［厚生年金保険法に基づく遺族厚生年金］が支払時における損害金の元本及び遅延損害金の全部を消滅させるに足りないときは，遅延損害金の支払債務にまず充当されるべきものであることは明らかである（民法491条1項参照）。

㋑　健康保険法等における療養の給付

健康保険法，国民健康保険法における療養の給付（健康保険法 63 条，国民健康保険法 36 条）は，労災保険の療養補償給付と同様，控除の対象となる。

◆最判平成 10 年 9 月 10 日裁判集民 189 号 819 頁・判タ 986 号 189 頁
　国民健康保険の保険者が被保険者に対し療養の給付を行ったときは，国民健康保険法 64 条 1 項により，保険者はその給付の価額の限度（ただし，被保険者の一部負担金相当額を除く。）において被保険者が第三者に対して有する損害賠償請求権を代位取得し，右損害賠償請求権は，その給付がされた都度，当然に保険者に移転するものである（最高裁昭和 41 年(オ)第 425 号同 42 年 10 月 31 日第三小法廷判決・裁判集民事 88 号 869 頁参照）。しかしながら，同法 64 条 1 項は，療養の給付の時に，被保険者の第三者に対する損害賠償請求権が存在していることを前提とするものであり，療養の給付に先立ち，これと同一の事由について被保険者が第三者から損害賠償を受けた場合には，これにより右損害賠償請求権はその価額の限度で消滅することになるから，保険者は，その残存する額を限度としてこれを代位取得するものと解される。

㋒　介護保険法による給付

既に給付された介護保険給付については控除の対象となるが，将来受給できる介護保険給付については控除を否定する裁判例が多い。

㋓　生活保護法による扶助費

生活保護法による扶助費については，以下の最高裁判決があり，従前は控除の対象にならないと解されていた。

◆最判昭和 46 年 6 月 29 日民集 25 巻 4 号 650 頁・判タ 265 号 99 頁
　原判決は，上告人が保護実施機関に対して生活保護法 63 条による費用返還義務を負うものではないとし，その根拠として次のように判示する。すなわち，同条は要保護者が同法 4 条 1 項にいう「利用し得る資産」があるにかかわらず，同条 3 項にいう「急迫した事由がある場合」にあたるとして，例外的に開始された保護受給の場合の受給者の費用返還義務を定めた規定であるところ，右にいう「利用し得る資産」の中には債権をも含ましめうるとしても，本件のように交通事故にあつた被害者が加害者から直ちに賠償を得ることができず訴訟にまで至つているような場合においては，責任の範囲数額に関する争いがやみ現実に賠償金を

取得するまでは，右の損害賠償債権をもつて「利用し得る資産」にあたるとすることはできず，右被害者は，他に需要を満たすに足りるだけの資産等がないかぎり本来的に保護受給資格を有するものであつて，同法4条3項により例外的に保護を与えられているものではない。したがつて，上告人は，同法63条による費用返還義務を負うものではない，としているのである。

しかし，原判示によれば，上告人に対しては，東京都江東区福祉事務所長から昭和40年11月20日付をもつて，上告人に対する本件医療扶助は生活保護法4条3項により開始されたものである旨および賠償の責任程度等について争いがやみ，賠償を受けることができるに至つた場合には，同法63条により医療扶助の費用の返還義務があるので，賠償が支払われたときはその額を申告されたい旨の指示があつたというのである。したがつて，上告人に対する本件医療扶助が同法4条3項により開始されたものである事実をうかがいうるのみならず，同法63条は，同法4条1項にいう要保護者に利用しうる資産等の資力があるにかかわらず，保護の必要が急迫しているため，その資力を現実に活用することができない等の理由で同条3項により保護を受けた保護受給者がその資力を現実に活用することができる状態になつた場合の費用返還義務を定めたものであるから，交通事故による被害者は，加害者に対して損害賠償請求権を有するとしても，加害者との間において損害賠償の責任や範囲等について争いがあり，賠償を直ちに受けることができない場合には，他に現実に利用しうる資力がないかぎり，傷病の治療等の保護の必要があるときは，同法4条3項により，利用し得る資産はあるが急迫した事由がある場合に該当するとして，例外的に保護を受けることができるのであり，必ずしも本来的な保護受給資格を有するものではない。それゆえ，このような保護受給者は，のちに損害賠償の責任範囲等について争いがやみ賠償を受けることができるに至つたときは，その資力を現実に活用することができる状態になつたのであるから，同法63条により費用返還義務が課せられるべきものと解するを相当とする。

しかし，平成25年12月13日法律第104号による改正によって創設された生活保護法76条の2の規定により，交通事故によって医療扶助又は介護扶助を要する状態になったときは，保護費を支弁した都道府県又は市町村は，被保護者の加害者に対する損害賠償請求権を代位取得することとなった。

そこで，同条が適用される事例（平成26年7月1日以降に発生した交通事故に適用される）においては，生活保護法に基づく医療扶助及び介護扶助は，損益相殺の対象となるかを検討する必要がある。

オ　各種保険金

　生命保険金については控除の対象にならないと解されている。他方，損害保険については，保険金を支払った保険者は，保険法25条（旧商法662条）や約款の規定により，支払った保険金の限度で第三者に対する損害賠償請求権を取得する結果，支払われた保険金の額につき被害者の損害額から控除される。具体的には以下のとおりである。

　㋐　生命保険契約に関する保険金

　生命保険金は，既に払い込んだ保険料の対価たる性質を有し，不法行為の原因と関係なく支払われるものであり，代位制度もないので，控除の対象とはならない。生命保険契約に付加された特約に基づく傷害給付金や入院給付金についても同様である。

◆最判昭和39年9月25日民集18巻7号1528頁・判タ168号94頁
　生命保険契約に基づいて給付される保険金は，すでに払い込んだ保険料の対価の性質を有し，もともと不法行為の原因と関係なく支払わるべきものであるから，たまたま本件事故のように不法行為により被保険者が死亡したためにその相続人たる被上告人両名に保険金の給付がされたとしても，これを不法行為による損害賠償額から控除すべきいわれはないと解するのが相当である。

◆最判昭和55年5月1日裁判集民129号591頁・判タ419号73頁
　生命保険契約に付加された特約に基づいて被保険者である受傷者に支払われる傷害給付金又は入院給付金は，既に払い込んだ保険料の対価としての性質を有し，たまたまその負傷について第三者が受傷者に対し不法行為又は債務不履行に基づく損害賠償義務を負う場合においても，右損害賠償額の算定に際し，いわゆる損益相殺として控除されるべき利益にはあたらないと解するのが相当であり（最高裁昭和49年(オ)第531号同50年1月31日第三小法廷判決・民集29巻1号68頁参照），また，右各給付金については，商法662条所定の保険者の代位の制度の適用はないと解するのが相当であるから，その支払をした保険者は，被保険者が第三者に対して有する損害賠償請求権を取得するものではなく，したがつて，被保険者たる受傷者は保険者から支払を受けた限度で第三者に対する損害賠償請求権を失うものでもないというべきである。

〔参考・火災保険〕
◆最判昭和50年1月31日民集29巻1号68頁・判タ319号129頁
　家屋焼失による損害につき火災保険契約に基づいて被保険者たる家屋所有者に給付される保険金は，既に払い込んだ保険料の対価たる性質を有し，たまたまその損害について第三者が所有者に対し不法行為又は債務不履行に基づく損害賠償義務を負う場合においても，右損害賠償額の算定に際し，いわゆる損益相殺として控除されるべき利益にはあたらないと解するのが，相当である。ただ，保険金

を支払つた保険者は，商法662条所定の保険者の代位の制度により，その支払つた保険金の限度において被保険者が第三者に対して有する損害賠償請求権を取得する結果，被保険者たる所有者は保険者から支払を受けた保険金の限度で第三者に対する損害賠償請求権を失い，その第三者に対して請求することのできる賠償額が支払われた保険金の額だけ減少することとなるにすぎない。また，保険金が支払われるまでに所有者が第三者から損害の賠償を受けた場合に保険者が支払うべき保険金をこれに応じて減額することができるのは，保険者の支払う保険金は被保険者が現実に被つた損害の範囲内に限られるという損害保険特有の原則に基づく結果にほかならない。

(イ)　搭乗者傷害保険金

搭乗者傷害保険（被保険自動車に搭乗中の者を被保険者として，被保険者が事故により死亡又は傷害を被った場合に支払われるもの）は，控除の対象とならない。ただし，加害者側が保険料を支出している搭乗者傷害保険金が支払われた場合には，それを慰謝料で斟酌する裁判例も存在する。

◆最判平成7年1月30日民集49巻1号211頁・判タ874号126頁

　原審の適法に確定した事実によれば，(1)　本件保険契約は，被上告人A運転の前記自動車を被保険自動車とし，保険契約者（同被上告人）が被保険自動車の使用等に起因して法律上の損害賠償責任を負担することによって被る損害をてん補するとともに，保険会社が本件条項に基づく死亡保険金として1000万円を給付することを内容とするものであるが，(2)　本件保険契約の細目を定めた保険約款によれば，本件条項は，被保険自動車に搭乗中の者を被保険者とし，被保険者が被保険自動車の運行に起因する急激かつ偶然の外来の事故によって傷害を受け，その直接の結果として事故発生の日から180日以内に死亡したときは，保険会社は被保険者の相続人に対して前記死亡保険金の全額を支払う旨を定め，また，保険会社は，右保険金を支払った場合でも，被保険者の相続人が第三者に対して有する損害賠償請求権を代位取得しない旨の定めがある，というのである。

　このような本件条項に基づく死亡保険金は，被保険者が被った損害をてん補する性質を有するものではないというべきである。けだし，本件条項は，保険契約者及びその家族，知人等が被保険自動車に搭乗する機会が多いことにかんがみ，右の搭乗者又はその相続人に定額の保険金を給付することによって，これらの者を保護しようとするものと解するのが相当だからである。そうすると，本件条項に基づく死亡保険金を右被保険者の相続人である上告人らの損害額から控除することはできないというべきである。

㋒　所得補償保険金

　所得補償保険（被保険者が傷害又は疾病のために就業不能となった場合に，被保険者が喪失した所得を補てんすることを目的としたもの）は，保険事故により被った実際の損害を保険証券記載の金額を限度として填補することを目的とした損害保険の一種というべきであるから，控除の対象となる。

◆最判平成元年1月19日裁判集民156号55頁・判タ690号116頁
　　本件に適用される所得補償保険普通保険約款には，保険者代位の規定はないが，(1)　被保険者が傷害又は疾病を被り，そのために就業不能になったときに，被保険者が被る損失について保険金が支払われるものである（1条），(2)　保険金の額は，就業不能期間1か月につき，保険証券記載の金額あるいは平均月間所得額の小さい方である（5条2項），(3)　原因及び時を異にして発生した身体障害による就業不能期間が重複する場合，その重複する期間については重ねて保険金を支払わない（7条），(4)　重複して所得補償保険契約を締結してあり，保険金の支払われる就業不能期間が重複し，かつ，保険金の合算額が平均月間所得額を超える場合には，保険金を按分して支払う（27条），(5)　約款に規定しない事項については日本国の法令に準拠する（32条）との趣旨の規定があるというのであるから，本件所得補償保険は，被保険者の傷害又は疾病そのものではなく，被保険者の傷害又は疾病のために発生した就業不能という保険事故により被つた実際の損害を保険証券記載の金額を限度として填補することを目的とした損害保険の一種というべきであり，被保険者が第三者の不法行為によつて傷害を被り就業不能となつた場合において，所得補償保険金を支払つた保険者は，商法662条1項の規定により，その支払つた保険金の限度において被保険者が第三者に対して有する休業損害の賠償請求権を取得する結果，被保険者は保険者から支払を受けた保険金の限度で右損害賠償請求権を喪失するものと解するのが相当である。保険会社が取得した被保険者の第三者に対する損害賠償請求権を行使しない実情にあつたとしても，右の判断を左右するに足りるものではない。

㋓　人身傷害補償保険金（人傷保険金）

　人身傷害補償保険とは，自動車保険契約上の人身傷害補償条項に基づき，自動車事故によって，被保険者が死傷した場合に，被保険者の過失割合を考慮することなく，約款所定の基準により，積算された損害額を基準にして保険金を支払う傷害保険である。通常，その約款には，保険者が，損害の元本に対する遅延損害金を支払う旨の規定はなく，また，被保険者

が，他人に損害賠償の請求をすることができる場合には，保険者は，その損害について支払った保険金の額の範囲内で，かつ，被保険者の権利を害さない範囲内で，被保険者の他人に対して有する権利を取得する旨の代位条項が定められている。人傷保険金は，事故により被保険者（被害者）に生じた死の結果，傷害の程度のみによって，被害者の実損を塡補するものであるから，控除の対象となる。

　被害者にも過失があり，過失相殺が問題となる場合，人傷保険金により，被害者の総損害額のどの部分が塡補されるべきかについては見解が分かれるが，まず，被害者の過失割合分から塡補されるべきであって，既払いの人傷保険金が被害者の過失割合分を超過する金額のみを控除するのが相当である。また，人傷保険金の塡補の対象は，損害の元本に限られるべきで，それに対する遅延損害金は含まれない。

　最判平成24年2月20日（民集66巻2号742頁・判タ1366号83頁），最判平成24年5月29日（裁判集民240号261頁・判タ1374号100頁）は，上記のような約款の定めを前提に，人傷保険金は，被害者が被る損害の元本を塡補するものであり，損害の元本に対する遅延損害金を塡補するものではない旨，被保険者に過失がある場合においても，被害者の実損を過失の有無，割合にかかわらず塡補するという人身傷害保険の趣旨・目的に照らすと，保険金の支払によって，民法上認められるべき過失相殺前の損害額を被害者に確保することができるように解すべき旨判示しており，この判示は，上記のような見解を前提にしているものと解される。

　保険会社が，被害者との間で自賠責保険による損害賠償額の支払分を含めて一括して支払う旨の合意をした上で，人身傷害保険金として給付義務を負うとされている金額を被害者に支払った後，自賠責保険から損害賠償額の支払を受けたとしても，被害者の損害賠償請求権の額から上記損害賠償額に相当する額を当然に控除することができるわけではないことに留意する必要がある（最判令和4年3月24日［裁判所ウェブサイト］）。

◆最判平成 24 年 2 月 20 日民集 66 巻 2 号 742 頁・判夕 1366 号 83 頁

　本件約款中の人身傷害条項に基づき，被保険者である交通事故等の被害者が被った損害に対して保険金を支払った訴外保険会社は，上記保険金の額の限度内で，これによって塡補される損害に係る保険金請求権者の加害者に対する賠償請求権を代位取得し，その結果，訴外保険会社が代位取得する限度で，保険金請求権者は上記請求権を失い，上記請求権の額が減少することとなるところ（最高裁昭和49 年(オ)第 531 号同 50 年 1 月 31 日第三小法廷判決・民集 29 巻 1 号 68 頁参照），訴外保険会社がいかなる範囲で保険金請求権者の上記請求権を代位取得するのかは，本件保険契約に適用される本件約款の定めるところによることとなる。

　本件約款によれば，上記保険金は，被害者が被る損害の元本を塡補するものであり，損害の元本に対する遅延損害金を塡補するものではないと解される。そうであれば，上記保険金を支払った訴外保険会社は，その支払時に，上記保険金に相当する額の保険金請求権者の加害者に対する損害金元本の支払請求権を代位取得するものであって，損害金元本に対する遅延損害金の支払請求権を代位取得するものではないというべきである。

　次に，被保険者である被害者に，交通事故の発生等につき過失がある場合において，訴外保険会社が代位取得する保険金請求権者の加害者に対する損害賠償請求権の範囲について検討する。

　本件約款によれば，訴外保険会社は，交通事故等により被保険者が死傷した場合においては，被保険者に過失があるときでも，その過失割合を考慮することなく算定される額の保険金を支払うものとされているのであって，上記保険金は，被害者が被る損害に対して支払われる傷害保険金として，被害者が被る実損をその過失の有無，割合にかかわらず塡補する趣旨・目的の下で支払われるものと解される。上記保険金が支払われる趣旨・目的に照らすと，本件代位条項にいう「保険金請求権者の権利を害さない範囲」との文言は，保険金請求権者が，被保険者である被害者の過失の有無，割合にかかわらず，上記保険金の支払によって民法上認められるべき過失相殺前の損害額（以下「裁判基準損害額」という。）を確保することができるように解することが合理的である。

　そうすると，上記保険金を支払った訴外保険会社は，保険金請求権者に裁判基準損害額に相当する額が確保されるように，上記保険金の額と被害者の加害者に対する過失相殺後の損害賠償請求権の額との合計額が裁判基準損害額を上回る場合に限り，その上回る部分に相当する額の範囲で保険金請求権者の加害者に対する損害賠償請求権を代位取得すると解するのが相当である。

◆最判平成 24 年 5 月 29 日裁判集民 240 号 261 頁・判夕 1374 号 100 頁

　本件約款中の人身傷害補償条項の被保険者である被害者に交通事故の発生等につき過失がある場合において，上記条項に基づき被保険者が被った損害に対して保険金を支払った被上告人は，本件代位条項にいう「保険金請求権者の権利を害さない範囲」の額として，被害者について民法上認められるべき過失相殺前の損害額（以下「裁判基準損害額」という。）に相当する額が保険金請求権者に確保されるように，上記支払った保険金の額と被害者の加害者に対する過失相殺後の損害賠償請求権の額との合計額が裁判基準損害額を上回るときに限り，その上回る部分に相当する額の範囲で保険金請求権者の加害者に対する損害賠償請求権を代

位取得すると解するのが相当である（最高裁平成21年㈹第1461号・第1462号同24年2月20日第一小法廷判決・民集66巻2号登載予定［民集66巻2号742頁・判タ1366号83頁］参照）。

　そして，裁判基準損害額は，人傷基準損害額よりも多額であるのが通例であり，その場合は，被上告人が代位取得する上記損害賠償請求権の範囲は，原審の上記の認容額よりも少額となるから，原審の上記判断には，判決に影響を及ぼすことが明らかな法令の違反がある。

(オ)　車両保険金

　車両保険は，約款上，衝突，接触等の偶然な事故によって「被保険自動車に生じた損害」を塡補する保険であり，被保険自動車に生じた損害を塡補することが予定されているにとどまるから，車両保険金は，上記損害には塡補されるものの，休車損害等の異なる費目の損害には塡補されない。車両保険金は，交通事故に係る物的損害の全体を塡補する旨判断した裁判例もないわけではないが，大阪地裁交通部ではこの裁判例の考え方は採用していない。

　被害者に過失があるため過失相殺を行う場合，まず，被害者の過失割合分から塡補されるべきであって，既払いの車両保険金のうち被害者の過失割合分を超過する金額のみを控除するのが相当である。

カ　香典・見舞金
(ア)　香　典

　被害者の遺族が受領した香典は，損害を塡補する性質を有しないから，控除の対象とならない。

◆最判昭和43年10月3日裁判集民92号459頁・判時540号38頁
　会葬者等から贈られる香典等は，損害を補塡すべき性質を有するものではないから，これを賠償額から控除すべき理由はない。

(イ)　見舞金

　加害者が被害者に交付した見舞金は，損害の塡補とならないのが原則で

あるが，多額のものは損害の塡補と解されるので，控除の対象となる。

キ　租　税

租税額は控除しない。

◆最判昭和 45 年 7 月 24 日民集 24 巻 7 号 1177 頁・判タ 253 号 162 頁
　　被上告人が本件事故による負傷のためたばこ小売業を廃業するのやむなきに至
り，右営業上得べかりし利益を喪失したことによつて被つた損害額を算定するに
あたつて，営業収益に対して課せられるべき所得税その他の租税額を控除すべき
ではないとした原審の判断は正当であり，税法上損害賠償金が非課税所得とされ
ているからといつて，損害額の算定にあたり租税額を控除すべきものと解するの
は相当でない［。］

ク　養育費

年少者が死亡した場合において，就労可能年齢に達するまで要したであ
ろう養育費は控除しない。

◆最判昭和 39 年 6 月 24 日民集 18 巻 5 号 874 頁・判タ 166 号 106 頁
　　上告人らは，また，論旨 3 において，本件損害賠償請求権を相続した被上告人
らは，他面において，被害者らの死亡により，その扶養義務者として当然に支出
すべかりし 20 才までの扶養費の支出を免れて利得をしているから，損益相殺の
理により，賠償額から右扶養費の額を控除すべきであると主張するが，損益相殺
により差引かれるべき利得は，被害者本人に生じたものでなければならないと解
されるところ，本件賠償請求権は被害者ら本人について発生したものであり，所
論のごとき利得は被害者本人に生じたものでないことが明らかであるから，本件
賠償額からこれを控除すべきいわれはない。
◆最判昭和 53 年 10 月 20 日民集 32 巻 7 号 1500 頁・判タ 371 号 60 頁
　　交通事故により死亡した幼児の損害賠償債権を相続した者が一方で幼児の養育
費の支出を必要としなくなつた場合においても，右養育費と幼児の将来得べかり
し収入との間には前者を後者から損益相殺の法理又はその類推適用により控除す
べき損失と利得との同質性がなく，したがつて，幼児の財産上の損害賠償額の算
定にあたりその将来得べかりし収入額から養育費を控除すべきものではないと解
するのが相当である（当裁判所昭和 36 年（オ）第 413 号同 39 年 6 月 24 日第三小法
廷判決・民集 18 巻 5 号 874 頁参照）。

⑵　控除すべき時的範囲

　給付金を損害額から控除する場合において，現実に履行された場合又は
これと同視しうる程度にその存続及び履行が確実であるということができ
る場合に限って控除の対象となる。具体的には，年金については，口頭弁
論終結時において支給額が確定している分までということになる。

◆最判昭和 52 年 5 月 27 日民集 31 巻 3 号 427 頁・判タ 350 号 269 頁
　政府が保険給付又は災害補償をしたことによつて，受給権者の第三者に対する
損害賠償請求権が国に移転し，受給権者がこれを失うのは，政府が現実に保険金
を給付して損害を塡補したときに限られ，いまだ現実の給付がない以上，たとえ
将来にわたり継続して給付されることが確定していても，受給権者は第三者に対
し損害賠償の請求をするにあたり，このような将来の給付額を損害額から控除す
ることを要しないと解するのが，相当である。

◆最判昭和 52 年 10 月 25 日民集 31 巻 6 号 836 頁・判タ 357 号 218 頁
　政府が保険給付をしたことによつて，受給権者の使用者に対する損害賠償請求
権が失われるのは，右保険給付が損害の塡補の性質をも有する以上，政府が現実
に保険金を給付して損害を塡補したときに限られ，いまだ現実の給付がない以上，
たとえ将来にわたり継続して給付されることが確定していても，受給権者は使用
者に対し損害賠償の請求をするにあたり，このような将来の給付額を損害賠償債
権額から控除することを要しないと解するのが，相当である（最高裁昭和 50 年
㈡第 431 号同 52 年 5 月 27 日第三小法廷判決（民集 31 巻 3 号 427 頁登載予定）
参照）。

◆最大判平成 5 年 3 月 24 日民集 47 巻 4 号 3039 頁・判タ 853 号 63 頁
　不法行為と同一の原因によって被害者又はその相続人が第三者に対する債権を
取得した場合には，当該債権を取得したということだけから右の損益相殺的な調
整をすることは，原則として許されないものといわなければならない。けだし，
債権には，程度の差こそあれ，履行の不確実性を伴うことが避けられず，現実に
履行されることが常に確実であるということはできない上，特に当該債権が将来
にわたって継続的に履行されることを内容とするもので，その存続自体について
も不確実性を伴うものであるような場合には，当該債権を取得したということだ
けでは，これによって被害者に生じた損害が現実に補てんされたものということ
ができないからである。
　したがって，被害者又はその相続人が取得した債権につき，損益相殺的な調整
を図ることが許されるのは，当該債権が現実に履行された場合又はこれと同視し
得る程度にその存続及び履行が確実であるということができる場合に限られるも
のというべきである。
　法［地方公務員等共済組合法（昭和 60 年法律第 108 号による改正前のもの）］
の規定する退職年金及び遺族年金は，本人及びその退職又は死亡の当時その者が

直接扶養する者のその後における適当な生活の維持を図ることを目的とする地方公務員法所定の退職年金に関する制度に基づく給付であって，その目的及び機能において，両者が同質性を有することは明らかである。そして，給付義務を負う者が共済組合であることに照らせば，遺族年金については，その履行の不確実性を問題とすべき余地がないということができる。しかし，法の規定によれば，退職年金の受給者の相続人が遺族年金の受給権を取得した場合においても，その者の婚姻あるいは死亡などによって遺族年金の受給権の喪失が予定されているのであるから（法96条），既に支給を受けることが確定した遺族年金については，現実に履行された場合と同視し得る程度にその存続が確実であるということができるけれども，支給を受けることがいまだ確定していない遺族年金については，右の程度にその存続が確実であるということはできない。

退職年金を受給していた者が不法行為によって死亡した場合には，相続人は，加害者に対し，退職年金の受給者が生存していればその平均余命期間に受給することができた退職年金の現在額を同人の損害として，その賠償を求めることができる。この場合において，右の相続人のうちに，退職年金の受給者の死亡を原因として，遺族年金の受給権を取得した者があるときは，遺族年金の支給を受けるべき者につき，支給を受けることが確定した遺族年金の額の限度で，その者が加害者に対して賠償を求め得る損害額からこれを控除すべきものであるが，いまだ支給を受けることが確定していない遺族年金の額についてまで損害額から控除することを要しないと解するのが相当である。［中略］

法75条1項，4項によれば，年金である給付は，その給付事由が生じた日の属する月の翌月からその事由のなくなった日の属する月までの分を支給し，毎年3月，6月，9月及び12月（なお，昭和60年法律第108号により，毎年2月，5月，8月及び11月と改正され，改正前の遺族年金にも適用されることになった。）において，それぞれの前月までの分を支給するものとされており，被上告人について遺族年金の受給権の喪失事由が発生した旨の主張のない本件においては，原審口頭弁論終結の日である昭和63年7月8日現在で被上告人が同年7月分までの遺族年金の支給を受けることが確定していたものである。

ところで，被上告人が原審最終口頭弁論期日までに支給を受けた最終の分は昭和63年5月（原判決の事実摘示欄に同年6月とあるのは誤記と認める。）に支払われた37万2350円であることは，原判決の記載から認められるところ，右金員は，前記の法75条4項の規定によれば，同年2月から4月までの遺族年金であるとみるべきであるから，被上告人の当時の遺族年金の3か月分の金額は37万2350円であることが明らかである。

したがって，本件において，前記の損害額から控除すべき遺族年金の額は，被上告人が既に支給を受けた321万1151円と原審の口頭弁論終結時において支給を受けることが確定していた同年5月から7月までの3か月分37万2350円との合計額であるというべきである。

なお，政府の自動車損害賠償保障事業による損害の填補については，同列に論ずることはできない。

◆最判平成 21 年 12 月 17 日民集 63 巻 10 号 2566 頁・判タ 1315 号 90 頁

　自賠法 73 条 1 項は，被害者が健康保険法，労災保険法その他政令で定める法令に基づいて自賠法 72 条 1 項による損害のてん補に相当する給付（以下「他法令給付」という。）を受けるべき場合には，政府は，その給付に相当する金額の限度において，同項による損害のてん補をしない旨を規定している。上記文言から明らかなとおり，これは，政府が自動車損害賠償保障事業（以下「保障事業」という。）として自賠法 72 条 1 項に基づき行う損害のてん補が，自動車損害賠償責任保険及び自動車損害賠償責任共済の制度によっても救済することができない交通事故の被害者に対し，社会保障政策上の見地から救済を与えることを目的として行うものであるため，被害者が他法令給付を受けられる場合にはその限度において保障事業による損害のてん補を行わないこととし，保障事業による損害のてん補を，他法令給付による損害のてん補に対して補完的，補充的なものと位置付けたものである。そして，自賠法 73 条 1 項の定める他法令給付には，保障事業の創設当時から，将来にわたる支給が予定される年金給付が含まれていたにもかかわらず，自賠法その他関係法令には，年金の将来の給付分を控除することなく保障事業による損害のてん補が先に行われた場合における他法令給付の免責等，年金の将来の給付分が二重に支給されることを防止するための調整規定が設けられていない。

　保障事業による損害のてん補の目的とその位置付けに加え，他法令給付に当たる年金の将来の給付分に係る上記の調整規定が設けられていないことを考慮すれば，自賠法 73 条 1 項は，被害者が他法令給付に当たる年金の受給権を有する場合には，政府は，当該受給権に基づき被害者が支給を受けることになる将来の給付分も含めて，その給付に相当する金額の限度で保障事業による損害のてん補をしない旨を定めたものと解するのが相当である。

　したがって，被害者が他法令給付に当たる年金の受給権を有する場合において，政府が自賠法 72 条 1 項によりてん補すべき損害額は，支給を受けることが確定した年金の額を控除するのではなく，当該受給権に基づき被害者が支給を受けることになる将来の給付分も含めた年金の額を控除して，これを算定すべきである。

　このように解しても，他法令給付に当たる年金の支給は，受給権者に支給すべき事由がある限りほぼ確実に行われるものであって（労災保険法 9 条等），その支給が行われなくなるのは，上記事由が消滅し，補償の必要がなくなる場合や，本件のように傷病が再発し，傷病の治療期間中，障害年金額と同額の傷病年金が支給されることになる場合などに限られるのであるから，被害者に不当な不利益を与えるものとはいえない。

　なお，被害者が加害者に対して有する損害賠償請求権の額を確定するに当たっては，被害者が不法行為と同一の原因によって債権を取得した場合，当該債権が現実に履行されたとき又はこれと同視し得る程度にその存続及び履行が確実であるときに限り，被害者の被った損害が現実に補てんされたものとしてこれとの損益相殺が認められるが（最高裁昭和 63 年(オ)第 1749 号平成 5 年 3 月 24 日大法廷判決・民集 47 巻 4 号 207 頁参照），自賠法 73 条 1 項は，被害者が加害者に対して有する損害賠償請求権を前提として，保障事業による損害のてん補と他法令給付による損害のてん補との調整を定めるものであるから，損益相殺の問題ではな

く，上記と同列に論ずることはできない。

(3)　控除すべき主観的範囲

損害額から給付金を控除する場合，各種給付の受給権者についてのみ，その者の損害額から控除する。

◆最判昭和 50 年 10 月 24 日民集 29 巻 9 号 1379 頁・判タ 329 号 127 頁

　　［国家公務員等退職手当法による］退職手当，［国家公務員共済組合法による］遺族年金，［国家公務員災害補償法による］遺族補償金の各受給権者は，法律上，受給資格がある遺族のうちの所定の順位にある者と定められており，死亡した国家公務員の妻と子がその遺族である場合には，右各給付についての受給権者は死亡した者の収入により生計を維持していた妻のみと定められている（国家公務員等退職手当法 11 条 2 項，1 項 1 号，国家公務員共済組合法 43 条 1 項，2 条 1 項3 号，国家公務員災害補償法昭和 41 年法律第 67 号改正前の 16 条 2 項，1 項 2号）から，遺族の加害者に対する前記損害賠償債権額の算定をするにあたつて，右給付相当額は，妻の損害賠償債権からだけ控除すべきであり，子の損害賠償債権額から控除することはできないものといわなければならない。けだし，受給権者でない遺族が事実上受給権者から右各給付の利益を享受することがあつても，それは法律上保障された利益ではなく，受給権者でない遺族の損害賠償債権額から右享受利益を控除することはできないからである。

　　本件の場合，原判決によると，亡 A の遺族は，同人の収入により生計を維持していた妻である B のほか，子である上告人らであるというのであるから，A の遺族に支給される各給付の受給権者は妻の B だけであり，同人において右各給付による法律上の利益を受けているのであつて，右各給付相当額は，同人の損害賠償債権額から控除されるべきであり，これを上告人らの損害賠償債権額から控除することは許されないといわなければならない。

◆最判平成 16 年 12 月 20 日裁判集民 215 号 987 頁・判タ 1173 号 154 頁

　　不法行為の被害者の相続人が受給権を取得した遺族厚生年金等を損害賠償の額から控除するに当たっては，現にその支給を受ける受給権者についてのみこれを行うべきものである（最高裁昭和 47 年(オ)第 645 号同 50 年 10 月 24 日第二小法廷判決・民集 29 巻 9 号 1379 頁参照）。したがって，本件においては，上告人X1 についてのみ本件遺族年金に係る控除をすべきものである。

　　ところが，原審は，［中略］A［死亡した被害者］の被った損害の額から本件遺族年金に係る控除をし，控除後の A の損害賠償請求権を上告人らが前記各割合で取得すると判断することによって，上告人 X2 が賠償を受けるべき損害の額についても本件遺族年金に係る控除をした結果となっている。したがって，この点に関する原審の判断には，法令の解釈適用を誤った違法がある。

⑷　過失相殺との先後関係

ア　自賠責保険金・政府の自動車損害賠償保障事業によるてん補金・任意保険金

これらは，過失相殺をした後に残額から控除する。

イ　労災保険金

労災保険金は，過失相殺をした後に残額から控除する。

◆最判昭和 55 年 12 月 18 日民集 34 巻 7 号 888 頁・判タ 435 号 87 頁
　　原審の確定するところによれば，亡 A には本件損害の発生につき少なくとも 5割の割合による過失があるというのであり，また，上告人らは亡 A の両親であつて亡 A の取得した損害賠償債権を 2 分の 1 ずつ相続により承継したところ，その後上告人らは労働者災害補償保険法により遺族補償年金 692 万 4391 円の支給を受けたというのである。右事実関係のもとで過失相殺につき前記割合によつてこれを控除すると亡 A の逸失利益は 734 万 7831 円となるべきものであり，上告人らは亡 A からそれぞれ右金額の 2 分の 1 にあたる 367 万 3915 円の損害賠償債権を承継したことになるが，更に，前記上告人らが受けた労働者災害補償保険法による遺族補償年金 692 万 4391 円を 2 分したうえ，上告人らの相続した前記損害賠償債権額からそれぞれ控除するときは上告人ら各自の相続した損害賠償債権額は 21 万 1720 円となるべきものである。

◆最判平成元年 4 月 11 日民集 43 巻 4 号 209 頁・判タ 697 号 186 頁
　　労働者災害補償保険法に基づく保険給付の原因となつた事故が第三者の行為により惹起され，第三者が右行為によつて生じた損害につき賠償責任を負う場合において，右事故により被害を受けた労働者に過失があるため損害賠償額を定めるにつきこれを一定の割合で斟酌すべきときは，保険給付の原因となつた事由と同一の事由による損害の賠償額を算定するには，右損害の額から過失割合による減額をし，その残額から右保険給付の価額を控除する方法によるのが相当である（最高裁昭和 51 年(オ)第 1089 号同 55 年 12 月 18 日第一小法廷判決・民集 34 巻 7号 888 頁参照）。

ウ　健康保険法等による給付

　健康保険法，国民健康保険法による給付については，過失相殺前に被害者の損害額から控除するのが実務の大勢であったが，最判平成 17 年 6 月2 日が出された後，見解が分かれている（最判平成 17 年 6 月 2 日は，自

賠法の解釈の問題に限定して判断を示しており，健康保険法等による給付の控除と過失相殺との先後関係一般につき判示したものではないと解され，この点についての最高裁の見解は示されていないものと考えられる。）。

◆最判平成 17 年 6 月 2 日民集 59 巻 5 号 901 頁・判タ 1183 号 234 頁
　　法［自動車損害賠償保障法］72 条 1 項後段の規定により政府が被害者に対しててん補することとされる損害は，法 3 条により自己のために自動車を運行の用に供する者が賠償すべき責めに任ずることとされる損害をいうのであるから，法 72条 1 項後段の規定による損害のてん補額は，被害者の過失をしんしゃくすべきときは，被害者に生じた現実の損害の額から過失割合による減額をした残額をいうものと解される。そして，法 73 条 1 項は，被害者が，健康保険法，労働者災害補償保険法その他政令で定める法令に基づいて法 72 条 1 項の規定による損害のてん補に相当する給付を受けるべき場合には，政府は，その給付に相当する金額の限度において，上記損害のてん補をしないと規定し，自動車損害賠償保障法施行令 21 条 14 号は，法 73 条 1 項に規定する政令で定める法令の一つとして国民健康保険法を挙げているから，同法 58 条 1 項の規定による葬祭費の支給は，法73 条 1 項に規定する損害のてん補に相当する給付に該当する。したがって，法72 条 1 項後段の規定による損害のてん補額の算定に当たり，被害者の過失をしんしゃくすべき場合であって，上記葬祭費の支給額を控除すべきときは，被害者に生じた現実の損害の額から過失割合による減額をし，その残額からこれを控除する方法によるのが相当である。

8　使用者責任

(1)　使用者の責任と被用者の責任

　使用者は，被用者がその業務の執行について第三者に加えた損害につき，被用者とともに連帯して賠償する責任を負う。

◆最判昭和 41 年 11 月 18 日民集 20 巻 9 号 1886 頁・判タ 202 号 103 頁
　　原審が確定した事実によれば「昭和 34 年 1 月 29 日午後 10 時頃，本件事故現場において，被上告会社の被用者（タクシー運転手）である被上告人 A の運転する自動車（タクシー）と上告人の運転する自動車とが衝突事故を起した。右事故は，被上告人 A と上告人の過失によつて惹起されたものであり，これにより右タクシーの乗客 B は胸部，頭部打撲傷等の傷害を受けた。［中略］」というのである。
　　右事実関係のもとにおいては，被上告会社と上告人及び被上告人 A らは，B に対して，各自，B が蒙つた全損害を賠償する義務を負うものというべきである［る。］

(2)　使用者・被用者間の求償等

　使用者が，その事業の執行につきなされた被用者の加害行為により損害を被った場合，使用者は，損害の公平な分担という見地から信義則上相当と認められる限度において，被用者に対し，損害の賠償又は求償の請求をすることができる。また，被用者が使用者の事業の執行について第三者に損害を与え，その損害を賠償した場合，被用者は，損害の公平な分担という見地から相当と認められる額について，使用者に対して求償することができる。

◆最判昭和51年7月8日民集30巻7号689頁・判タ340号157頁

　使用者が，その事業の執行につきなされた被用者の加害行為により，直接損害を被り又は使用者としての損害賠償責任を負担したことに基づき損害を被つた場合には，使用者は，その事業の性格，規模，施設の状況，被用者の業務の内容，労働条件，勤務態度，加害行為の態様，加害行為の予防若しくは損失の分散についての使用者の配慮の程度その他諸般の事情に照らし，損害の公平な分担という見地から信義則上相当と認められる限度において，被用者に対し右損害の賠償又は求償の請求をすることができるものと解すべきである。

◆最判令和2年2月28日民集74巻2号106頁・判タ1476号60頁

　民法715条1項が規定する使用者責任は，使用者が被用者の活動によって利益を上げる関係にあることや，自己の事業範囲を拡張して第三者に損害を生じさせる危険を増大させていることに着目し，損害の公平な分担という見地から，その事業の執行について被用者が第三者に加えた損害を使用者に負担させることとしたものである（最高裁昭和30年㈠第199号同32年4月30日第三小法廷判決・民集11巻4号646頁，最高裁昭和60年㈠第1145号同63年7月1日第二小法廷判決・民集42巻6号451頁参照）。このような使用者責任の趣旨からすれば，使用者は，その事業の執行により損害を被った第三者に対する関係において損害賠償義務を負うのみならず，被用者との関係においても，損害の全部又は一部について負担すべき場合があると解すべきである。

　また，使用者が第三者に対して使用者責任に基づく損害賠償義務を履行した場合には，使用者は，その事業の性格，規模，施設の状況，被用者の業務の内容，労働条件，勤務態度，加害行為の態様，加害行為の予防又は損失の分散についての使用者の配慮の程度その他諸般の事情に照らし，損害の公平な分担という見地から信義則上相当と認められる限度において，被用者に対して求償することができると解すべきところ（最高裁昭和49年㈠第1073号同51年7月8日第一小法廷判決・民集30巻7号689頁），上記の場合と被用者が第三者の被った損害を賠償した場合とで，使用者の損害の負担について異なる結果となることは相当でない。

　以上によれば，被用者が使用者の事業の執行について第三者に損害を加え，その損害を賠償した場合には，被用者は，上記諸般の事情に照らし，損害の公平な分担という見地から相当と認められる額について，使用者に対して求償することができるものと解すべきである。

9　共同不法行為

(1)　共同不法行為者の責任

　交通事故と医療事故のいずれもが被害者の死亡という不可分の一個の結果を招来し，この結果について相当因果関係を有する関係にある場合には，運転行為と医療行為は共同不法行為に該当し，各不法行為者は損害全額につき連帯して責任を負う。

◆最判平成 13 年 3 月 13 日民集 55 巻 2 号 328 頁・判タ 1059 号 59 頁
　原審の確定した事実関係によれば，本件交通事故により，A は放置すれば死亡するに至る傷害を負ったものの，事故後搬入された被上告人病院において，A に対し通常期待されるべき適切な経過観察がされるなどして脳内出血が早期に発見され適切な治療が施されていれば，高度の蓋然性をもって A を救命できたということができるから，本件交通事故と本件医療事故とのいずれもが，A の死亡という不可分の一個の結果を招来し，この結果について相当因果関係を有する関係にある。したがって，本件交通事故における運転行為と本件医療事故における医療行為とは民法 719 条所定の共同不法行為に当たるから，各不法行為者は被害者の被った損害の全額について連帯して責任を負うべきものである。本件のようにそれぞれ独立して成立する複数の不法行為が順次競合した共同不法行為においても別異に解する理由はないから，被害者との関係においては，各不法行為者の結果発生に対する寄与の割合をもって被害者の被った損害の額を案分し，各不法行為者において責任を負うべき損害額を限定することは許されないと解するのが相当である。けだし，共同不法行為によって被害者の被った損害は，各不法行為者の行為のいずれとの関係でも相当因果関係に立つものとして，各不法行為者はその全額を負担すべきものであり，各不法行為者が賠償すべき損害額を案分，限定することは連帯関係を免除することとなり，共同不法行為者のいずれからも全額の損害賠償を受けられるとしている民法 719 条の明文に反し，これにより被害者保護を図る同条の趣旨を没却することとなり，損害の負担について公平の理念に反することとなるからである。

　第1事故と第2事故が別の機会に生じた場合には，共同不法行為では
なく，原則として，第1事故の損害については第2事故の事実は考慮せ
ずに算定し，第2事故の損害については第1事故による被害者の状態を
前提として算定する。

◆**最判平成8年5月31日民集50巻6号1323頁・交民29巻3号649頁**
　　交通事故の被害者が事故に起因する後遺障害のために労働能力の一部を喪失し
　た場合における財産上の損害の額を算定するに当たっては，その後に被害者が死
　亡したとしても，交通事故の時点で，その死亡の原因となる具体的事由が存在し，
　近い将来における死亡が客観的に予測されていたなどの特段の事情がない限り，
　右死亡の事実は就労可能期間の算定上考慮すべきものではないと解するのが相当
　である（最高裁平成5年(オ)第527号同8年4月25日第一小法廷判決・民集50
　巻5号登載予定参照［民集50巻5号1221頁・交民29巻2号302頁］）。
　　右のように解すべきことは，被害者の死亡が病気，事故，自殺，天災等のいか
　なる事由に基づくものか，死亡につき不法行為等に基づく責任を負担すべき第三
　者が存在するかどうか，交通事故と死亡との間に相当因果関係ないし条件関係が
　存在するかどうかといった事情によって異なるものではない。本件のように被害
　者が第2の交通事故によって死亡した場合，それが第三者の不法行為によるもの
　であっても，右第三者の負担すべき賠償額は最初の交通事故に基づく後遺障害に
　より低下した被害者の労働能力を前提として算定すべきものであるから，前記の
　ように解することによって初めて，被害者ないしその遺族が，前後二つの交通事
　故により被害者の被った全損害についての賠償を受けることが可能となるのであ
　る。

(2)　共同不法行為と過失相殺

　共同不法行為における過失相殺の方法については，①損害発生の原因と
なったすべての過失の割合に基づいて過失相殺をする方法（絶対的過失相
殺），②各加害者と被害者との関係ごとにその間の過失の割合に応じて相
対的に過失相殺をする方法（相対的過失相殺）がある。参考となるのは，
以下の最高裁判例である。

◆最判平成13年3月13日民集55巻2号328頁・判タ1059号59頁

　本件は，本件交通事故と本件医療事故という加害者及び侵害行為を異にする二つの不法行為が順次競合した共同不法行為であり，各不法行為については加害者及び被害者の過失の内容も別異の性質を有するものである。ところで，過失相殺は不法行為により生じた損害について加害者と被害者との間においてそれぞれの過失の割合を基準にして相対的な負担の公平を図る制度であるから，本件のような共同不法行為においても，過失相殺は各不法行為の加害者と被害者との間の過失の割合に応じてすべきものであり，他の不法行為者と被害者との間における過失の割合をしん酌して過失相殺をすることは許されない。

◆最判平成15年7月11日民集57巻7号815頁・判タ1133号118頁

　原審の適法に確定した事実関係等の概要は，次のとおりである。［中略］

　A［上告人の被用者］には非常点滅表示灯等を点灯させることなく，上告人車を駐車禁止の車道にはみ出して駐車させた過失，B［被上告会社の被用者］には被上告人車を対向車線にはみ出して進行させた過失，C［被害者］には速度違反，安全運転義務違反の過失がある。A，B，Cの各過失割合は1対4対1である。

　［中略］複数の加害者の過失及び被害者の過失が競合する一つの交通事故において，その交通事故の原因となったすべての過失の割合（以下「絶対的過失割合」という。）を認定することができるときには，絶対的過失割合に基づく被害者の過失による過失相殺をした損害賠償額について，加害者らは連帯して共同不法行為に基づく賠償責任を負うものと解すべきである。これに反し，各加害者と被害者との関係ごとにその間の過失の割合に応じて相対的に過失相殺をすることは，被害者が共同不法行為者のいずれからも全額の損害賠償を受けられるとすることによって被害者保護を図ろうとする民法719条の趣旨に反することになる。

　以上説示したところによれば，被上告会社及び上告人は，Cの損害581万1400円につきCの絶対的過失割合である6分の1による過失相殺をした後の484万2833円（円未満切捨て。以下同じ。）の限度で不真正連帯責任を負担する。このうち，被上告会社の負担部分は5分の4に当たる387万4266円であり，上告人の負担部分は5分の1に当たる96万8566円である。被上告会社に代わりCに対し損害賠償として474万7654円を支払った被上告組合は，上告人に対し，被上告会社の負担部分を超える87万3388円の求償権を代位取得したというべきである。

(3)　共同不法行為者が損害の一部を支払った場合

　共同不法行為者の各損害額が異なる場合において，一方が損害の一部を塡補した場合については，次の最高裁判例を理解しておく必要がある。

◆最判平成 11 年 1 月 29 日裁判集民 191 号 265 頁・判タ 1002 号 122 頁

　甲及び乙が一つの交通事故によってその被害者丙に対して連帯して損害賠償責任を負う場合において，乙の損害賠償責任についてのみ過失相殺がされ，甲及び乙が賠償すべき損害額が異なることになることがある。この場合，甲が損害の一部をてん補したときに，そのてん補された額を乙が賠償すべき損害額から控除することができるとすると，次のような不合理な結果が生ずる。すなわち，乙は，自己の責任を果たしていないにもかかわらず右控除額だけ責任を免れることになるのに，甲が無資力のためにその余の賠償をすることができない場合には，乙が右控除後の額について賠償をしたとしても，丙はてん補を受けるべき損害の全額のてん補を受けることができないことになる。また，前記の設例において，甲及び乙が共に自賠責保険の被保険者である場合を考えると，甲の自賠責保険に基づき損害の一部がてん補された場合に右損害てん補額を乙が賠償すべき損害額から控除すると，乙の自賠責保険に基づきてん補されるべき金額はそれだけ減少することになる。その結果，本来は甲，乙の自賠責保険金額の合計額の限度で被害者の損害全部をてん補することが可能な事故の場合であっても，自賠責保険金による損害のてん補が不可能な事態が生じ得る。以上の不合理な結果は，民法の定める不法行為法における公平の理念に反するといわざるを得ない。

　したがって，甲がしたてん補の額は丙がてん補を受けるべき損害額から控除すべきであって，控除後の残損害額が乙が賠償すべき損害額を下回ることにならない限り，乙が賠償すべき損害額に影響しないものと解するのが相当である。

⑷　共同不法行為者間の求償

　共同不法行為者間の求償関係においては，自賠責保険金は被保険者の損害賠償債務の負担による損害を填補するものであるから，被保険者の負担部分に充当される。

◆最判平成 15 年 7 月 11 日民集 57 巻 7 号 815 頁・判タ 1133 号 118 頁

　自賠責保険金は，被保険者の損害賠償債務の負担による損害をてん補するものであるから，共同不法行為者間の求償関係においては，被保険者の負担部分に充当されるべきである。

　共同不法行為者が各過失割合に従って定められるべき自己の負担部分を超えて被害者に損害を賠償したときは，他の共同不法行為者に対し求償することができるとするのが，次の最高裁判例であるが，新法 442 条 1 項

は，「連帯債務者の一人が弁済をし，その他自己の財産をもって共同の免責を得たときは，その連帯債務者は，その免責を得た額が自己の負担部分を超えるかどうかにかかわらず，他の連帯債務者に対し，その免責を得るために支出した財産の額…のうち各自の負担部分に応じた額の求償権を有する。」と規定しているため，この規定が共同不法行為者に対する求償にも適用されるか否かが問題となる。

　この点については，共同不法行為者の一人が一部しか弁済しない場合，他の共同不法行為者は，弁済をした共同不法行為者からの求償に応じるよりも，むしろそれを被害者への賠償にあてることが被害者保護に資するという考え方にも合理性があることから，共同不法行為のケースには新法442条1項を適用しないという解釈もあり得る（筒井健夫＝村松秀樹編著『一問一答　民法（債権関係）改正』〔商事法務，2018年〕119頁参照）。

◆**最判昭和63年7月1日民集42巻6号451頁・判タ676号65頁**
　被用者がその使用者の事業の執行につき第三者との共同の不法行為により他人に損害を加えた場合において，右第三者が自己と被用者との過失割合に従って定められるべき自己の負担部分を超えて被害者に損害を賠償したときは，右第三者は，被用者の負担部分について使用者に対し求償することができるものと解するのが相当である。けだし，使用者の損害賠償責任を定める民法715条1項の規定は，主として，使用者が被用者の活動によつて利益をあげる関係にあることに着目し，利益の存するところに損失をも帰せしめるとの見地から，被用者が使用者の事業活動を行うにつき他人に損害を加えた場合には，使用者も被用者と同じ内容の責任を負うべきものとしたものであつて，このような規定の趣旨に照らせば，被用者が使用者の事業の執行につき第三者との共同の不法行為により他人に損害を加えた場合には，使用者と被用者とは一体をなすものとみて，右第三者との関係においても，使用者は被用者と同じ内容の責任を負うべきものと解すべきであるからである。
　これを本件についてみるに，原審の確定したところによれば，本件交通事故は，上告人と被上告人の被用者であるAとの共同の不法行為に該当し，その過失割合は上告人2割，A8割とするのが相当であるところ，上告人は，被害者であるBら3名に対し自己の負担部分を超えてその全損害の30万1820円を賠償したというのであつて，かかる事実関係のもとにおいては，右に説示したところに照らし，上告人は，Bら3名に賠償した右30万1820円のうち，自己の負担部分である6万0364円（2割相当額）を超える24万1456円（8割相当額）につき，Aの使用者である被上告人に対し求償することができるものというべきである。

　連帯債務者の一人に対する債務の免除及び連帯債務者の一人のために完成した時効は相対的効力事由であるが（新法441条），連帯債務者に対して債務の免除がされ，又は連帯債務者の一人のために時効が完成した場合においても，他の連帯債務者は，その一人の負担部分を含めて損害賠償を履行する義務を負い，これを履行した場合には，その一人の連帯債務者に対し，求償権を行使することができる（新法445条）。なお，旧法下における最高裁判決ではあるが，共同不法行為者の債務は，いわゆる不真正連帯債務であるから，一部の不法行為者と被害者との間で訴訟上の和解が成立し，被害者がその不法行為者に対し残債務を免除しても，その効力は他の不法行為者に当然に及ぶものではないが，被害者が，その和解に際し，他の不法行為者に対する債務をも免除する意思を有していると認められるときは，他の不法行為者に対しても債務免除の効力は及ぶとするものがある。この判決の立場によれば，和解をした不法行為者の他の不法行為者に対する求償金額は，確定した損害額である訴訟上の和解における支払額を基準とし，双方の負担部分に応じて算定することになる。

◆最判平成10年9月10日民集52巻6号1494頁・判タ985号126頁
　本件は，被上告人の被用者との共同不法行為により他人に損害を加え，その者との間の訴訟上の和解に基づき和解金を支払った上告人が，右被用者の負担部分につき，使用者である被上告人に対し，求償金として1600万円及びこれに対する和解金支払の日の翌日から支払済みまで年5分の割合による遅延損害金の支払を求めた事案である。[中略]
　1　甲と乙が共同の不法行為により他人に損害を加えた場合において，甲が乙との責任割合に従って定められるべき自己の負担部分を超えて被害者に損害を賠償したときは，甲は，乙の負担部分について求償することができる（最高裁昭和60年(オ)第1145号同63年7月1日第二小法廷判決・民集42巻6号451頁，最高裁昭和63年(オ)第1383号，平成3年(オ)第1377号同年10月25日第二小法廷判決・民集45巻7号1173頁参照）。
　2　この場合，甲と乙が負担する損害賠償債務は，いわゆる不真正連帯債務であるから，甲と被害者との間で訴訟上の和解が成立し，請求額の一部につき和解金が支払われるとともに，和解調書中に「被害者はその余の請求を放棄する」旨の条項が設けられ，被害者が甲に対し残債務を免除したと解し得るときでも，連帯債務における免除の絶対的効力を定めた民法437条の規定は適用されず，乙に対して当然に免除の効力が及ぶものではない（最高裁昭和43年(オ)第431号同48年2月16日第二小法廷判決・民集27巻1号99頁，最高裁平成4年(オ)第1814号同6年11月24日第一小法廷判決・裁判集民事173号431頁参照）。

　　しかし，被害者が，右訴訟上の和解に際し，乙の残債務をも免除する意思を有していると認められるときは，乙に対しても残債務の免除の効力が及ぶものというべきである。そして，この場合には，乙はもはや被害者から残債務を訴求される可能性はないのであるから，甲の乙に対する求償金額は，確定した損害額である右訴訟上の和解における甲の支払額を基準とし，双方の責任割合に従いその負担部分を定めて，これを算定するのが相当であると解される。

　　3　以上の理は，本件のように，被用者（A）がその使用者（被上告人）の事業の執行につき第三者（上告人）との共同の不法行為により他人に損害を加えた場合において，右第三者が，自己と被用者との責任割合に従って定められるべき自己の負担部分を超えて被害者に損害を賠償し，被用者の負担部分について使用者に対し求償する場合においても異なるところはない（前掲昭和 63 年 7 月 1 日第二小法廷判決参照）。

　　4　これを本件について見ると，本件和解調書の記載からはB［被害者］の意思は明確ではないものの，記録によれば，Bは，被上告人に対して裁判上又は裁判外で残債務の履行を請求した形跡もなく（ちなみに，本件和解時においては，既に右残債権について消滅時効期間が経過していた。），かえって，上告人が被上告人に対してAの負担部分につき求償金の支払を求める本件訴訟の提起に協力する姿勢を示していた等の事情がうかがわれないではない。そうすると，Bとしては，本件和解により被上告人との関係も含めて全面的に紛争の解決を図る意向であり，本件和解において被上告人の残債務をも免除する意思を有していたと解する余地が十分にある。したがって，本件和解に際し，Bが被上告人に対しても残債務を免除する意思を有していたか否かについて審理判断することなく，上告人の被上告人に対する求償金額を算定した原審の判断には，法令の解釈適用の誤り，審理不尽の違法があるというべきである。

　　5　そして，仮に，本件和解における上告人の支払額 2000 万円を基準とし，原審の確定した前記責任割合に基づき算定した場合には，本件共同不法行為における上告人の負担部分は 800 万円となる。したがって，上告人は被上告人に対し，その支払額のうち 1200 万円の求償をすることができ，右の違法はこの範囲で原判決の結論に影響を及ぼすことが明らかである。

10　時　効

(1)　時効期間

　不法行為による損害賠償の請求権は，被害者又はその法定代理人が損害及び加害者を知った時から3年間行使しないときは，時効によって消滅する（新法724条1号）。ただし，人の生命又は身体を害する不法行為による損害賠償請求権については，損害及び加害者を知った時から5年間行使しないときに，時効によって消滅する（新法724条の2）。なお，この規定は，旧法724条前段に規定する時効（3年間の消滅時効）が令和2年4月1日に既に完成していた場合には，適用されない（附則35条2項）。

　不法行為による損害賠償の請求権は，不法行為の時から20年間行使しないときも，時効によって消滅する（新法724条2号）。なお，旧法724条後段において規定する期間（20年の除斥期間）が，令和2年4月1日に既に経過していた場合は，新法724条2号が適用されることはなく，なお従前の例によることになる（附則35条1項）。

(2)　時効の起算点

　時効の起算点につき，後遺障害事案については，遅くとも症状固定の診断を受けた時には，後遺障害の存在を現実に認識し，加害者に対する賠償請求をすることが事実上可能な状況になったと考えられるのであり，損害保険料率算出機構による認定手続は，時効の起算点を左右するものではない。

　同一の交通事故により同一の被害者に車両損傷を理由とする損害と身体傷害を理由とする損害が生じた場合，車両損傷を理由とする損害に係る不法行為に基づく損害賠償請求権の短期消滅時効の起算点は，被害者が，加害者に加え，車両損傷を理由とする損害を知った時である。

　時効の起算点につき，参考となる最高裁判例としては，以下のものがある。

◆最判昭和 42 年 7 月 18 日民集 21 巻 6 号 1559 頁・判タ 210 号 148 頁

原審の確定するところによれば，本件不法行為により被上告人が受傷した後における治療の経過は原判示のとおりであり，被上告人の右受傷による後遺症である右足の内反足に対し A 医師のなした本件植皮手術が果して効果のある治療方法であるかどうかは，被上告人の受傷当時は勿論，その後内反足の症状が現われた後においても，医学的には必ずしも異論がなかつたわけではないというのである。ところで，被害者が不法行為に基づく損害の発生を知つた以上，その損害と牽連一体をなす損害であつて当時においてその発生を予見することが可能であつたものについては，すべて被害者においてその認識があつたものとして，民法 724 条所定の時効は前記損害の発生を知つた時から進行を始めるものと解すべきではあるが，本件の場合のように，受傷時から相当期間経過後に原判示の経緯で前記の後遺症が現われ，そのため受傷時においては医学的にも通常予想しえなかつたような治療方法が必要とされ，右治療のため費用を支出することを余儀なくされるにいたつた等，原審認定の事実関係のもとにおいては，後日その治療を受けるようになるまでは，右治療に要した費用すなわち損害については，同条所定の時効は進行しないものと解するのが相当である。けだし，このように解しなければ，被害者としては，たとい不法行為による受傷の事実を知つたとしても，当時においては未だ必要性の判明しない治療のための費用について，これを損害としてその賠償を請求するに由なく，ために損害賠償請求権の行使が事実上不可能なうちにその消滅時効が開始することとなつて，時効の起算点に関する特則である民法724 条を設けた趣旨に反する結果を招来するにいたるからである。

◆最判昭和 49 年 9 月 26 日裁判集民 112 号 709 頁・交民 7 巻 5 号 1233 頁

不法行為の被害者につきその不法行為によつて受傷した時から相当の期間経過後に右受傷に基因する後遺症が現われた場合には，右後遺症が顕在化した時が民法 724 条にいう損害を知つた時にあたり，後遺症に基づく損害であつて，その当時において発生を予見することが社会通念上可能であつたものについては，すべて被害者においてその認識があつたものとして，当該損害の賠償請求権の消滅時効はその時から進行を始めると解するのが相当である（最高裁昭和 40 年(オ)第1232 号同 42 年 7 月 18 日第三小法廷判決・民集 21 巻 6 号 1559 頁参照）。このような見地に立つて本件を見るに，原審の確定するところによれば，本件交通事故により上告人が受傷したのちにおける治療の経過は原判決（その引用する第一審判決を含む。以下同じ。）の説示するとおりであつて，上告人の右受傷による所論の後遺症は遅くとも昭和 41 年 2 月 12 日より以前に顕在化し，その後において症状は徐々に軽快こそすれ，悪化したとは認められないというのであるから，上告人としては右の時点で所論の後遺症に基づく本件逸失利益及び精神的苦痛の損害の発生を予見し，その賠償を請求することが社会通念上可能であつたものというべく，したがつて，原審が右認定にかかる事実関係に基づき，本件損害賠償請求権の消滅時効は遅くとも前記昭和 41 年 2 月 12 日にはその進行を始め，本訴が提起された昭和 44 年 2 月 12 日までに右消滅時効が完成していると判断したのは正当であり，原判決に所論の違法はない。

◆最判平成 16 年 12 月 24 日裁判集民 215 号 1109 頁・判タ 1174 号 252 頁

被上告人は，本件後遺障害につき，平成 9 年 5 月 22 日に症状固定という診断

を受け，これに基づき後遺障害等級の事前認定を申請したというのであるから，被上告人は，遅くとも上記症状固定の診断を受けた時には，本件後遺障害の存在を現実に認識し，加害者に対する賠償請求をすることが事実上可能な状況の下に，それが可能な程度に損害の発生を知ったものというべきである。自算会［現・損害保険料率算出機構］による等級認定は，自動車損害賠償責任保険の保険金額を算定することを目的とする損害の査定にすぎず，被害者の加害者に対する損害賠償請求権の行使を何ら制約するものではないから，上記事前認定の結果が非該当であり，その後の異議申立てによって等級認定がされたという事情は，上記の結論を左右するものではない。そうすると，被上告人の本件後遺障害に基づく損害賠償請求権の消滅時効は，遅くとも平成9年5月22日から進行すると解されるから，本件訴訟提起時には，上記損害賠償請求権について3年の消滅時効期間が経過していることが明らかである。

◆最判令和3年11月2日裁時1779号1頁

　交通事故の被害者の加害者に対する車両損傷を理由とする不法行為に基づく損害賠償請求権の短期消滅時効は，同一の交通事故により同一の被害者に身体傷害を理由とする損害が生じた場合であっても，被害者が，加害者に加え，上記車両損傷を理由とする損害を知った時から進行するものと解するのが相当である。

　なぜなら，車両損傷を理由とする損害と身体傷害を理由とする損害とは，これらが同一の交通事故により同一の被害者に生じたものであっても，被侵害利益を異にするものであり，車両損傷を理由とする不法行為に基づく損害賠償請求権は，身体傷害を理由とする不法行為に基づく損害賠償請求権とは異なる請求権であると解されるのであって，そうである以上，上記各損害賠償請求権の短期消滅時効の起算点は，請求権ごとに各別に判断されるべきものであるからである。

11 まとめ

(1) 訴訟物

　同一事故により生じた同一の身体傷害を理由とする財産上の損害と精神上の損害とは，原因事実及び被侵害利益を共通にするものであるから，訴訟物は 1 個である。他方，車両損傷を理由とする損害と身体傷害を理由とする損害とは，これらが同一の交通事故により同一の被害者に生じたものであっても，被侵害利益を異にするので，訴訟物は別である。

◆最判昭和 48 年 4 月 5 日民集 27 巻 3 号 419 頁・判タ 299 号 298 頁
　同一事故により生じた同一の身体傷害を理由とする財産上の損害と精神上の損害とは，原因事実および被侵害利益を共通にするものであるから，その賠償の請求権は一個であり，その両者の賠償を訴訟上あわせて請求する場合にも，訴訟物は一個であると解すべきである。
◆最判令和 3 年 11 月 2 日裁時 1779 号 1 頁
　車両損傷を理由とする損害と身体傷害を理由とする損害とは，これらが同一の交通事故により同一の被害者に生じたものであっても，被侵害利益を異にするものであり，車両損傷を理由とする不法行為に基づく損害賠償請求権は，身体傷害を理由とする不法行為に基づく損害賠償請求権とは異なる請求権であると解される［。］

(2) 損害の算定方法

　損害額の算定は，過失相殺や損害の塡補等がある場合には，次のように計算する（次の計算は，塡補額を過失相殺後に控除する場合である。）。塡補額については費目や対象者が決められているものがあるので，注意を要する。

〔計算式〕

　損害額合計（弁護士費用を除く）×（1－被害者の過失割合）－損害塡補額＋弁護士費用

⑶　弁済の提供及び供託

　控訴審係属中に，加害者が被害者に対し，第一審判決によって支払を命じられた損害賠償金全額を任意に弁済のため提供した場合，その弁済の提供はその範囲において有効である。

◆**最判平成6年7月18日民集48巻5号1165頁・判タ858号299頁**
　交通事故の加害者が被害者から損害の賠償を求める訴訟を提起された場合において，加害者は右事故についての事実関係に基づいて損害額を算定した判決が確定して初めて自己の負担する客観的な債務の全額を知るものであるから，加害者が第一審判決によって支払を命じられた損害賠償金の全額を提供し，供託してもなお，右提供に係る部分について遅滞の責めを免れることができず，右供託に係る部分について債務を免れることができないと解するのは，加害者に対し難きを強いることになる。他方，被害者は，右提供に係る金員を自己の請求する損害賠償債権の一部の弁済として受領し，右供託に係る金員を同様に一部の弁済として受領する旨留保して還付を受けることができ，そうすることによって何ら不利益を受けるものではない。以上の点を考慮すると，右提供及び供託を有効とすることは債権債務関係に立つ当事者間の公平にかなうものというべきである。したがって，交通事故によって被った損害の賠償を求める訴訟の控訴審係属中に，加害者が被害者に対し，第一審判決によって支払を命じられた損害賠償金の全額を任意に弁済のため提供した場合には，その提供額が損害賠償債務の全額に満たないことが控訴審における審理判断の結果判明したときであっても，原則としてその弁済の提供はその範囲において有効なものであり，被害者においてその受領を拒絶したことを理由にされた弁済のための供託もまた有効なものと解するのが相当である。この理は，加害者との間で加害車両を被保険自動車として任意の自動車保険契約を締結している保険会社が被害者からいわゆる直接請求権に基づき保険金の支払を求める訴訟を提起された場合に，保険会社が被害者に対してする弁済の提供及び供託についても，異なるところはない。

12　自賠法に基づく請求

⑴　自賠法16条1項に基づく請求権と他の請求権との関係

自賠法3条又は民法709条によって保有者及び運転者が被害者に対し損害賠償責任を負う場合に，被害者が保険会社に対しても自賠法16条1項に基づく損害賠償請求権を有するときは，両請求権は別個独立のものとして併存する。

◆最判昭和39年5月12日民集18巻4号583頁・判タ163号74頁
　　自動車損害賠償保障法（以下自賠法と略称する）は自動車の運行によつて人の生命又は身体が害された場合における損害賠償を保障する制度を確立することにより，一面自動車運送の健全な発達に資するとともに他面被害者の保護を図つていること並びに同法は自動車事故が生じた場合被害者側が加害者側から損害賠償をうけ，次に賠償した加害者が保険会社から保険金を受け取ることを原則とし，ただ被害者および加害者双方の利便のために補助的手段として，被害者側から保険会社に直接一定の範囲内における損害額の支払を請求し得ることとしている趣旨に鑑みるときは，自賠法3条又は民法709条によつて保有者および運転者が被害者に対し損害賠償責任を負う場合に，被害者が保険会社に対しても自賠法16条1項に基づく損害賠償請求権を有するときは，右両請求権は別個独立のものとして併存し，勿論被害者はこれがため二重に支払を受けることはないが，特別の事情のない限り，右保険会社から受けた支払額の内容と牴触しない範囲では加害者側に対し財産上又は精神上の損害賠償を請求し得るものと解するのを相当とする。従つて特別の事情の認められない本件では，被上告人の前記書面［被上告人が保険会社に提出した保険金額の査定につき異議なき旨の承諾書］の提出により，加害者側に対する請求権をも放棄したものとは認められないとして，被上告人の上告人らに対する本件損害賠償請求を容認した原判決の判断は正当として肯認し得る。

なお，被害者の行使する自賠法16条1項に基づく請求権の額と市町村長が老人保健法（平成17年法律第77号による改正前のもの）41条1項

により取得し行使する上記請求権の額の合計額が自動車損害賠償責任保険の保険金額を超える場合には，被害者は市町村長に優先して損害賠償額の支払を受けられるとされている。

◆最判平成20年2月19日民集62巻2号534頁・判タ1268号123頁
　被害者が医療給付を受けてもなおてん補されない損害について直接請求権を行使する場合は，他方で，市町村長が老人保健法［平成17年法律第77号による改正前のもの］41条1項により取得した直接請求権の額の合計額が自賠責保険金額を超えるときであっても，被害者は，市町村長に優先して自賠責保険の保険会社から自賠責保険金額の限度で自賠法16条1項に基づき損害賠償額の支払を受けることができるものと解するのが相当である。

(2) 自賠法15条，16条1項に基づく請求における損害の算定

　自賠法15条に基づく請求（加害者の自賠責保険会社に対する請求）において，裁判所は，自賠法に規定する支払基準によることなく，保険金の額を算定することができ，また，自賠法16条1項に基づく請求（被害者の自賠責保険会社に対する請求）においても，裁判所は，自賠法に規定する支払基準によることなく，損害賠償額を算定することができる。

◆最判平成18年3月30日民集60巻3号1242頁・判タ1207号70頁
　法［自動車損害賠償保障法］16条の3第1項は，保険会社が被保険者に対して支払うべき保険金又は法16条1項の規定により被害者に対して支払うべき損害賠償額（以下「保険金等」という。）を支払うときは，死亡，後遺障害及び傷害の別に国土交通大臣及び内閣総理大臣が定める支払基準に従ってこれを支払わなければならない旨を規定している。法16条の3第1項の規定内容からすると，同項が，保険会社に，支払基準に従って保険金等を支払うことを義務付けた規定であることは明らかであって，支払基準が保険会社以外の者も拘束する旨を規定したものと解することはできない。支払基準は，保険会社が訴訟外で保険金等を支払う場合に従うべき基準にすぎないものというべきである。そうすると，保険会社が訴訟外で保険金等を支払う場合の支払額と訴訟で支払を命じられる額が異なることがあるが，保険会社が訴訟外で保険金等を支払う場合には，公平かつ迅速な保険金等の支払の確保という見地から，保険会社に対して支払基準に従って支払うことを義務付けることに合理性があるのに対し，訴訟においては，当事者の

主張立証に基づく個別的な事案ごとの結果の妥当性が尊重されるべきであるから，上記のように額に違いがあるとしても，そのことが不合理であるとはいえない。

したがって，法16条1項に基づいて被害者が保険会社に対して損害賠償額の支払を請求する訴訟において，裁判所は，法16条の3第1項が規定する支払基準によることなく損害賠償額を算定して支払を命じることができるというべきである。

◆**最判平成24年10月11日裁判集民241号75頁・判タ1384号118頁**

法［自動車損害賠償保障法］16条1項に基づいて被害者が保険会社に対して損害賠償額の支払を請求する訴訟において，裁判所は，法16条の3第1項が規定する支払基準によることなく損害賠償額を算定して支払を命じることができるというべきである（最高裁平成17年㈹第1628号同18年3月30日第一小法廷判決・民集60巻3号1242頁）。そして，法15条所定の保険金の支払を請求する訴訟においても，上記の理は異なるものではないから，裁判所は，上記支払基準によることなく，自ら相当と認定判断した損害額及び過失割合に従って保険金の額を算定して支払を命じなければならないと解するのが相当である。

⑶　自賠法16条1項に基づく請求における弁護士費用及び遅延損害金

ア　弁護士費用

弁護士費用は，事案の難易，請求額，認容された額その他諸般の事情を斟酌して相当と認められる額の範囲内のものに限り，不法行為と相当因果関係に立つ損害として認められる。

イ　遅延損害金

自賠法16条1項に基づく損害賠償額支払債務を負う保険会社は，損害賠償額の支払の請求があった後，当該請求に係る自動車の運行による事故及び当該損害賠償額の確認をするために必要な期間が経過するまでは，遅滞の責任を負わない（自賠法16条の9第1項）。この必要な期間は，保険会社において，上記請求に係る事故及び当該損害賠償額の確認に要する調査をするために必要とされる合理的な期間である。

◆**最判平成30年9月27日民集72巻4号432頁・判タ1458号100頁**

自賠法16条の9第1項は，同法16条1項に基づく損害賠償額支払債務につい

て，損害賠償額の支払請求に係る自動車の運行による事故及び当該損害賠償額の確認をするために必要な期間が経過するまでは遅滞に陥らない旨を規定する。この規定は，自賠責保険においては，保険会社は損害賠償額の支払をすべき事由について必要な調査をしなければその支払をすることができないことに鑑み，民法412条3項の特則として，支払請求があった後，所要の調査に必要な期間が経過するまでは，その支払債務は遅滞に陥らないものとし，他方で，その調査によって確認すべき対象を最小限にとどめて，迅速な支払の要請にも配慮したものと解される。

そうすると，自賠法16条の9第1項にいう「当該請求に係る自動車の運行による事故及び当該損害賠償額の確認をするために必要な期間」とは，保険会社において，被害者の損害賠償額の支払請求に係る事故及び当該損害賠償額の確認に要する調査をするために必要とされる合理的な期間をいうと解すべきであり，その期間については，事故又は損害賠償額に関して保険会社が取得した資料の内容及びその取得時期，損害賠償額についての争いの有無及びその内容，被害者と保険会社との間の交渉経過等の個々の事案における具体的事情を考慮して判断するのが相当である。このことは，被害者が直接請求権を訴訟上行使した場合であっても異なるものではない。

自賠法16条1項に基づく損害賠償額支払債務につき，保険会社が遅滞の責任を負った時点が令和2年4月1日以後である場合はその時点における法定利率である年3％であるが，上記責任を負った時点が同日よりも前である場合は年5％である（商事法定利率の年6％ではない。）。

◆最判昭和57年1月19日民集36巻1号1頁・判タ463号123頁
自動車損害賠償保障法16条1項に基づく被害者の保険会社に対する直接請求権は，被害者が保険会社に対して有する損害賠償請求権であつて，保有者の保険金請求権の変形ないしはそれに準ずる権利ではないのであるから，保険会社の被害者に対する損害賠償債務は商法514条所定の「商行為ニ因リテ生ジタル債務」には当らないと解すべきである。してみると，弁護士費用を除く損害賠償債務について商事法定利率である年6分の割合による遅延損害金を付した原審の判断には，自動車損害賠償保障法16条1項及び商法514条の規定の解釈適用を誤つた違法があり，論旨は理由がある。

⑷　時　効

　自賠法 16 条 1 項による自賠責保険会社に対する損害賠償額の請求（被害者請求）に係る請求権の時効の起算点は，被害者又はその法定代理人が損害及び保有者を知った時である。時効期間は，平成 22 年 4 月 1 日以降に発生した事故については 3 年である（自賠法 19 条）。

第 3 編

資 料 編

1　賃金構造基本統計調査（賃金センサス）

　賃金構造基本統計調査は，厚生労働大臣が統計法に基づく基幹統計として毎年7月に労働者の雇用形態，就業形態，職種，性，年齢，学歴，勤続年数，経験年数等と，賃金との関係を明らかにすることを目的として実施している調査である。その結果は，翌年5月頃に政府統計の総合窓口 e-Stat のホームページで公表され，翌年7月頃に，株式会社労働法令が調査結果を編修したものを「賃金センサス」として発売している。

　損害賠償の算定に当たって一般的に使われるのは，一般労働者・産業計・企業規模計の年齢階級別きまって支給する現金給与額及び年間賞与その他特別給与額の平均であることから，以下の資料を添付した。

①　産業計・企業規模計・全労働者についての統計表
②　産業計・企業規模計・男性労働者についての統計表
③　産業計・企業規模計・女性労働者についての統計表

　特定の産業（建設業，製造業，情報通信業，運輸業，卸売業，小売業，金融業，不動産業，飲食サービス業，生活関連サービス業等）や職種（建築技術者，個人教師，電話応接事務員，販売店員，飲食物給仕従事者，警備員，大工等），企業規模別（10人以上，100人以上，1000人以上），都道府県別等の平均賃金を知る必要がある場合には，該当する賃金センサスを参照することになる。

① 産業計・企業規模計・全労働者

（単位千円）

	令和2年	令和元年	平成30年	平成29年	平成28年
学歴計					
全年齢	4,872.9	5,006.9	4,972.0	4,911.5	4,898.6
〜19歳	2,426.2	2,523.4	2,524.2	2,479.9	2,421.1
20〜24歳	3,138.1	3,228.4	3,214.5	3,149.2	3,093.0
25〜29歳	3,895.5	4,031.2	3,969.2	3,913.4	3,893.0
30〜34歳	4,414.2	4,603.6	4,551.6	4,505.4	4,489.6
35〜39歳	4,935.0	5,065.5	5,007.5	4,951.3	4,942.2
40〜44歳	5,306.2	5,441.3	5,400.7	5,364.3	5,375.9
45〜49歳	5,606.7	5,778.3	5,805.3	5,762.4	5,845.0
50〜54歳	5,904.5	6,142.6	6,121.2	6,064.5	6,069.2
55〜59歳	5,842.6	5,964.6	5,973.2	5,831.6	5,808.2
60〜64歳	4,301.7	4,279.3	4,177.6	4,092.7	4,037.3
65〜69歳	3,577.0	3,550.7	3,451.5	3,487.9	3,537.6
70歳〜	3,339.9	3,218.1	3,304.6	3,482.9	3,417.7
中学					
全年齢	3,842.8	3,808.5	3,807.1	3,805.9	3,716.9
〜19歳	2,645.6	2,427.4	2,286.5	2,339.4	2,218.2
20〜24歳	2,862.0	2,810.7	2,886.5	2,815.9	2,727.7
25〜29歳	3,333.6	3,271.6	3,312.3	3,399.2	3,310.4
30〜34歳	3,639.1	3,676.1	3,679.8	3,731.3	3,632.1
35〜39歳	4,043.4	4,105.5	4,081.1	4,069.3	3,977.8
40〜44歳	4,312.4	4,281.9	4,247.7	4,289.2	4,171.6
45〜49歳	4,439.7	4,441.7	4,578.1	4,528.3	4,320.6
50〜54歳	4,423.5	4,449.1	4,613.7	4,541.7	4,536.5
55〜59歳	4,308.6	4,543.3	4,616.6	4,415.3	4,298.8
60〜64歳	3,547.3	3,465.8	3,334.5	3,400.5	3,286.2
65〜69歳	3,062.7	3,000.9	2,860.7	2,917.0	2,859.9
70歳〜	2,836.6	2,771.4	2,687.8	2,699.6	2,655.6
高校					
全年齢	4,256.1	4,309.0	4,280.7	4,236.5	4,185.1
〜19歳	2,423.4	2,527.4	2,531.8	2,485.6	2,429.1
20〜24歳	3,111.8	3,189.3	3,171.4	3,133.6	3,054.7
25〜29歳	3,513.9	3,618.9	3,564.5	3,555.3	3,487.5
30〜34歳	3,880.1	3,969.9	3,910.1	3,865.7	3,814.9
35〜39歳	4,244.1	4,323.7	4,270.4	4,248.7	4,221.6
40〜44歳	4,595.4	4,661.4	4,632.7	4,629.3	4,612.7
45〜49歳	4,870.8	4,927.1	4,850.4	4,748.7	4,742.3
50〜54歳	4,889.1	5,000.7	5,020.0	4,984.3	4,918.4
55〜59歳	4,941.0	4,956.5	4,989.9	4,877.6	4,791.6
60〜64歳	3,671.3	3,605.6	3,530.1	3,510.3	3,442.1
65〜69歳	3,126.2	3,087.3	3,006.3	3,004.1	2,997.6
70歳〜	2,928.9	2,804.3	2,843.2	2,909.1	2,851.0

	令和 2 年	令和元年	平成 30 年	平成 29 年	平成 28 年
専門学校					
全年齢	4,447.2	—	—	—	—
〜19 歳	—	—	—	—	—
20〜24 歳	3,103.4	—	—	—	—
25〜29 歳	3,592.4	—	—	—	—
30〜34 歳	4,037.8	—	—	—	—
35〜39 歳	4,393.0	—	—	—	—
40〜44 歳	4,707.9	—	—	—	—
45〜49 歳	5,113.5	—	—	—	—
50〜54 歳	5,148.2	—	—	—	—
55〜59 歳	5,190.3	—	—	—	—
60〜64 歳	4,117.7	—	—	—	—
65〜69 歳	3,566.7	—	—	—	—
70 歳〜	3,358.0	—	—	—	—
高専・短大					
全年齢	4,527.4	4,523.0	4,472.0	4,399.4	4,363.5
〜19 歳	—	—	—	—	—
20〜24 歳	3,070.9	3,138.6	3,091.9	3,001.0	2,958.4
25〜29 歳	3,712.2	3,725.9	3,629.8	3,590.5	3,568.0
30〜34 歳	4,053.4	4,110.3	4,041.6	3,996.3	3,953.1
35〜39 歳	4,433.9	4,408.5	4,388.1	4,380.9	4,351.8
40〜44 歳	4,685.7	4,768.8	4,777.6	4,714.0	4,766.2
45〜49 歳	4,966.9	5,176.0	5,184.2	5,122.5	5,150.6
50〜54 歳	5,390.0	5,373.9	5,297.4	5,241.6	5,187.0
55〜59 歳	5,287.6	5,244.8	5,170.0	5,104.4	5,037.3
60〜64 歳	4,005.9	3,995.2	4,003.2	3,995.6	4,018.2
65〜69 歳	3,707.7	3,622.9	3,529.7	3,526.2	3,477.3
70 歳〜	3,978.6	3,465.0	3,687.3	3,779.9	4,170.9
(大学・大学院)					
全年齢	—	6,181.5	6,149.7	6,077.7	6,108.7
〜19 歳	—	-	-	-	-
20〜24 歳	—	3,346.9	3,353.3	3,281.5	3,246.8
25〜29 歳	—	4,381.5	4,329.7	4,257.0	4,263.2
30〜34 歳	—	5,286.2	5,246.7	5,207.8	5,223.1
35〜39 歳	—	6,062.3	6,022.6	5,922.4	5,978.3
40〜44 歳	—	6,826.9	6,777.7	6,753.4	6,821.8
45〜49 歳	—	7,558.4	7,733.6	7,742.8	7,938.6
50〜54 歳	—	8,584.3	8,553.1	8,433.4	8,464.1
55〜59 歳	—	8,328.6	8,236.5	8,026.8	8,075.7
60〜64 歳	—	5,851.0	5,709.6	5,571.4	5,611.0
65〜69 歳	—	5,308.5	5,302.5	5,434.3	5,594.3
70 歳〜	—	5,441.9	5,995.4	6,135.9	5,897.6
大学					
全年齢	5,856.6	—	—	—	—
〜19 歳	—	—	—	—	—

	令和2年	令和元年	平成30年	平成29年	平成28年
20〜24歳	3,284.2	—	—	—	—
25〜29歳	4,224.0	—	—	—	—
30〜34歳	4,954.3	—	—	—	—
35〜39歳	5,722.4	—	—	—	—
40〜44歳	6,408.7	—	—	—	—
45〜49歳	7,136.2	—	—	—	—
50〜54歳	8,238.1	—	—	—	—
55〜59歳	7,997.6	—	—	—	—
60〜64歳	5,575.8	—	—	—	—
65〜69歳	4,878.6	—	—	—	—
70歳〜	4,798.1	—	—	—	—
大学院					
全年齢	7,659.6	—	—	—	—
〜19歳	—	—	—	—	—
20〜24歳	3,146.1	—	—	—	—
25〜29歳	4,745.5	—	—	—	—
30〜34歳	5,863.0	—	—	—	—
35〜39歳	7,337.4	—	—	—	—
40〜44歳	8,379.4	—	—	—	—
45〜49歳	9,251.1	—	—	—	—
50〜54歳	10,472.4	—	—	—	—
55〜59歳	11,347.9	—	—	—	—
60〜64歳	9,640.2	—	—	—	—
65〜69歳	9,036.9	—	—	—	—
70歳〜	10,254.7	—	—	—	—
不明					
全年齢	3,666.9	—	—	—	—
〜19歳	2,294.7	—	—	—	—
20〜24歳	2,656.5	—	—	—	—
25〜29歳	3,065.4	—	—	—	—
30〜34歳	3,322.1	—	—	—	—
35〜39歳	3,729.5	—	—	—	—
40〜44歳	4,154.9	—	—	—	—
45〜49歳	4,283.1	—	—	—	—
50〜54歳	4,129.6	—	—	—	—
55〜59歳	4,127.4	—	—	—	—
60〜64歳	3,287.4	—	—	—	—
65〜69歳	2,909.6	—	—	—	—
70歳〜	2,810.0	—	—	—	—

㊟　令和2年調査より最終学歴の学歴区分が，4区分（中学卒，高校卒，高専・短大卒，大学・大学院卒）から変更されている。

143

②　産業計・企業規模計・男性労働者

（単位千円）

	令和 2 年	令和元年	平成 30 年	平成 29 年	平成 28 年
学歴計					
全年齢	5,459.5	5,609.7	5,584.5	5,517.4	5,494.3
～19 歳	2,505.5	2,625.6	2,620.5	2,609.9	2,514.5
20～24 歳	3,256.2	3,376.9	3,364.5	3,314.8	3,258.3
25～29 歳	4,103.7	4,281.8	4,212.7	4,176.9	4,146.9
30～34 歳	4,756.3	4,985.8	4,941.5	4,909.0	4,862.8
35～39 歳	5,411.4	5,573.2	5,527.5	5,452.9	5,428.7
40～44 歳	5,903.3	6,063.2	6,035.2	5,982.4	5,995.2
45～49 歳	6,357.9	6,548.7	6,612.1	6,563.1	6,662.9
50～54 歳	6,839.6	7,088.1	7,082.3	7,014.7	6,985.9
55～59 歳	6,761.7	6,871.9	6,850.7	6,696.3	6,644.6
60～64 歳	4,719.2	4,668.5	4,550.8	4,420.8	4,370.3
65～69 歳	3,839.8	3,750.0	3,646.0	3,647.9	3,749.6
70 歳～	3,491.6	3,318.4	3,429.9	3,612.5	3,563.4
中学					
全年齢	4,142.0	4,114.6	4,128.2	4,128.7	4,028.3
～19 歳	2,775.7	2,563.6	2,392.3	2,435.9	2,306.3
20～24 歳	3,190.4	2,986.0	3,124.4	3,022.2	2,949.4
25～29 歳	3,597.1	3,549.0	3,553.9	3,775.9	3,622.1
30～34 歳	3,901.6	4,016.9	4,044.7	4,206.6	3,958.9
35～39 歳	4,362.7	4,449.9	4,410.0	4,408.5	4,300.4
40～44 歳	4,605.8	4,652.6	4,598.0	4,604.2	4,486.4
45～49 歳	4,730.6	4,812.9	4,974.8	4,878.3	4,608.8
50～54 歳	4,745.8	4,858.8	4,971.7	4,899.7	4,912.7
55～59 歳	4,596.8	4,906.9	4,973.1	4,829.9	4,691.6
60～64 歳	3,799.5	3,703.4	3,565.3	3,660.8	3,551.3
65～69 歳	3,262.2	3,132.1	3,044.2	3,064.2	3,041.3
70 歳～	3,057.4	2,874.6	2,825.7	2,796.7	2,735.2
高校					
全年齢	4,747.5	4,835.5	4,811.1	4,764.3	4,693.5
～19 歳	2,504.8	2,627.6	2,629.6	2,619.1	2,524.5
20～24 歳	3,287.2	3,412.9	3,397.2	3,354.6	3,274.9
25～29 歳	3,780.1	3,955.7	3,873.1	3,874.7	3,792.8
30～34 歳	4,227.5	4,358.7	4,304.3	4,255.9	4,182.3
35～39 歳	4,664.1	4,796.1	4,754.7	4,717.0	4,652.6
40～44 歳	5,122.4	5,226.2	5,212.6	5,213.5	5,193.5
45～49 歳	5,509.8	5,626.1	5,555.8	5,452.2	5,469.1
50～54 歳	5,601.9	5,798.3	5,849.6	5,794.8	5,685.1
55～59 歳	5,710.4	5,748.3	5,764.9	5,648.7	5,529.2
60～64 歳	4,013.0	3,950.7	3,883.9	3,832.5	3,746.8
65～69 歳	3,342.1	3,255.8	3,161.9	3,127.5	3,111.6
70 歳～	3,000.6	2,864.1	2,878.9	2,927.3	2,878.9

	令和2年	令和元年	平成30年	平成29年	平成28年
専門学校					
全年齢	4,844.0	—	—	—	—
〜19歳	—	—	—	—	—
20〜24歳	3,120.7	—	—	—	—
25〜29歳	3,634.7	—	—	—	—
30〜34歳	4,272.5	—	—	—	—
35〜39歳	4,723.7	—	—	—	—
40〜44歳	5,030.2	—	—	—	—
45〜49歳	5,669.6	—	—	—	—
50〜54歳	5,978.9	—	—	—	—
55〜59歳	5,948.6	—	—	—	—
60〜64歳	4,332.8	—	—	—	—
65〜69歳	3,622.1	—	—	—	—
70歳〜	3,003.9	—	—	—	—
高専・短大					
全年齢	5,737.2	5,165.2	5,104.7	5,042.0	4,947.0
〜19歳	—	—	—	—	—
20〜24歳	3,328.7	3,236.9	3,167.6	3,133.4	3,073.4
25〜29歳	4,187.7	3,923.0	3,864.4	3,837.5	3,816.8
30〜34歳	4,770.2	4,500.0	4,388.3	4,385.2	4,294.3
35〜39歳	5,540.1	4,930.6	4,908.6	4,927.8	4,835.0
40〜44歳	5,987.4	5,444.7	5,478.7	5,370.9	5,398.0
45〜49歳	6,491.9	6,070.6	6,103.4	6,090.2	6,091.9
50〜54歳	7,399.8	6,569.5	6,526.0	6,459.7	6,358.8
55〜59歳	7,356.7	6,539.1	6,362.7	6,315.1	6,069.9
60〜64歳	4,840.0	4,439.5	4,383.0	4,264.8	4,431.3
65〜69歳	4,041.4	3,836.0	3,537.2	3,569.5	3,654.9
70歳〜	3,784.2	3,091.2	3,463.3	3,302.0	4,479.8
（大学・大学院）					
全年齢	—	6,714.6	6,689.3	6,606.6	6,626.1
〜19歳	—	—	—	—	—
20〜24歳	—	3,412.9	3,425.8	3,360.2	3,334.8
25〜29歳	—	4,588.0	4,529.9	4,471.6	4,470.2
30〜34歳	—	5,629.4	5,586.0	5,563.5	5,546.0
35〜39歳	—	6,480.1	6,435.9	6,310.9	6,365.8
40〜44歳	—	7,249.0	7,199.2	7,159.2	7,202.2
45〜49歳	—	7,993.0	8,181.9	8,165.0	8,331.2
50〜54歳	—	9,025.7	8,963.4	8,897.4	8,828.3
55〜59歳	—	8,665.3	8,552.2	8,338.7	8,355.9
60〜64歳	—	5,932.7	5,753.9	5,601.0	5,673.5
65〜69歳	—	5,302.7	5,317.1	5,335.2	5,602.2
70歳〜	—	5,428.3	6,052.0	6,244.8	5,910.4
大学					
全年齢	6,379.3	—	—	—	—
〜19歳	—	—	—	—	—

	令和2年	令和元年	平成30年	平成29年	平成28年
20～24歳	3,340.7	―	―	―	―
25～29歳	4,404.9	―	―	―	―
30～34歳	5,234.9	―	―	―	―
35～39歳	6,103.5	―	―	―	―
40～44歳	6,876.1	―	―	―	―
45～49歳	7,586.4	―	―	―	―
50～54歳	8,690.1	―	―	―	―
55～59歳	8,356.1	―	―	―	―
60～64歳	5,692.2	―	―	―	―
65～69歳	4,905.1	―	―	―	―
70歳～	4,838.3	―	―	―	―
大学院		―	―	―	―
全年齢	7,910.5	―	―	―	―
～19歳	-	―	―	―	―
20～24歳	3,150.3	―	―	―	―
25～29歳	4,823.5	―	―	―	―
30～34歳	5,988.8	―	―	―	―
35～39歳	7,669.6	―	―	―	―
40～44歳	8,605.1	―	―	―	―
45～49歳	9,511.4	―	―	―	―
50～54歳	10,778.3	―	―	―	―
55～59歳	11,775.1	―	―	―	―
60～64歳	9,748.9	―	―	―	―
65～69歳	9,042.8	―	―	―	―
70歳～	10,263.9	―	―	―	―
不明		―	―	―	―
全年齢	4,220.1	―	―	―	―
～19歳	2,241.7	―	―	―	―
20～24歳	2,746.8	―	―	―	―
25～29歳	3,229.1	―	―	―	―
30～34歳	3,682.2	―	―	―	―
35～39歳	4,200.7	―	―	―	―
40～44歳	4,818.8	―	―	―	―
45～49歳	5,190.6	―	―	―	―
50～54歳	5,065.4	―	―	―	―
55～59歳	4,950.1	―	―	―	―
60～64歳	3,722.9	―	―	―	―
65～69歳	3,199.7	―	―	―	―
70歳～	2,895.6	―	―	―	―

㊟　令和2年調査より最終学歴の学歴区分が，4区分（中学卒，高校卒，高専・短大卒，大学・大学院卒）から変更されている。

③　産業計・企業規模計・女性労働者

（単位千円）

	令和2年	令和元年	平成30年	平成29年	平成28年
学歴計					
全年齢	3,819.2	3,880.1	3,826.3	3,778.2	3,762.3
〜19歳	2,294.3	2,344.4	2,348.6	2,266.1	2,262.3
20〜24歳	3,008.5	3,064.3	3,049.8	2,970.2	2,912.2
25〜29歳	3,598.8	3,675.5	3,623.2	3,538.1	3,529.6
30〜34歳	3,778.0	3,871.5	3,816.2	3,765.5	3,796.7
35〜39歳	3,973.9	3,987.4	3,945.5	3,925.8	3,929.2
40〜44歳	4,117.0	4,194.8	4,117.6	4,081.0	4,078.6
45〜49歳	4,192.2	4,271.5	4,213.3	4,172.9	4,185.0
50〜54歳	4,210.8	4,303.8	4,220.7	4,170.2	4,176.5
55〜59歳	4,104.0	4,124.1	4,118.2	4,030.7	3,975.9
60〜64歳	3,345.7	3,353.8	3,243.8	3,250.8	3,138.4
65〜69歳	2,953.4	2,998.5	2,924.1	3,041.4	2,939.2
70歳〜	2,971.5	2,945.6	2,962.2	3,170.9	3,014.8
中学					
全年齢	2,778.2	2,778.8	2,736.8	2,679.1	2,638.7
〜19歳	2,289.8	2,069.8	2,026.8	2,109.8	1,965.6
20〜24歳	2,238.0	2,391.4	2,443.1	2,325.5	2,299.8
25〜29歳	2,607.2	2,694.0	2,775.1	2,541.1	2,433.8
30〜34歳	2,891.7	2,633.9	2,818.2	2,508.1	2,520.6
35〜39歳	2,935.2	2,885.1	2,991.2	2,693.2	2,788.3
40〜44歳	2,922.2	2,980.9	2,976.2	2,933.5	2,864.8
45〜49歳	3,188.7	3,087.3	3,010.8	3,023.5	3,098.4
50〜54歳	3,064.4	3,080.9	3,107.4	3,190.6	3,037.9
55〜59歳	3,197.2	3,038.2	2,994.9	2,925.9	2,882.6
60〜64歳	2,556.3	2,598.0	2,547.6	2,481.2	2,414.4
65〜69歳	2,357.5	2,518.5	2,292.3	2,375.9	2,299.7
70歳〜	2,257.4	2,433.0	2,156.9	2,369.9	2,406.9
高校					
全年齢	3,209.5	3,201.6	3,175.1	3,137.6	3,092.8
〜19歳	2,290.8	2,351.8	2,357.2	2,271.8	2,270.8
20〜24歳	2,799.6	2,802.1	2,774.5	2,749.4	2,672.9
25〜29歳	2,942.8	2,933.6	2,921.5	2,888.6	2,852.1
30〜34歳	3,022.6	3,010.3	2,987.9	2,968.9	2,929.2
35〜39歳	3,179.8	3,123.7	3,102.5	3,125.9	3,106.9
40〜44歳	3,301.1	3,322.8	3,292.6	3,270.0	3,263.1
45〜49歳	3,528.3	3,504.5	3,466.3	3,367.6	3,304.1
50〜54歳	3,521.0	3,517.5	3,468.5	3,438.6	3,433.2
55〜59歳	3,457.6	3,460.8	3,487.0	3,395.0	3,298.1
60〜64歳	2,914.2	2,862.2	2,772.7	2,797.3	2,711.0
65〜69歳	2,646.6	2,662.1	2,608.5	2,702.0	2,712.3
70歳〜	2,770.4	2,649.8	2,758.1	2,871.0	2,787.9

	令和2年	令和元年	平成30年	平成29年	平成28年
専門学校					
全年齢	4,006.5	—	—	—	—
～19歳	—	—	—	—	—
20～24歳	3,090.5	—	—	—	—
25～29歳	3,547.4	—	—	—	—
30～34歳	3,714.1	—	—	—	—
35～39歳	3,913.2	—	—	—	—
40～44歳	4,248.3	—	—	—	—
45～49歳	4,385.9	—	—	—	—
50～54歳	4,395.9	—	—	—	—
55～59歳	4,638.2	—	—	—	—
60～64歳	3,940.8	—	—	—	—
65～69歳	3,522.4	—	—	—	—
70歳～	3,637.2	—	—	—	—
高専・短大					
全年齢	4,004.1	4,065.5	4,023.9	3,943.1	3,968.9
～19歳	—	—	—	—	—
20～24歳	2,990.5	3,086.0	3,050.4	2,932.6	2,902.8
25～29歳	3,500.1	3,589.3	3,479.8	3,426.0	3,403.8
30～34歳	3,631.1	3,730.5	3,719.9	3,650.6	3,666.8
35～39歳	3,861.9	3,938.9	3,950.7	3,912.4	3,953.3
40～44歳	4,150.6	4,250.2	4,222.3	4,165.0	4,265.8
45～49歳	4,381.2	4,522.0	4,504.3	4,420.4	4,521.5
50～54歳	4,558.3	4,640.6	4,578.5	4,515.0	4,566.7
55～59歳	4,435.9	4,558.2	4,539.3	4,471.2	4,560.5
60～64歳	3,600.7	3,754.1	3,747.2	3,817.6	3,738.0
65～69歳	3,484.1	3,469.0	3,523.6	3,493.0	3,356.7
70歳～	4,080.7	3,708.6	3,799.3	4,007.1	3,873.4
（大学・大学院）					
全年齢	—	4,720.4	4,625.9	4,603.3	4,572.3
～19歳	—	—	—	—	—
20～24歳	—	3,277.5	3,278.6	3,202.0	3,149.9
25～29歳	—	4,075.9	4,035.1	3,932.6	3,942.9
30～34歳	—	4,549.2	4,479.8	4,436.1	4,499.5
35～39歳	—	4,888.1	4,833.3	4,808.7	4,799.1
40～44歳	—	5,443.7	5,318.0	5,347.6	5,329.2
45～49歳	—	5,780.4	5,735.1	5,889.3	6,017.0
50～54歳	—	6,376.3	6,277.2	6,053.9	6,181.8
55～59歳	—	6,199.5	6,063.2	5,942.7	5,823.8
60～64歳	—	5,220.8	5,299.2	5,306.2	5,061.7
65～69歳	—	5,362.0	5,187.0	6,429.9	5,504.0
70歳～	—	5,543.0	5,511.4	5,373.7	5,786.7
大学					
全年齢	4,510.8	—	—	—	—
～19歳	—	—	—	—	—

	令和2年	令和元年	平成30年	平成29年	平成28年
20〜24歳	3,223.5	—	—	—	—
25〜29歳	3,974.1	—	—	—	—
30〜34歳	4,394.2	—	—	—	—
35〜39歳	4,769.1	—	—	—	—
40〜44歳	5,009.4	—	—	—	—
45〜49歳	5,405.9	—	—	—	—
50〜54歳	6,073.7	—	—	—	—
55〜59歳	5,910.6	—	—	—	—
60〜64歳	4,552.2	—	—	—	—
65〜69歳	4,636.0	—	—	—	—
70歳〜	4,441.0	—	—	—	—
大学院					
全年齢	6,480.6	—	—	—	—
〜19歳	—	—	—	—	—
20〜24歳	3,127.5	—	—	—	—
25〜29歳	4,433.6	—	—	—	—
30〜34歳	5,258.5	—	—	—	—
35〜39歳	5,958.5	—	—	—	—
40〜44歳	7,284.4	—	—	—	—
45〜49歳	7,915.6	—	—	—	—
50〜54歳	8,922.6	—	—	—	—
55〜59歳	8,812.3	—	—	—	—
60〜64歳	9,055.2	—	—	—	—
65〜69歳	8,997.8	—	—	—	—
70歳〜	10,181.5	—	—	—	—
不明					
全年齢	3,008.4	—	—	—	—
〜19歳	2,347.0	—	—	—	—
20〜24歳	2,577.8	—	—	—	—
25〜29歳	2,902.9	—	—	—	—
30〜34歳	2,876.4	—	—	—	—
35〜39歳	3,091.1	—	—	—	—
40〜44歳	3,223.2	—	—	—	—
45〜49歳	3,280.6	—	—	—	—
50〜54歳	3,210.5	—	—	—	—
55〜59歳	3,168.8	—	—	—	—
60〜64歳	2,644.3	—	—	—	—
65〜69歳	2,453.9	—	—	—	—
70歳〜	2,616.9	—	—	—	—

(注) 令和2年調査より最終学歴の学歴区分が，4区分（中学卒，高校卒，高専・短大卒，大学・大学院卒）から変更されている。

2　係数表

　係数表としては，以下の6種類を添付した。小数第8位まで記載した係数表もあるが，ライプニッツ係数については，小数第4位までを使用することが通例である。いずれの係数表を利用するにしても，平成29年法律第44号による改正前の民法が適用されるのか否かを吟味する必要がある。

　2−1　年別ライプニッツ係数表
　①　法定利率による複利現価表（年3%，年5%）
　②　法定利率による複利年金現価表（年3%，年5%）
　2−2　就労可能年数とライプニッツ係数表
　③　法定利率による複利年金現価表（若年未就労者）（年3%，年5%）
　④　法定利率による複利年金現価表（若年未就労者以外）（年3%，年5%）
　2−3　装具・器具等購入費買替係数表
　⑤　3%ライプニッツ係数による買替係数表
　⑥　5%ライプニッツ係数による買替係数表

　2−2は，若年未就労者とそれ以外の者に分けて，前者については18歳又は22歳から67歳まで就労する場合の，後者については18歳又は22歳から67歳（年長者については平均余命の2分の1）まで就労する場合のライプニッツ係数表（法定利率による複利年金現価表）を掲げた。
　2−3は，例えば，被害者が耐用年数5年の車椅子を必要とし，平均余命まで5年ごとに買い替えることが想定される場合，最初の購入時及び買替時に支出が発生するから，5年ごとのライプニッツ係数（法定利率による複利現価表）を算出し，それを合計する必要があるが，その算出にはかなりの手間がかかる。2−3の表は，耐用年数と買替回数ごとに係数の合計を予め計算したものであり，この表を利用することにより，算出の手間を省くことができる。なお，耐用年数1年の場合は，複利年金現価表に最初の購入分として1を足した値になる。
　買替回数は，通常，装具・器具等を必要とする期間（平均余命）を耐用年数で割った値の小数以下を切り捨てて求めることになる。例えば，30歳の男性が耐用年数5年の車椅子を生涯必要とする場合，令和2年簡易生命表によれば，平

均余命は 52.25 年であるから，52.25÷5≒10.45 となり，30 歳で購入して以降，10 回買い替える必要があり，係数は法定利率が 3％の場合 5.8463 となる。

車椅子が 10 万円であるとすると，求める金額（中間利息控除後の装具・器具購入費）は，10 万円×5.8463＝58 万 4630 円となる。

2－1　年別ライプニッツ係数表

①　法定利率による複利現価表（年 3 ％，年 5 ％）$\dfrac{1}{(1+i)^n}$

n \ i	3%	5%	n \ i	3%	5%
1	0.97087379	0.95238095	35	0.35538340	0.18129029
2	0.94259591	0.90702948	36	0.34503243	0.17265741
3	0.91514166	0.86383760	37	0.33498294	0.16443563
4	0.88848705	0.82270247	38	0.32522615	0.15660536
5	0.86260878	0.78352617	39	0.31575355	0.14914797
6	0.83748426	0.74621540	40	0.30655684	0.14204568
7	0.81309151	0.71068133	41	0.29762800	0.13528160
8	0.78940923	0.67683936	42	0.28895922	0.12883962
9	0.76641673	0.64460892	43	0.28054294	0.12270440
10	0.74409391	0.61391325	44	0.27237178	0.11686133
11	0.72242128	0.58467929	45	0.26443862	0.11129651
12	0.70137988	0.55683742	46	0.25673653	0.10599668
13	0.68095134	0.53032135	47	0.24925876	0.10094921
14	0.66111781	0.50506795	48	0.24199880	0.09614211
15	0.64186195	0.48101710	49	0.23495029	0.09156391
16	0.62316694	0.45811152	50	0.22810708	0.08720373
17	0.60501645	0.43629669	51	0.22146318	0.08305117
18	0.58739461	0.41552065	52	0.21501280	0.07909635
19	0.57028603	0.39573396	53	0.20875029	0.07532986
20	0.55367575	0.37688948	54	0.20267019	0.07174272
21	0.53754928	0.35894236	55	0.19676717	0.06832640
22	0.52189250	0.34184987	56	0.19103609	0.06507276
23	0.50669175	0.32557131	57	0.18547193	0.06197406
24	0.49193374	0.31006791	58	0.18006984	0.05902291
25	0.47760557	0.29530277	59	0.17482508	0.05621230
26	0.46369473	0.28124073	60	0.16973309	0.05353552
27	0.45018906	0.26784832	61	0.16478941	0.05098621
28	0.43707675	0.25509364	62	0.15998972	0.04855830
29	0.42434636	0.24294632	63	0.15532982	0.04624600
30	0.41198676	0.23137745	64	0.15080565	0.04404381
31	0.39998715	0.22035947	65	0.14641325	0.04194648
32	0.38833703	0.20986617	66	0.14214879	0.03994903
33	0.37702625	0.19987254	67	0.13800853	0.03804670
34	0.36604490	0.19035480	68	0.13398887	0.03623495

n＼i	3%	5%	n＼i	3%	5%
69	0.13008628	0.03450948	85	0.08106547	0.01580919
70	0.12629736	0.03286617	86	0.07870434	0.01505637
71	0.12261880	0.03130111	87	0.07641198	0.01433940
72	0.11904737	0.02981058	88	0.07418639	0.01365657
73	0.11557998	0.02839103	89	0.07202562	0.01300626
74	0.11221357	0.02703908	90	0.06992779	0.01238691
75	0.10894521	0.02575150	91	0.06789105	0.01179706
76	0.10577205	0.02452524	92	0.06591364	0.01123530
77	0.10269131	0.02335737	93	0.06399383	0.01070028
78	0.09970030	0.02224512	94	0.06212993	0.01019074
79	0.09679641	0.02118582	95	0.06032032	0.00970547
80	0.09397710	0.02017698	96	0.05856342	0.00924331
81	0.09123990	0.01921617	97	0.05685769	0.00880315
82	0.08858243	0.01830111	98	0.05520164	0.00838395
83	0.08600236	0.01742963	99	0.05359383	0.00798471
84	0.08349743	0.01659965	100	0.05203284	0.00760449

② 法定利率による複利年金現価表（年 3 ％，年 5 ％） $\dfrac{1-(1+i)^{-n}}{i}$

n＼i	3%	5%	n＼i	3%	5%
1	0.97087379	0.95238095	23	16.44360839	13.48857388
2	1.91346970	1.85941043	24	16.93554212	13.79864179
3	2.82861135	2.72324803	25	17.41314769	14.09394457
4	3.71709840	3.54595050	26	17.87684242	14.37518530
5	4.57970719	4.32947667	27	18.32703147	14.64303362
6	5.41719144	5.07569207	28	18.76410823	14.89812726
7	6.23028296	5.78637340	29	19.18845459	15.14107358
8	7.01969219	6.46321276	30	19.60044135	15.37245103
9	7.78610892	7.10782168	31	20.00042849	15.59281050
10	8.53020284	7.72173493	32	20.38876553	15.80267667
11	9.25262411	8.30641422	33	20.76579178	16.00254921
12	9.95400399	8.86325164	34	21.13183668	16.19290401
13	10.63495533	9.39357299	35	21.48722007	16.37419429
14	11.29607314	9.89864094	36	21.83225250	16.54685171
15	11.93793509	10.37965804	37	22.16723544	16.71128734
16	12.56110203	10.83776956	38	22.49246159	16.86789271
17	13.16611847	11.27406625	39	22.80821513	17.01704067
18	13.75351308	11.68958690	40	23.11477197	17.15908635
19	14.32379911	12.08532086	41	23.41239997	17.29436796
20	14.87747486	12.46221034	42	23.70135920	17.42320758
21	15.41502414	12.82115271	43	23.98190213	17.54591198
22	15.93691664	13.16300258	44	24.25427392	17.66277331

n \ i	3%	5%	n \ i	3%	5%
45	24.51871254	17.77406982	73	29.48066750	19.43217937
46	24.77544907	17.88006650	74	29.59288107	19.45921845
47	25.02470783	17.98101571	75	29.70182628	19.48496995
48	25.26670664	18.07715782	76	29.80759833	19.50949519
49	25.50165693	18.16872173	77	29.91028964	19.53285257
50	25.72976401	18.25592546	78	30.00998994	19.55509768
51	25.95122719	18.33897663	79	30.10678635	19.57628351
52	26.16623999	18.41807298	80	30.20076345	19.59646048
53	26.37499028	18.49340284	81	30.29200335	19.61567665
54	26.57766047	18.56514556	82	30.38058577	19.63397776
55	26.77442764	18.63347196	83	30.46658813	19.65140739
56	26.96546373	18.69854473	84	30.55008556	19.66800704
57	27.15093566	18.76051879	85	30.63115103	19.68381623
58	27.33100549	18.81954170	86	30.70985537	19.69887260
59	27.50583058	18.87575400	87	30.78626735	19.71321200
60	27.67556367	18.92928953	88	30.86045374	19.72686857
61	27.84035307	18.98027574	89	30.93247936	19.73987483
62	28.00034279	19.02883404	90	31.00240714	19.75226174
63	28.15567261	19.07508003	91	31.07029820	19.76405880
64	28.30647826	19.11912384	92	31.13621184	19.77529410
65	28.45289152	19.16107033	93	31.20020567	19.78599438
66	28.59504031	19.20101936	94	31.26233560	19.79618512
67	28.73304884	19.23906606	95	31.32265592	19.80589059
68	28.86703771	19.27530101	96	31.38121934	19.81513390
69	28.99712399	19.30981048	97	31.43807703	19.82393705
70	29.12342135	19.34267665	98	31.49327867	19.83232100
71	29.24604015	19.37397776	99	31.54687250	19.84030571
72	29.36508752	19.40378834	100	31.59890534	19.84791020

2—2　就労可能年数とライプニッツ係数表
③　法定利率による複利年金現価表（若年未就労者）（年3％, 年5％）

18歳から67歳まで就労する場合

年齢	3%	5%	年齢	3%	5%
0	14.97953576	7.54947915	9	19.54489657	11.71172003
1	15.42892184	7.92695311	10	20.13124347	12.29730603
2	15.89178949	8.32330077	11	20.73518077	12.91217133
3	16.36854318	8.73946580	12	21.35723620	13.55777989
4	16.85959947	9.17643909	13	21.99795328	14.23566889
5	17.36538746	9.63526105	14	22.65789188	14.94745233
6	17.88634908	10.11702410	15	23.33762864	15.69482495
7	18.42293955	10.62287531	16	24.03775750	16.47956620
8	18.97562774	11.15401907	17	24.75889022	17.30354451

22歳から67歳まで就労する場合

年齢	3%	5%	年齢	3%	5%
0	12.79613221	6.07606348	11	17.71283961	10.39213051
1	13.18001617	6.37986665	12	18.24422480	10.91173703
2	13.57541666	6.69885998	13	18.79155155	11.45732388
3	13.98267916	7.03380298	14	19.35529809	12.03019008
4	14.40215953	7.38549313	15	19.93595704	12.63169958
5	14.83422432	7.75476779	16	20.53403575	13.26328456
6	15.27925105	8.14250618	17	21.15005682	13.92644879
7	15.73762858	8.54963149	18	21.78455852	14.62277123
8	16.20975744	8.97711306	19	22.43809528	15.35390979
9	16.69605016	9.42596871	20	23.11123814	16.12160528
10	17.19693166	9.89726715	21	23.80457528	16.92768554

④　法定利率による複利年金現価表（若年未就労者以外）（年3％，年5％）

当該年齢から67歳（年長者は平均余命の2分の1）まで就労する場合

年齢	男性 就労可能年数	男性 3%	男性 5%	女性 就労可能年数	女性 3%	女性 5%
18	49	25.50165693	18.16872173	49	25.50165693	18.16872173
19	48	25.26670664	18.07715782	48	25.26670664	18.07715782
20	47	25.02470783	17.98101571	47	25.02470783	17.98101571
21	46	24.77544907	17.88006650	46	24.77544907	17.88006650
22	45	24.51871254	17.77406982	45	24.51871254	17.77406982
23	44	24.25427392	17.66277331	44	24.25427392	17.66277331
24	43	23.98190213	17.54591198	43	23.98190213	17.54591198
25	42	23.70135920	17.42320758	42	23.70135920	17.42320758
26	41	23.41239997	17.29436796	41	23.41239997	17.29436796
27	40	23.11477197	17.15908635	40	23.11477197	17.15908635
28	39	22.80821513	17.01704067	39	22.80821513	17.01704067
29	38	22.49246159	16.86789271	38	22.49246159	16.86789271
30	37	22.16723544	16.71128734	37	22.16723544	16.71128734
31	36	21.83225250	16.54685171	36	21.83225250	16.54685171
32	35	21.48722007	16.37419429	35	21.48722007	16.37419429
33	34	21.13183668	16.19290401	34	21.13183668	16.19290401
34	33	20.76579178	16.00254921	33	20.76579178	16.00254921
35	32	20.38876553	15.80267667	32	20.38876553	15.80267667
36	31	20.00042849	15.59281050	31	20.00042849	15.59281050
37	30	19.60044135	15.37245103	30	19.60044135	15.37245103
38	29	19.18845459	15.14107358	29	19.18845459	15.14107358
39	28	18.76410823	14.89812726	28	18.76410823	14.89812726
40	27	18.32703147	14.64303362	27	18.32703147	14.64303362
41	26	17.87684242	14.37518530	26	17.87684242	14.37518530
42	25	17.41314769	14.09394457	25	17.41314769	14.09394457
43	24	16.93554212	13.79864179	24	16.93554212	13.79864179
44	23	16.44360839	13.48857388	23	16.44360839	13.48857388
45	22	15.93691664	13.16300258	22	15.93691664	13.16300258
46	21	15.41502414	12.82115271	21	15.41502414	12.82115271
47	20	14.87747486	12.46221034	20	14.87747486	12.46221034
48	19	14.32379911	12.08532086	19	14.87747486	12.46221034
49	18	13.75351308	11.68958690	19	14.32379911	12.08532086
50	17	13.16611847	11.27406625	19	14.32379911	12.08532086
51	16	12.56110203	10.83776956	18	13.75351308	11.68958690
52	15	11.93793509	10.37965804	18	13.75351308	11.68958690
53	15	11.93793509	10.37965804	17	13.16611847	11.27406625
54	14	11.29607314	9.89864094	17	13.16611847	11.27406625
55	14	11.29607314	9.89864094	16	12.56110203	10.83776956
56	13	10.63495533	9.39357299	16	12.56110203	10.83776956
57	13	10.63495533	9.39357299	16	12.56110203	10.83776956
58	12	9.95400399	8.86325164	15	11.93793509	10.37965804
59	12	9.95400399	8.86325164	15	11.93793509	10.37965804
60	12	9.95400399	8.86325164	14	11.29607314	9.89864094
61	11	9.25262411	8.30641422	14	11.29607314	9.89864094
62	11	9.25262411	8.30641422	13	10.63495533	9.39357299
63	10	8.53020284	7.72173493	13	10.63495533	9.39357299
64	10	8.53020284	7.72173493	12	9.95400399	8.86325164
65	9	7.78610892	7.10782168	12	9.95400399	8.86325164
66	9	7.78610892	7.10782168	11	9.25262411	8.30641422
67	9	7.78610892	7.10782168	11	9.25262411	8.30641422
68	8	7.01969219	6.46321276	11	9.25262411	8.30641422
69	8	7.01969219	6.46321276	10	8.53020284	7.72173493
70	8	7.01969219	6.46321276	10	8.53020284	7.72173493
71	7	6.23028296	5.78637340	9	7.78610892	7.10782168
72	7	6.23028296	5.78637340	9	7.78610892	7.10782168
73	6	5.41719144	5.07569207	8	7.01969219	6.46321276
74	6	5.41719144	5.07569207	8	7.01969219	6.46321276
75	6	5.41719144	5.07569207	8	7.01969219	6.46321276
76	5	4.57970719	4.32947667	7	6.23028296	5.78637340
77	5	4.57970719	4.32947667	7	6.23028296	5.78637340
78	5	4.57970719	4.32947667	6	5.41719144	5.07569207
79	4	3.71709840	3.54595050	6	5.41719144	5.07569207
80	4	3.71709840	3.54595050	6	5.41719144	5.07569207
81	4	3.71709840	3.54595050	5	4.57970719	4.32947667
82	4	3.71709840	3.54595050	5	4.57970719	4.32947667
83	3	2.82861135	2.72324803	5	4.57970719	4.32947667
84	3	2.82861135	2.72324803	4	3.71709840	3.54595050
85	3	2.82861135	2.72324803	4	3.71709840	3.54595050
86	3	2.82861135	2.72324803	4	3.71709840	3.54595050
87	2	1.91346970	1.85941043	3	2.82861135	2.72324803
88	2	1.91346970	1.85941043	3	2.82861135	2.72324803
89	2	1.91346970	1.85941043	3	2.82861135	2.72324803
90	2	1.91346970	1.85941043	2	1.91346970	1.85941043
91	2	1.91346970	1.85941043	2	1.91346970	1.85941043
92	1	0.97087379	0.95238095	2	1.91346970	1.85941043
93	1	0.97087379	0.95238095	2	1.91346970	1.85941043
94	1	0.97087379	0.95238095	2	1.91346970	1.85941043
95	1	0.97087379	0.95238095	1	0.97087379	0.95238095
96	1	0.97087379	0.95238095	1	0.97087379	0.95238095
97	1	0.97087379	0.95238095	1	0.97087379	0.95238095
98	1	0.97087379	0.95238095	1	0.97087379	0.95238095
99	1	0.97087379	0.95238095	1	0.97087379	0.95238095

(注)　1　就労可能年数は，67歳までの年数と平均余命の2分の1（小数点以下は切り捨て。）を比較して長い方の期間とする。
　　　2　平均余命は，第23回生命表（令和2年）による。

2-3　装具・器具等購入費買替係数表

⑤　3%ライプニッツ係数による買替係数表（買替回数は最初の購入を含まない）

$$\frac{1-(1+3\%)^{-m(n+1)}}{1-(1+3\%)^{-m}}$$

耐用年数（m）

	1	2	3	4	5	6	7
1	1.97087379	1.94259591	1.91514166	1.88848705	1.86260878	1.83748426	1.81309151
2	2.91346970	2.83108296	2.75262592	2.67789628	2.60670270	2.53886414	2.47420932
3	3.82861135	3.66856721	3.51904265	3.37927616	3.24856465	3.12625874	3.01175859
4	4.71709840	4.45797645	4.22042253	4.00244310	3.80224040	3.61819248	3.44883535
5	5.57970719	5.20207036	4.86228448	4.55611886	4.27984597	4.03017924	3.80421874
6	6.41719144	5.90345024	5.44967908	5.04805259	4.69183273	4.37521167	4.09317797
7	7.23028296	6.56456805	5.98722836	5.48512935	5.04721613	4.66417089	4.32812826
8	8.01969219	7.18773499	6.47916210	5.87346638	5.35377297	4.90616969	4.51916435
9	8.78610892	7.77512960	6.92935115	6.21849880	5.61821159	5.10883988	4.67449417
10	9.53020284	8.32880535	7.34133791	6.52505565	5.84631867	5.27857297	4.80079153
11	10.25262411	8.85069785	7.71836416	6.79742743	6.04308584	5.42072176	4.90348284
12	10.95400399	9.34263159	8.06339658	7.03942623	6.21281893	5.53976913	4.98698027
13	11.63495533	9.80632631	8.37915013	7.25443903	6.35923219	5.63946943	
14	12.29607314	10.24340307	8.66810935	7.44547512	6.48552955	5.72296687	
15	12.93793509	10.65538983	8.93254798	7.61520821	6.59447476		
16	13.56110203	11.04372686	9.17454678	7.76601386	6.68845185		
17	14.16611847	11.40977176	9.39600996	7.90000273	6.76951732		
18	14.75351308	11.75480419	9.59868015	8.01905010			
19	15.32379911	12.08003034	9.78415208	8.12482215			
20	15.87747486	12.38658718	9.95388517	8.21879925			
21	16.41502414	12.67554640	10.10921499	8.30229668			
22	16.93691664	12.94791819	10.25136378				
23	17.44360839	13.20465471	10.38145006				
24	17.93554212	13.44665351	10.50049744				
25	18.41314769	13.67476059	10.60944265				
26	18.87684242	13.88977339	10.70914295				
27	19.32703147	14.09244358	10.80038285				
28	19.76410823	14.28347967	10.88388028				
29	20.18845459	14.46354950					
30	20.60044135	14.63328259					
31	21.00042849	14.79327231					
32	21.38876553	14.94407796					
33	21.76579178	15.08622675					
34	22.13183668	15.22021562					
35	22.48722007	15.34651298					
36	22.83225250	15.46556036					
37	23.16723544	15.57777392					
38	23.49246159	15.68354597					
39	23.80821513	15.78324628					
40	24.11477197	15.87722337					
41	24.41239997	15.96580580					
42	24.70135920	16.04930323					
43	24.98190213	16.12800757					

買替回数（n）

耐用年数（m）

	8	9	10	11	12	13	14
1	1.78940923	1.76641673	1.74409391	1.72242128	1.70137988	1.68095134	1.66111781
2	2.41257617	2.35381134	2.29776967	2.24431378	2.19331362	2.14464607	2.09819456
3	2.90450991	2.80400040	2.70975643	2.62134002	2.53834604	2.46039961	2.38715378
4	3.29284694	3.14903282	3.01631327	2.89371181	2.78034484	2.67541241	2.57818987
5	3.59940378	3.41347144	3.24442035	3.09047898	2.95007793	2.82182567	2.70448723
6	3.84140259	3.61614163	3.41415344	3.23262777	3.06912531	2.92152597	2.78798466
7	4.03243867	3.77147145	3.54045080	3.33531908	3.15262274		
8	4.18324433	3.89051883	3.63442790				
9	4.30229170	3.98175873					
10	4.39626880						

買替回数（n）

耐用年数（m）

	15	16	17	18	19	20
1	1.64186195	1.62316694	1.60501645	1.58739461	1.57028603	1.55367575
2	2.05384871	2.01150397	1.97106135	1.93242703	1.89551218	1.86023259
3	2.31828733	2.25350277	2.19252453	2.13509722	2.08098411	2.02996568
4	2.48802042	2.40430843	2.32651340	2.25414459	2.18675616	2.12394278
5	2.59696563	2.49828552	2.40757887			

買替回数（n）

⑥　**5%ライプニッツ係数による買替係数表**（買替回数は最初の購入を含まない）

$$\frac{1-(1+5\%)^{-m(n+1)}}{1-(1+5\%)^{-m}}$$

耐用年数（m）

買替回数 (n)	1	2	3	4	5	6	7
1	1.95238095	1.90702948	1.86383760	1.82270247	1.78352617	1.74621540	1.71068133
2	2.85941043	2.72973195	2.61005300	2.49954184	2.39743942	2.30305281	2.21574928
3	3.72324803	3.47594735	3.25466032	3.05637925	2.87845652	2.71857347	2.57469165
4	4.54595050	4.15278671	3.81149933	3.51449078	3.25534600	3.02864138	2.82978528
5	5.32947667	4.76669997	4.29251643	3.89138026	3.55064877	3.26001883	3.01107557
6	6.07569207	5.32353738	4.70803708	4.20144817	3.78202622	3.43267624	3.13991519
7	6.78637340	5.82860534	5.06697945	4.45654181	3.96331651	3.56151586	3.23147910
8	7.46321276	6.28671686	5.37704736	4.66640797	4.10536219	3.65765797	3.29655187
9	8.10782168	6.70223751	5.64489568	4.83906539	4.21665870	3.72940070	3.34279787
10	8.72173493	7.07912700	5.87627313	4.98111107	4.30386242	3.78293622	3.37566403
11	9.30641422	7.42097687	6.07614566	5.09797241	4.37218883	3.82288525	3.39902141
12	9.86325164	7.73104478	6.24880308	5.19411451	4.42572435	3.85269583	3.41562105
13	10.39357299	8.01228551	6.39795105	5.27321087	4.46767083	3.87494095	
14	10.89864094	8.26737915	6.52679067	5.33828363	4.50053700	3.89154060	
15	11.37965804	8.49875660	6.63808718	5.39181915	4.52628850		
16	11.83776956	8.70862277	6.73422928	5.43586296	4.54646548		
17	12.27406625	8.89897756	6.81728045	5.47209791	4.56227467		
18	12.68958690	9.07163498	6.88902318	5.50190849			
19	13.08532086	9.22824034	6.95099724	5.52643373			
20	13.46221034	9.37028603	7.00453276	5.54661071			
21	13.82115271	9.49912565	7.05077876	5.56321036			
22	14.16300258	9.61598698	7.09072779				
23	14.48857388	9.72198366	7.12523727				
24	14.79864179	9.81812577	7.15504785				
25	15.09394457	9.90532949	7.18079935				
26	15.37518530	9.98442584	7.20304447				
27	15.64303362	10.05616857	7.22226063				
28	15.89812726	10.12124133	7.23886028				
29	16.14107358	10.18026424					
30	16.37245103	10.23379977					
31	16.59281050	10.28235807					
32	16.80267667	10.32640187					
33	17.00254921	10.36635091					
34	17.19290401	10.40258586					
35	17.37419429	10.43545202					
36	17.54685171	10.46526261					
37	17.71128734	10.49230168					
38	17.86789271	10.51682692					
39	18.01704067	10.53907204					
40	18.15908635	10.55924902					
41	18.29436796	10.57755013					
42	18.42320758	10.59414978					
43	18.54591198	10.60920615					

耐用年数（m）

	8	9	10	11	12	13	14
1	1.67683936	1.64460892	1.61391325	1.58467929	1.55683742	1.53032135	1.50506795
2	2.13495088	2.06012957	1.99080274	1.92652916	1.86690533	1.81156209	1.76016159
3	2.44501879	2.32797789	2.22218019	2.12640170	2.03956274	1.96071005	1.88900121
4	2.65488496	2.50063530	2.36422587	2.24326303	2.13570485	2.03980640	1.95407397
5	2.79693064	2.61193181	2.45142959	2.31158944	2.18924038	2.08175289	1.98694014
6	2.89307275	2.68367454	2.50496512	2.35153847	2.21905096	2.10399800	2.00353979
7	2.95814552	2.72992053	2.53783129	2.37489584	2.23565061		
8	3.00218932	2.75973112	2.55800826				
9	3.03199991	2.77894728					
10	3.05217688						

買替回数（n）

耐用年数（m）

	15	16	17	18	19	20
1	1.48101710	1.45811152	1.43629669	1.41552065	1.39573396	1.37688948
2	1.71239455	1.66797769	1.62665149	1.58817807	1.55233932	1.51893517
3	1.82369106	1.76411980	1.70970266	1.65992079	1.61431338	1.57247069
4	1.87722658	1.80816361	1.74593761	1.68973137	1.63883862	1.59264766
5	1.90297808	1.82834058	1.76174679			

買替回数（n）

3　平均余命表

3−1　厚生労働省「令和 2 年簡易生命表」
3−2　厚生労働省「第 23 回生命表」

　平均余命については，簡易生命表と完全生命表を資料として付けた。

　厚生労働省は，「完全生命表」と「簡易生命表」を作成・公表している。「完全生命表」は，国勢調査による人口（確定数）と人口動態統計（確定数）による死亡数，出生数を基に 5 年に 1 度作成されている。他方，「簡易生命表」は，人口推計による人口（10 月 1 日現在）と人口動態統計月報年計（概数）による死亡数，出生数を基に毎年作成されている。

　交通事故による損害の算定に当たっては，確定的な数値に基づく精密な平均余命が求められているわけではないので，最新のデータを使用するのが相当と思われるが，近年，平均寿命の伸びも止まってきており，いずれを使用するかで差が生じることはなくなってきている。なお，自賠責保険においては完全生命表が使用されている。

3－1　厚生労働省「令和 2 年簡易生命表」

年齢	平均余命		年齢	平均余命		年齢	平均余命	
	男性	女性		男性	女性		男性	女性
0（週）	81.64	87.74	30	52.25	58.20	68	17.69	22.24
1	81.67	87.78	31	51.28	57.21	69	16.93	21.36
2	81.66	87.77	32	50.31	56.23	70	16.18	20.49
3	81.64	87.75	33	49.34	55.25	71	15.45	19.63
4	81.63	87.74	34	48.37	54.26	72	14.73	18.77
2（月）	81.55	87.66	35	47.40	53.28	73	14.01	17.92
3	81.48	87.59	36	46.44	52.30	74	13.32	17.08
6	81.26	87.37	37	45.47	51.32	75	12.63	16.25
0（年）	81.64	87.74	38	44.50	50.35	76	11.96	15.43
1	80.79	86.89	39	43.54	49.37	77	11.30	14.62
2	79.80	85.91	40	42.57	48.40	78	10.66	13.82
3	78.82	84.92	41	41.61	47.43	79	10.03	13.04
4	77.83	83.93	42	40.66	46.46	80	9.42	12.28
5	76.83	82.93	43	39.70	45.49	81	8.82	11.53
6	75.84	81.94	44	38.75	44.52	82	8.25	10.81
7	74.84	80.94	45	37.80	43.56	83	7.69	10.10
8	73.85	79.95	46	36.86	42.60	84	7.17	9.42
9	72.85	78.95	47	35.92	41.64	85	6.67	8.76
10	71.85	77.96	48	34.98	40.68	86	6.19	8.13
11	70.86	76.96	49	34.05	39.73	87	5.75	7.53
12	69.86	75.97	50	33.12	38.78	88	5.33	6.96
13	68.87	74.97	51	32.20	37.84	89	4.95	6.42
14	67.88	73.98	52	31.29	36.90	90	4.59	5.92
15	66.89	72.98	53	30.38	35.96	91	4.26	5.45
16	65.90	71.99	54	29.48	35.03	92	3.95	5.00
17	64.91	71.00	55	28.58	34.09	93	3.65	4.58
18	63.93	70.01	56	27.69	33.16	94	3.37	4.19
19	62.95	69.03	57	26.81	32.23	95	3.10	3.82
20	61.97	68.04	58	25.94	31.31	96	2.85	3.48
21	61.00	67.06	59	25.07	30.38	97	2.62	3.16
22	60.03	66.07	60	24.21	29.46	98	2.40	2.88
23	59.06	65.09	61	23.36	28.54	99	2.20	2.61
24	58.09	64.10	62	22.52	27.63	100	2.01	2.37
25	57.12	63.12	63	21.68	26.72	101	1.84	2.15
26	56.15	62.13	64	20.86	25.82	102	1.68	1.95
27	55.17	61.15	65	20.05	24.91	103	1.53	1.77
28	54.20	60.17	66	19.25	24.02	104	1.39	1.60
29	53.23	59.18	67	18.46	23.13	105〜	1.26	1.45

3-2　厚生労働省「第23回生命表」

年齢	平均余命		年齢	平均余命		年齢	平均余命	
	男性	女性		男性	女性		男性	女性
0 (週)	81.56	87.71	33	49.27	55.21	74	13.23	17.05
1	81.60	87.75	34	48.30	54.23	75	12.54	16.22
2	81.58	87.74	35	47.33	53.25	76	11.87	15.40
3	81.57	87.72	36	46.36	52.27	77	11.22	14.59
4	81.55	87.71	37	45.40	51.29	78	10.58	13.79
2 (月)	81.48	87.63	38	44.43	50.31	79	9.95	13.01
3	81.41	87.56	39	43.46	49.34	80	9.34	12.25
6	81.18	87.33	40	42.50	48.37	81	8.74	11.50
0 (年)	81.56	87.71	41	41.54	47.39	82	8.17	10.77
1	80.71	86.86	42	40.58	46.42	83	7.62	10.07
2	79.73	85.88	43	39.62	45.45	84	7.09	9.38
3	78.74	84.89	44	38.67	44.49	85	6.59	8.73
4	77.75	83.90	45	37.72	43.52	86	6.11	8.10
5	76.76	82.90	46	36.78	42.56	87	5.66	7.49
6	75.76	81.91	47	35.84	41.60	88	5.24	6.91
7	74.77	80.91	48	34.90	40.65	89	4.85	6.37
8	73.77	79.92	49	33.97	39.70	90	4.49	5.85
9	72.78	78.92	50	33.04	38.75	91	4.15	5.37
10	71.78	77.93	51	32.12	37.80	92	3.83	4.92
11	70.78	76.93	52	31.21	36.86	93	3.55	4.50
12	69.79	75.93	53	30.30	35.92	94	3.29	4.12
13	68.79	74.94	54	29.40	34.99	95	3.06	3.78
14	67.80	73.95	55	28.50	34.06	96	2.86	3.48
15	66.81	72.95	56	27.61	33.12	97	2.68	3.21
16	65.82	71.96	57	26.73	32.19	98	2.51	2.96
17	64.84	70.97	58	25.85	31.27	99	2.35	2.73
18	63.86	69.98	59	24.98	30.35	100	2.21	2.53
19	62.88	69.00	60	24.12	29.42	101	2.07	2.34
20	61.90	68.01	61	23.27	28.51	102	1.95	2.17
21	60.93	67.02	62	22.43	27.59	103	1.83	2.01
22	59.96	66.04	63	21.60	26.68	104	1.73	1.86
23	58.99	65.06	64	20.78	25.78	105	1.63	1.73
24	58.02	64.07	65	19.97	24.88	106	1.54	1.61
25	57.05	63.09	66	19.16	23.98	107	1.45	1.50
26	56.08	62.10	67	18.37	23.09	108	1.37	1.39
27	55.10	61.12	68	17.60	22.20	109	1.30	1.30
28	54.13	60.13	69	16.84	21.32	110	1.23	1.21
29	53.16	59.15	70	16.09	20.45	111	1.16	1.13
30	52.18	58.17	71	15.36	19.59	112	1.10	1.05
31	51.21	57.18	72	14.63	18.73	113	1.05	0.98
32	50.24	56.20	73	13.92	17.89	114		0.92

4　後遺障害別等級表等

①　自動車損害賠償保障法施行令別表（後遺障害別等級表）
②　労働者災害補償保険法施行規則別表
③　身体障害者福祉法施行規則別表

　①は，自賠責保険で使用されている後遺障害等級表である。平成23年政令第116号による改正後のものであり，平成22年6月10日以降に発生した事故に適用される。自賠責保険を対象としたものであるが，交通事故による損害の算定に当たっても広く用いられている。

　②は，労災保険で使用されているものであり，令和2年厚生労働省令第141号による改正後のものを掲げた。民事交通損害賠償の場面でも，労災保険における障害等級認定が参考とされることがあるため，第4版では資料として掲げることとした。なお，例えば，「局部にがん固な神経症状を残すもの」は，①では12級13号であるが，②では12級の12であるなど，異なる部分があるので，注意が必要である。

　③は，民事交通損害賠償の場面でも，身体障害の程度が問題となることがあるため，第4版では資料として掲げることとした。③は，平成30年厚生労働省令第63号による改正後のものである。

①　自動車損害賠償保障法施行令別表（後遺障害別等級表）

別表第一

等　級	介護を要する後遺障害		保険金額
第1級	1	神経系統の機能又は精神に著しい障害を残し，常に介護を要するもの	4,000万円
	2	胸腹部臓器の機能に著しい障害を残し，常に介護を要するもの	
第2級	1	神経系統の機能又は精神に著しい障害を残し，随時介護を要するもの	3,000万円
	2	胸腹部臓器の機能に著しい障害を残し，随時介護を要するもの	

備考
　各等級の後遺障害に該当しない後遺障害であって，各等級の後遺障害に相当するもの
は，当該等級の後遺障害とする。

別表第二

等　級		後遺障害	保険金額
第1級	1 2 3 4 5 6	両眼が失明したもの 咀嚼（そしゃく）及び言語の機能を廃したもの 両上肢をひじ関節以上で失ったもの 両上肢の用を全廃したもの 両下肢をひざ関節以上で失ったもの 両下肢の用を全廃したもの	3,000万円
第2級	1 2 3 4	1眼が失明し，他眼の視力が0.02以下になったもの 両眼の視力が0.02以下になったもの 両上肢を手関節以上で失ったもの 両下肢を足関節以上で失ったもの	2,590万円
第3級	1 2 3 4 5	1眼が失明し，他眼の視力が0.06以下になったもの 咀嚼（そしゃく）又は言語の機能を廃したもの 神経系統の機能又は精神に著しい障害を残し，終身労務に服することができないもの 胸腹部臓器の機能に著しい障害を残し，終身労務に服することができないもの 両手の手指の全部を失ったもの	2,219万円
第4級	1 2 3 4 5 6 7	両眼の視力が0.06以下になったもの 咀嚼（そしゃく）及び言語の機能に著しい障害を残すもの 両耳の聴力を全く失ったもの 1上肢をひじ関節以上で失ったもの 1下肢をひざ関節以上で失ったもの 両手の手指の全部の用を廃したもの 両足をリスフラン関節以上で失ったもの	1,889万円
第5級	1 2 3 4 5 6 7 8	1眼が失明し，他眼の視力が0.1以下になったもの 神経系統の機能又は精神に著しい障害を残し，特に軽易な労務以外の労務に服することができないもの 胸腹部臓器の機能に著しい障害を残し，特に軽易な労務以外の労務に服することができないもの 1上肢を手関節以上で失ったもの 1下肢を足関節以上で失ったもの 1上肢の用を全廃したもの 1下肢の用を全廃したもの 両足の足指の全部を失ったもの	1,574万円
第6級	1 2 3	両眼の視力が0.1以下になったもの 咀嚼（そしゃく）又は言語の機能に著しい障害を残すもの 両耳の聴力が耳に接しなければ大声を解することができない程度になったもの	1,296万円

第6級	4	1耳の聴力を全く失い，他耳の聴力が40センチメートル以上の距離では普通の話声を解することができない程度になったもの	
	5	脊（せき）柱に著しい変形又は運動障害を残すもの	
	6	1上肢の3大関節中の2関節の用を廃したもの	
	7	1下肢の3大関節中の2関節の用を廃したもの	
	8	1手の5の手指又はおや指を含み4の手指を失ったもの	
第7級	1	1眼が失明し，他眼の視力が0.6以下になったもの	1,051万円
	2	両耳の聴力が40センチメートル以上の距離では普通の話声を解することができない程度になったもの	
	3	1耳の聴力を全く失い，他耳の聴力が1メートル以上の距離では普通の話声を解することができない程度になったもの	
	4	神経系統の機能又は精神に障害を残し，軽易な労務以外の労務に服することができないもの	
	5	胸腹部臓器の機能に障害を残し，軽易な労務以外の労務に服することができないもの	
	6	1手のおや指を含み3の手指を失ったもの又はおや指以外の4の手指を失ったもの	
	7	1手の5の手指又はおや指を含み4の手指の用を廃したもの	
	8	1足をリスフラン関節以上で失ったもの	
	9	1上肢に偽関節を残し，著しい運動障害を残すもの	
	10	1下肢に偽関節を残し，著しい運動障害を残すもの	
	11	両足の足指の全部の用を廃したもの	
	12	外貌に著しい醜状を残すもの	
	13	両側の睾（こう）丸を失ったもの	
第8級	1	1眼が失明し，又は1眼の視力が0.02以下になったもの	819万円
	2	脊（せき）柱に運動障害を残すもの	
	3	1手のおや指を含み2の手指を失ったもの又はおや指以外の3の手指を失ったもの	
	4	1手のおや指を含み3の手指の用を廃したもの又はおや指以外の4の手指の用を廃したもの	
	5	1下肢を5センチメートル以上短縮したもの	
	6	1上肢の3大関節中の1関節の用を廃したもの	
	7	1下肢の3大関節中の1関節の用を廃したもの	
	8	1上肢に偽関節を残すもの	
	9	1下肢に偽関節を残すもの	
	10	1足の足指の全部を失ったもの	
第9級	1	両眼の視力が0.6以下になったもの	616万円
	2	1眼の視力が0.06以下になったもの	
	3	両眼に半盲症，視野狭窄（さく）又は視野変状を残すもの	
	4	両眼のまぶたに著しい欠損を残すもの	
	5	鼻を欠損し，その機能に著しい障害を残すもの	
	6	咀嚼（そしゃく）及び言語の機能に障害を残すもの	

第9級	7	両耳の聴力が1メートル以上の距離では普通の話声を解することができない程度になったもの	616万円
	8	1耳の聴力が耳に接しなければ大声を解することができない程度になり，他耳の聴力が1メートル以上の距離では普通の話声を解することが困難である程度になったもの	
	9	1耳の聴力を全く失ったもの	
	10	神経系統の機能又は精神に障害を残し，服することができる労務が相当な程度に制限されるもの	
	11	胸腹部臓器の機能に障害を残し，服することができる労務が相当な程度に制限されるもの	
	12	1手のおや指又はおや指以外の2の手指を失ったもの	
	13	1手のおや指を含み2の手指の用を廃したもの又はおや指以外の3の手指の用を廃したもの	
	14	1足の第1の足指を含み2以上の足指を失ったもの	
	15	1足の足指の全部の用を廃したもの	
	16	外貌に相当程度の醜状を残すもの	
	17	生殖器に著しい障害を残すもの	
第10級	1	1眼の視力が0.1以下になったもの	461万円
	2	正面を見た場合に複視の症状を残すもの	
	3	咀嚼（そしゃく）又は言語の機能に障害を残すもの	
	4	14歯以上に対し歯科補綴（てつ）を加えたもの	
	5	両耳の聴力が1メートル以上の距離では普通の話声を解することが困難である程度になったもの	
	6	1耳の聴力が耳に接しなければ大声を解することができない程度になったもの	
	7	1手のおや指又はおや指以外の2の手指の用を廃したもの	
	8	1下肢を3センチメートル以上短縮したもの	
	9	1足の第1の足指又は他の4の足指を失ったもの	
	10	1上肢の3大関節中の1関節の機能に著しい障害を残すもの	
	11	1下肢の3大関節中の1関節の機能に著しい障害を残すもの	
第11級	1	両眼の眼球に著しい調節機能障害又は運動障害を残すもの	331万円
	2	両眼のまぶたに著しい運動障害を残すもの	
	3	1眼のまぶたに著しい欠損を残すもの	
	4	10歯以上に対し歯科補綴（てつ）を加えたもの	
	5	両耳の聴力が1メートル以上の距離では小声を解することができない程度になったもの	
	6	1耳の聴力が40センチメートル以上の距離では普通の話声を解することができない程度になったもの	
	7	脊（せき）柱に変形を残すもの	
	8	1手のひとさし指，なか指又はくすり指を失ったもの	
	9	1足の第1の足指を含み2以上の足指の用を廃したもの	
	10	胸腹部臓器の機能に障害を残し，労務の遂行に相当な程度の支障があるもの	

第12級	1	1眼の眼球に著しい調節機能障害又は運動障害を残すもの	224万円
	2	1眼のまぶたに著しい運動障害を残すもの	
	3	7歯以上に対し歯科補綴を加えたもの	
	4	1耳の耳殻の大部分を欠損したもの	
	5	鎖骨，胸骨，ろく骨，けんこう骨又は骨盤骨に著しい変形を残すもの	
	6	1上肢の3大関節中の1関節の機能に障害を残すもの	
	7	1下肢の3大関節中の1関節の機能に障害を残すもの	
	8	長管骨に変形を残すもの	
	9	1手のこ指を失ったもの	
	10	1手のひとさし指，なか指又はくすり指の用を廃したもの	
	11	1足の第2の足指を失ったもの，第2の足指を含み2の足指を失ったもの又は第3の足指以下の3の足指を失ったもの	
	12	1足の第1の足指又は他の4の足指の用を廃したもの	
	13	局部に頑固な神経症状を残すもの	
	14	外貌に醜状を残すもの	
第13級	1	1眼の視力が0.6以下になったもの	139万円
	2	正面以外を見た場合に複視の症状を残すもの	
	3	1眼に半盲症，視野狭窄（さく）又は視野変状を残すもの	
	4	両眼のまぶたの一部に欠損を残し又はまつげはげを残すもの	
	5	5歯以上に対し歯科補綴（てつ）を加えたもの	
	6	1手のこ指の用を廃したもの	
	7	1手のおや指の指骨の一部を失ったもの	
	8	1下肢を1センチメートル以上短縮したもの	
	9	1足の第3の足指以下の1又は2の足指を失ったもの	
	10	1足の第2の足指の用を廃したもの，第2の足指を含み2の足指の用を廃したもの又は第3の足指以下の3の足指の用を廃したもの	
	11	胸腹部臓器の機能に障害を残すもの	
第14級	1	1眼のまぶたの一部に欠損を残し又はまつげはげを残すもの	75万円
	2	3歯以上に対し歯科補綴（てつ）を加えたもの	
	3	1耳の聴力が1メートル以上の距離では小声を解することができない程度になったもの	
	4	上肢の露出面にてのひらの大きさの醜いあとを残すもの	
	5	下肢の露出面にてのひらの大きさの醜いあとを残すもの	
	6	1手のおや指以外の手指の指骨の一部を失ったもの	
	7	1手のおや指以外の手指の遠位指節間関節を屈伸することができなくなったもの	
	8	1足の第3の足指以下の1又は2の足指の用を廃したもの	
	9	局部に神経症状を残すもの	

備考
① 　視力の測定は，万国式試視力表による。屈折異状のあるものについては，矯正視力について測定する。
② 　手指を失ったものとは，おや指は指節間関節，その他の手指は近位指節間関節以上を失ったものをいう。
③ 　手指の用を廃したものとは，手指の末節骨の半分以上を失い，又は中手指節関節若しくは近位指節間関節（おや指にあっては，指節間関節）に著しい運動障害を残すものをいう。
④ 　足指を失ったものとは，その全部を失ったものをいう。
⑤ 　足指の用を廃したものとは，第1の足指は末節骨の半分以上，その他の足指は遠位指節間関節以上を失ったもの又は中足指節関節若しくは近位指節間関節（第1の足指にあっては，指節間関節）に著しい運動障害を残すものをいう。
⑥ 　各等級の後遺障害に該当しない後遺障害であって，各等級の後遺障害に相当するものは，当該等級の後遺障害とする。

(注1)　自動車損害賠償保障法施行令2条1項3号
① 　後遺障害が2以上存する場合における後遺障害による損害については，重い後遺障害の該当する等級に応ずる所定の金額とする。
② 　第13級以上の等級に該当する後遺障害が2以上存する場合における当該後遺障害による損害については，重い後遺障害の該当する等級の1級上位の等級に応ずる所定の金額（その金額がそれぞれの後遺障害の該当する等級に応ずる所定の金額を合算した金額を超えるときは，その合算した金額）とする。
③ 　第8級以上の等級に該当する後遺障害が2以上存する場合における当該後遺障害による損害については，重い後遺障害の該当する等級の2級上位の等級に応ずる所定の金額とする。
④ 　第5級以上の等級に該当する後遺障害が2以上存する場合における当該後遺障害による損害については，重い後遺障害の該当する等級の3級上位の等級に応ずる所定の金額とする。

(注2)　自動車損害賠償保障法施行令2条2項
　自賠責保険の保険金額は，既に後遺障害のある者が傷害を受けたことによって同一部位について後遺障害の程度を加重した場合における当該後遺障害による損害については，当該後遺障害の該当する等級に応ずる所定の金額から，既にあった後遺障害の該当する等級に応ずる所定の金額を控除した金額とする。

②　労働者災害補償保険法施行規則別表

別表 1　障害等級表

障害等級	給付の内容	身体障害
第 1 級	当該障害の存する期間 1 年につき給付基礎日額の 313 日分	1　両眼が失明したもの 2　そしゃく及び言語の機能を廃したもの 3　神経系統の機能又は精神に著しい障害を残し，常に介護を要するもの 4　胸腹部臓器の機能に著しい障害を残し，常に介護を要するもの 5　削除 6　両上肢をひじ関節以上で失ったもの 7　両上肢の用を全廃したもの 8　両下肢をひざ関節以上で失ったもの 9　両下肢の用を全廃したもの
第 2 級	同 277 日分	1　1 眼が失明し，他眼の視力が 0.02 以下になったもの 2　両眼の視力が 0.02 以下になったもの 2 の 2　神経系統の機能又は精神に著しい障害を残し，随時介護を要するもの 2 の 3　胸腹部臓器の機能に著しい障害を残し，随時介護を要するもの 3　両上肢を手関節以上で失ったもの 4　両下肢を足関節以上で失ったもの
第 3 級	同 245 日分	1　1 眼が失明し，他眼の視力が 0.06 以下になったもの 2　そしゃく又は言語の機能を廃したもの 3　神経系統の機能又は精神に著しい障害を残し，終身労務に服することができないもの 4　胸腹部臓器の機能に著しい障害を残し，終身労務に服することができないもの 5　両手の手指の全部を失ったもの
第 4 級	同 213 日分	1　両眼の視力が 0.06 以下になったもの 2　そしゃく及び言語の機能に著しい障害を残すもの 3　両耳の聴力を全く失ったもの 4　1 上肢をひじ関節以上で失ったもの 5　1 下肢をひざ関節以上で失ったもの 6　両手の手指の全部の用を廃したもの 7　両足をリスフラン関節以上で失ったもの
第 5 級	同 184 日分	1　1　眼が失明し，他眼の視力が 0.1 以下になったもの 1 の 2　神経系統の機能又は精神に著しい障害を残し，特に軽易な労務以外の労務に服することができないもの 1 の 3　胸腹部臓器の機能に著しい障害を残し，特に軽易な労務以外の労務に服することができないもの 2　1 上肢を手関節以上で失ったもの 3　1 下肢を足関節以上で失ったもの 4　1 上肢の用を全廃したもの

第 5 級		5　1 下肢の用を全廃したもの 6　両足の足指の全部を失ったもの
第 6 級	同 156 日分	1　両眼の視力が 0.1 以下になったもの 2　そしゃく又は言語の機能に著しい障害を残すもの 3　両耳の聴力が耳に接しなければ大声を解することができない程度になったもの 3 の 2　1 耳の聴力を全く失い，他耳の聴力が 40 センチメートル以上の距離では普通の話声を解することができない程度になったもの 4　せき柱に著しい変形又は運動障害を残すもの 5　1 上肢の 3 大関節中の 2 関節の用を廃したもの 6　1 下肢の 3 大関節中の 2 関節の用を廃したもの 7　1 手の 5 の手指又は母指を含み 4 の手指を失ったもの
第 7 級	同 131 日分	1　1 眼が失明し，他眼の視力が 0.6 以下になったもの 2　両耳の聴力が 40 センチメートル以上の距離では普通の話声を解することができない程度になったもの 2 の 2　1 耳の聴力を全く失い，他耳の聴力が 1 メートル以上の距離では普通の話声を解することができない程度になったもの 3　神経系統の機能又は精神に障害を残し，軽易な労務以外の労務に服することができないもの 4　削除 5　胸腹部臓器の機能に障害を残し，軽易な労務以外の労務に服することができないもの 6　1 手の母指を含み 3 の手指又は母指以外の 4 の手指を失ったもの 7　1 手の 5 の手指又は母指を含み 4 の手指の用を廃したもの 8　1 足をリスフラン関節以上で失ったもの 9　1 上肢に偽関節を残し，著しい運動障害を残すもの 10　1 下肢に偽関節を残し，著しい運動障害を残すもの 11　両足の足指の全部の用を廃したもの 12　外貌に著しい醜状を残すもの 13　両側のこう丸を失ったもの
第 8 級	給付基礎日額の 503 日分	1　1 眼が失明し，又は 1 眼の視力が 0.02 以下になったもの 2　せき柱に運動障害を残すもの 3　1 手の母指を含み 2 の手指又は母指以外の 3 の手指を失ったもの 4　1 手の母指を含み 3 の手指又は母指以外の 4 の手指の用を廃したもの 5　1 下肢を 5 センチメートル以上短縮したもの 6　1 上肢の 3 大関節中の 1 関節の用を廃したもの 7　1 下肢の 3 大関節中の 1 関節の用を廃したもの 8　1 上肢に偽関節を残すもの 9　1 下肢に偽関節を残すもの 10　1 足の足指の全部を失ったもの

第9級	同391日分	1　両眼の視力が0.6以下になったもの 2　1眼の視力が0.06以下になったもの 3　両眼に半盲症，視野狭さく又は視野変状を残すもの 4　両眼のまぶたに著しい欠損を残すもの 5　鼻を欠損し，その機能に著しい障害を残すもの 6　そしゃく及び言語の機能に障害を残すもの 6の2　両耳の聴力が1メートル以上の距離では普通の話声を解することができない程度になったもの 6の3　1耳の聴力が耳に接しなければ大声を解することができない程度になり，他耳の聴力が1メートル以上の距離では普通の話声を解することが困難である程度になったもの 7　1耳の聴力を全く失ったもの 7の2　神経系統の機能又は精神に障害を残し，服することができる労務が相当な程度に制限されるもの 7の3　胸腹部臓器の機能に障害を残し，服することができる労務が相当な程度に制限されるもの 8　1手の母指又は母指以外の2の手指を失ったもの 9　1手の母指を含み2の手指又は母指以外の3の手指の用を廃したもの 10　1足の第1の足指を含み2以上の足指を失ったもの 11　1足の足指の全部の用を廃したもの 11の2　外貌に相当程度の醜状を残すもの 12　生殖器に著しい障害を残すもの
第10級	同302日分	1　1眼の視力が0.1以下になったもの 1の2　正面視で複視を残すもの 2　そしゃく又は言語の機能に障害を残すもの 3　14歯以上に対し歯科補てつを加えたもの 3の2　両耳の聴力が1メートル以上の距離では普通の話声を解することが困難である程度になったもの 4　1耳の聴力が耳に接しなければ大声を解することができない程度になったもの 5　削除 6　1手の母指又は母指以外の2の手指の用を廃したもの 7　1下肢を3センチメートル以上短縮したもの 8　1足の第1の足指又は他の4の足指を失ったもの 9　1上肢の3大関節中の1関節の機能に著しい障害を残すもの 10　1下肢の3大関節中の1関節の機能に著しい障害を残すもの
第11級	同223日分	1　両眼の眼球に著しい調節機能障害又は運動障害を残すもの 2　両眼のまぶたに著しい運動障害を残すもの 3　1眼のまぶたに著しい欠損を残すもの 3の2　10歯以上に対し歯科補てつを加えたもの 3の3　両耳の聴力が1メートル以上の距離では小声を解することができない程度になったもの 4　1耳の聴力が40センチメートル以上の距離では普通の話声を解することができない程度になったもの

第 11 級		5	せき柱に変形を残すもの
		6	1 手の示指，中指又は環指を失ったもの
		7	削除
		8	1 足の第 1 の足指を含み 2 以上の足指の用を廃したもの
		9	胸腹部臓器の機能に障害を残し，労務の遂行に相当な程度の支障があるもの
第 12 級	同 156 日分	1	1 眼の眼球に著しい調節機能障害又は運動障害を残すもの
		2	1 眼のまぶたに著しい運動障害を残すもの
		3	7 歯以上に対し歯科補てつを加えたもの
		4	1 耳の耳かくの大部分を欠損したもの
		5	鎖骨，胸骨，ろく骨，肩こう骨又は骨盤骨に著しい変形を残すもの
		6	1 上肢の 3 大関節中の 1 関節の機能に障害を残すもの
		7	1 下肢の 3 大関節中の 1 関節の機能に障害を残すもの
		8	長管骨に変形を残すもの
		8 の 2	1 手の小指を失ったもの
		9	1 手の示指，中指又は環指の用を廃したもの
		10	1 足の第 2 の足指を失ったもの，第 2 の足指を含み 2 の足指を失ったもの又は第 3 の足指以下の 3 の足指を失ったもの
		11	1 足の第 1 の足指又は他の 4 の足指の用を廃したもの
		12	局部にがん固な神経症状を残すもの
		13	削除
		14	外貌に醜状を残すもの
第 13 級	同 101 日分	1	1 眼の視力が 0.6 以下になったもの
		2	1 眼に半盲症，視野狭さく又は視野変状を残すもの
		2 の 2	正面視以外で複視を残すもの
		3	両眼のまぶたの一部に欠損を残し又はまつげはげを残すもの
		3 の 2	5 歯以上に対し歯科補てつを加えたもの
		3 の 3	胸腹部臓器の機能に障害を残すもの
		4	1 手の小指の用を廃したもの
		5	1 手の母指の指骨の一部を失ったもの
		6	削除
		7	削除
		8	1 下肢を 1 センチメートル以上短縮したもの
		9	1 足の第 3 の足指以下の 1 又は 2 の足指を失ったもの
		10	1 足の第 2 の足指の用を廃したもの，第 2 の足指を含み 2 の足指の用を廃したもの又は第 3 の足指以下の 3 の足指の用を廃したもの
第 14 級	同 56 日分	1	1 眼のまぶたの一部に欠損を残し，又はまつげはげを残すもの
		2	3 歯以上に対し歯科補てつを加えたもの
		2 の 2	1 耳の聴力が 1 メートル以上の距離では小声を解することができない程度になったもの

第14級		3 上肢の露出面にてのひらの大きさの醜いあとを残すもの
		4 下肢の露出面にてのひらの大きさの醜いあとを残すもの
		5 削除
		6 1手の母指以外の手指の指骨の一部を失ったもの
		7 1手の母指以外の手指の遠位指節間関節を屈伸することができなくなったもの
		8 1足の第3の足指以下の1又は2の足指の用を廃したもの
		9 局部に神経症状を残すもの

備考

1 視力の測定は，万国式視力表による。屈折異常のあるものについてはきよう正視力について測定する。

2 手指を失ったものとは，母指は指節間関節，その他の手指は近位指節間関節以上を失ったものをいう。

3 手指の用を廃したものとは，手指の末節骨の半分以上を失い，又は中手指節関節若しくは近位指節間関節（母指にあっては指節間関節）に著しい運動障害を残すものをいう。

4 足指を失ったものとは，その全部を失ったものをいう。

5 足指の用を廃したものとは，第1の足指は末節骨の半分以上，その他の足指は遠位指節間関節以上を失ったもの又は中足指節関節若しくは近位指節間関節（第1の足指にあつては指節間関節）に著しい運動障害を残すものをいう。

(注) 労働者災害補償保険法施行規則14条

1 別表第1に掲げる身体障害が2以上ある場合には，重い方の身体障害の該当する障害等級による。

2 次に掲げる場合には，重い方の身体障害の該当する障害等級をそれぞれ掲げる等級だけ繰り上げた障害等級による。ただし，障害等級が第8級以下である場合において，各の身体障害の該当する障害等級に応ずる障害補償給付の額の合算額が障害等級に応ずる障害補償給付の額に満たないときは，その者に支給する障害補償給付は，当該合算額による。

① 第13級以上に該当する身体障害が2以上あるとき 1級
② 第8級以上に該当する身体障害が2以上あるとき 2級
③ 第5級以上に該当する身体障害が2以上あるとき 3級

3 別表第1に掲げるもの以外の身体障害については，その障害の程度に応じ，同表に掲げる身体障害に準じてその障害等級を定める。

4 既に身体障害のあった者が，負傷又は疾病により同一の部位について障害の程度を加重した場合における当該事由に係る障害補償給付は，現在の身体障害の該当する障害等級に応ずる障害補償給付とし，その額は，現在の身体障害の該当する障害等級に応ずる障害補償給付の額から，既にあった身体障害の該当する障害等級に応ずる障害補償給付の額（現在の身体障害の該当する障害等級に応ずる障害補償給付が障害補償年金であって，既にあった身体障害の該当する障害等級に応ずる障害補償給付が障害補償一時金である場合には，その障害補償一時金の額を25で除して得た額）を差し引いた額による。

③　身体障害者福祉法施行規則別表

級別	視覚障害	聴覚又は平衡機能の障害		音声機能,言語機能又はそしやく機能の障害	肢体不自由			乳幼児期以前の非進行性の脳病変による運動機能障害	
		聴覚障害	平衡機能障害		上肢	下肢	体幹		
								上肢機能	移動機能
一級	視力の良い方の眼の視力（万国式試視力表によつて測つたものをいい，屈折異常のある者については，矯正視力について測つたものをいう。以下同じ。）が〇・一以下のもの				1　両上肢の機能を全廃したもの 2　両上肢を手関節以上で欠くもの	1　両下肢の機能を全廃したもの 2　両下肢を大腿の二分の一以上で欠くもの	体幹の機能障害により坐つていることができないもの	不随意運動・失調等により上肢を使用する日常生活動作がほとんど不可能なもの	不随意運動・失調等により歩行が不可能なもの
二級	1　視力の良い方の眼の視力が〇・〇二以上〇・〇三以下のもの 2　視力の良い方の眼の視力が〇・〇四かつ他方の眼の視力が手動弁以下のもの 3　周辺視野角度（I／四視標による。以下同じ。）の総和が左右眼それぞれ八〇度以下かつ両眼中心視野角度（I／二視標による。以下同じ。）が二八度以下のもの 4　両眼開放視認点数が七〇点以下かつ両眼中心視野視認点数が二〇点以下のもの	両耳の聴力レベルがそれぞれ一〇〇デシベル以上のもの（両耳全ろう）			1　両上肢の機能の著しい障害 2　両上肢のすべての指を欠くもの 3　一上肢を上腕の二分の一以上で欠くもの 4　一上肢の機能を全廃したもの	1　両下肢の機能の著しい障害 2　両下肢を下腿の二分の一以上で欠くもの	1　体幹の機能障害により坐位又は起立位を保つことが困難なもの 2　体幹の機能障害により立ち上ることが困難なもの	不随意運動・失調等により上肢を使用する日常生活動作が極度に制限されるもの	不随意運動・失調等により歩行が極度に制限されるもの

心臓，じん臓若しくは呼吸器又はぼうこう若しくは直腸，小腸，ヒト免疫不全ウイルスによる免疫若しくは肝臓の機能の障害						
心臓機能障害	じん臓機能障害	呼吸器機能障害	ぼうこう又は直腸の機能障害	小腸機能障害	ヒト免疫不全ウイルスによる免疫機能障害	肝臓機能障
心臓の機能の障害により自己の身辺の日常生活活動が極度に制限されるもの	じん臓の機能の障害により自己の身辺の日常生活活動が極度に制限されるもの	呼吸器の機能の障害により自己の身辺の日常生活活動が極度に制限されるもの	ぼうこう又は直腸の機能の障害により自己の身辺の日常生活活動が極度に制限されるもの	小腸の機能の障害により自己の身辺の日常生活活動が極度に制限されるもの	ヒト免疫不全ウイルスによる免疫の機能の障害により日常生活がほとんど不可能なもの	肝臓の機能の障害により日常生活活動がほとんど不可能なもの
					ヒト免疫不全ウイルスによる免疫の機能の障害により日常生活が極度に制限されるもの	肝臓の機能の障害により日常生活活動が極度に制限されるもの

級	視力	聴力	平衡機能	音声機能	上肢	下肢	体幹		
三級	1 視力の良い方の眼の視力が〇・〇四以上〇・〇七以下のもの（二級の二に該当するものを除く。） 2 視力の良い方の眼の視力が〇・〇八かつ他方の眼の視力が手動弁以下のもの 3 周辺視野角度の総和が左右眼それぞれ八〇度以下かつ両眼中心視野角度が五六度以下のもの 4 両眼開放視認点数が七〇点以下かつ両眼中心視野視認点数が四〇点以下のもの	両耳の聴力レベルが九〇デシベル以上のもの（耳介に接しなければ大声語を理解し得ないもの）	平衡機能の極めて著しい障害	音声機能、言語機能又はそしやく機能の喪失	1 両上肢のおや指及びひとさし指を欠くもの 2 両上肢のおや指及びひとさし指の機能を全廃したもの 3 一上肢の機能の著しい障害 4 一上肢のすべての指を欠くもの 5 一上肢のすべての指の機能を全廃したもの	1 両下肢をショパー関節以上で欠くもの 2 一下肢を大腿の二分の一以上で欠くもの 3 一下肢の機能を全廃したもの	体幹の機能障害により歩行が困難なもの	不随意運動・失調等により上肢を使用する日常生活動作が著しく制限されるもの	不随意運動・失調等により歩行が家庭内での日常生活活動に制限されるもの
四級	1 視力の良い方の眼の視力が〇・〇八以上〇・〇一以下のもの（三級の二に該当するものを除く。） 2 周辺視野角度の総和が左右眼それぞれ八〇度以下のもの 3 両眼開放視認点数が七〇点以下のもの	1 両耳の聴力レベルが八〇デシベル以上のもの（耳介に接しなければ話声語を理解し得ないもの） 2 両耳による普通話声の最良の語音明瞭度が五〇パーセント以下のもの		音声機能、言語機能又はそしやく機能の著しい障害	1 両上肢のおや指を欠くもの 2 両上肢のおや指の機能を全廃したもの 3 一上肢の肩関節、肘関節又は手関節のうち、いずれか一関節の機能を全廃したもの 4 一上肢のおや指及びひとさし指を欠くもの 5 一上肢のおや指及びひとさし指の機能を全廃したもの 6 おや指又はひとさし指を含めて一上肢の三指を欠くもの	1 両下肢のすべての指を欠くもの 2 両下肢のすべての指の機能を全廃したもの 3 一下肢を下腿の二分の一以上で欠くもの 4 一下肢の機能の著しい障害 5 一下肢の股関節又は膝関節の機能を全廃したもの 6 一下肢が健側に比して一〇センチメートル以上又は健側の長さの十分の一以上短いもの		不随意運動・失調等による上肢の機能障害により社会での日常生活活動が著しく制限されるもの	不随意運動・失調等により社会での日常生活活動が著しく制限されるもの

心臓の機能の障害により家庭内での日常生活活動が著しく制限されるもの	じん臓の機能の障害により家庭内での日常生活活動が著しく制限されるもの	呼吸器の機能の障害により家庭内での日常生活活動が著しく制限されるもの	ぼうこう又は直腸の機能の障害により家庭内での日常生活活動が著しく制限されるもの	小腸の機能の障害により家庭内での日常生活活動が著しく制限されるもの	ヒト免疫不全ウイルスによる免疫の機能の障害により日常生活が著しく制限されるもの（社会での日常生活活動が著しく制限されるものを除く。）	肝臓の機能の障害により日常生活活動が著しく制限されるもの（社会での日常生活活動が著しく制限されるものを除く。）
心臓の機能の障害により社会での日常生活活動が著しく制限されるもの	じん臓の機能の障害により社会での日常生活活動が著しく制限されるもの	呼吸器の機能の障害により社会での日常生活活動が著しく制限されるもの	ぼうこう又は直腸の機能の障害により社会での日常生活活動が著しく制限されるもの	小腸の機能の障害により社会での日常生活活動が著しく制限されるもの	ヒト免疫不全ウイルスによる免疫の機能の障害により社会での日常生活活動が著しく制限されるもの	肝臓の機能の障害により社会での日常生活活動が著しく制限されるもの

級	視力	聴力	平衡機能		上肢	下肢	体幹	不随意運動（上肢）	不随意運動（移動）
四級					7　おや指又はひとさし指を含めて一上肢の三指の機能を全廃したもの 8　おや指又はひとさし指を含めて一上肢の四指の機能の著しい障害				
五級	1　視力の良い方の眼の視力が〇・二かつ他方の眼の視力が〇・〇二以下のもの 2　両眼による視野の二分の一以上が欠けているもの 3　両眼中心視野角度が五六度以下のもの 4　両眼開放視認点数が七〇点を超えかつ一〇〇点以下のもの 5　両眼中心視野視認点数が四〇点以下のもの		平衡機能の著しい障害		1　両上肢のおや指の機能の著しい障害 2　一上肢の肩関節,肘関節又は手関節のうち,いずれか一関節の機能の著しい障害 3　一上肢のおや指を欠くもの 4　一上肢のおや指の機能を全廃したもの 5　一上肢のおや指及びひとさし指の機能の著しい障害 6　おや指又はひとさし指を含めて一上肢の三指の機能の著しい障害	1　一下肢の股関節又は膝関節の機能の著しい障害 2　一下肢の足関節の機能を全廃したもの 3　一下肢が健側に比して五センチメートル以上又は健側の長さの十五分の一以上短いもの	体幹の機能の著しい障害	不随意運動・失調等による上肢の機能障害により社会での日常生活活動に支障のあるもの	不随意運動・失調等により社会での日常生活活動に支障のあるもの
六級	視力の良い方の眼の視力が〇・三以上〇・六以下かつ他方の眼の視力が〇・〇二以下のもの	1　両耳の聴力レベルが七〇デシベル以上のもの（四〇センチメートル以上の距離で発声された会話語を理解し得ないもの） 2　一側耳の聴力レベルが九〇デシベル以上,他側耳の聴力レベルが五〇デシベル以上のもの			1　一上肢のおや指の機能の著しい障害 2　ひとさし指を含めて一上肢の二指を欠くもの 3　ひとさし指を含めて一上肢の二指の機能を全廃したもの	1　一下肢をリスフラン関節以上で欠くもの 2　一下肢の足関節の機能の著しい障害		不随意運動・失調等により上肢の機能の劣るもの	不随意運動・失調等により移動機能の劣るもの

七級					1　一上肢の機能の軽度の障害 2　一上肢の肩関節，肘関節又は手関節のうち，いずれか一関節の機能の軽度の障害 3　一上肢の手指の機能の軽度の障害 4　ひとさし指を含めて一上肢の二指の機能の著しい障害 5　一上肢のなか指，くすり指及び小指を欠くもの 6　一上肢のなか指，くすり指及び小指の機能を全廃したもの	1　両下肢のすべての指の機能の著しい障害 2　一下肢の機能の軽度の障害 3　一下肢の股関節，膝関節又は足関節のうち，いずれか一関節の機能の軽度の障害 4　一下肢のすべての指を欠くもの 5　一下肢のすべての指の機能を全廃したもの 6　一下肢が健側に比して三センチメートル以上又は健側の長さの二十分の一以上短いもの		上肢に不随意運動・失調等を有するもの	下肢に不随意運動・失調等を有するもの

備考	1　同一の等級について二つの重複する障害がある場合は，一級うえの級とする。ただし，二つの重複する障害が特に本表中に指定せられているものは，該当等級とする。 2　肢体不自由においては，七級に該当する障害が二以上重複する場合は，六級とする。 3　異なる等級について二以上の重複する障害がある場合については，障害の程度を勘案して当該等級より上の級とすることができる。 4　「指を欠くもの」とは，おや指については指骨間関節，その他の指については第一指骨間関節以上を欠くものをいう。 5　「指の機能障害」とは，中手指節関節以下の障害をいい，おや指については，対抗運動障害をも含むものとする。 6　上肢又は下肢欠損の断端の長さは，実用長（上腕においては腋窩より，大腿においては坐骨結節の高さより計測したもの）をもつて計測したものをいう。 7　下肢の長さは，前腸骨棘より内くるぶし下端までを計測したものをいう。

5　労働能力喪失率表

①　自動車損害賠償責任保険の保険金等及び自動車損害賠償責任共済の共済金等の支払基準別表Ⅰ

②　労働省労働基準局長通牒（昭和 32 年 7 月 2 日基発第 551 号）別表

　これらの表で定められた労働能力喪失率は，交通事故による損害の算定に当たっても広く用いられている。

①　自動車損害賠償責任保険の保険金等及び自動車損害賠償責任共済の共済金等の支払基準別表Ⅰ

自動車損害賠償保障法施行令別表第 1 の場合

障害等級	労働能力喪失率
第 1 級	100/100
第 2 級	100/100

自動車損害賠償保障法施行令別表第 2 の場合

障害等級	労働能力喪失率
第 1 級	100/100
第 2 級	100/100
第 3 級	100/100
第 4 級	92/100
第 5 級	79/100
第 6 級	67/100
第 7 級	56/100
第 8 級	45/100
第 9 級	35/100
第 10 級	27/100
第 11 級	20/100
第 12 級	14/100
第 13 級	9/100
第 14 級	5/100

② 労働省労働基準局長通牒（昭和 32 年 7 月 2 日基発第 551 号）別表

障害等級	労働能力喪失率
第 1 級	100/100
第 2 級	100/100
第 3 級	100/100
第 4 級	92/100
第 5 級	79/100
第 6 級	67/100
第 7 級	56/100
第 8 級	45/100
第 9 級	35/100
第 10 級	27/100
第 11 級	20/100
第 12 級	14/100
第 13 級	9/100
第 14 級	5/100

6　後遺障害に関する通達等

　後遺障害の認定判断に関する資料は多岐にわたるが，実務上，参考としたり，引用されることが多い資料を掲げた。

①　せき柱及びその他の体幹骨，上肢並びに下肢の障害に関する障害等級認定基準・別添関節の機能障害の評価方法及び関節可動域の測定要領（厚生労働省労働基準局長通達〔平成 16 年 6 月 4 日基発第 604003 号〕）
②－1　神経系統の機能又は精神の障害に関する障害等級認定基準（抄）（厚生労働省労働基準局長通達〔平成 15 年 8 月 8 日基発第 808002 号〕）
②－2　神経系統の機能又は精神の障害に関する医学的事項等
③　意識障害の測定方法
④　PTSD（心的外傷後ストレス障害）の診断基準
　　　・ICD－10
　　　・DSM－5
⑤　関連 8 学会（日本脊髄障害医学会，日本脊椎脊髄病学会，日本脊髄外科学会，日本脳神経外傷学会，日本頭痛学会，日本神経学会，日本整形外科学会，日本脳神経外科学会）合同　脳脊髄液漏出症診療指針

①　せき柱及びその他の体幹骨，上肢並びに下肢の障害に関する障害等級認定基準・別添関節の機能障害の評価方法及び関節可動域の測定要領
（厚生労働省労働基準局長通達〔平成 16 年 6 月 4 日基発第 604003 号〕）

第1　関節の機能障害の評価方法

　　　関節の機能障害は，関節の可動域の制限の程度に応じて評価するものであり，可動域の測定については，日本整形外科学会及び日本リハビリテーション医学会により決定された「関節可動域表示ならびに測定法」に準拠して定めた「第2　関節可動域の測定要領」（以下「測定要領」という。）に基づき行うこととする。

　　　ただし，労災保険の障害（補償）給付は労働能力の喪失に対する損害てん補を目的としていること等から，関節の機能障害の評価方法として以下のような特徴がある。

1　関節の運動と機能障害

(1)　関節可動域の比較方法

　　　関節の機能障害の認定に際しては，障害を残す関節の可動域を測定し，原則として健側の可動域角度と比較することにより，関節可動域の制限の程度を評価するものであること。

　　　ただし，せき柱や健側となるべき関節にも障害を残す場合等にあっては，測定要領に定める参考可動域角度との比較により関節可動域の制限の程度を評価すること。

(2)　関節運動の障害評価の区別

　　　各関節の運動は単一の場合と複数ある場合があり，複数ある場合には各運動毎の重要性に差違が認められることから，それらの運動を主要運動，参考運動及びその他の運動に区別して障害の評価を行う。

　　　各関節の運動のうち，測定要領に示したものは，主要運動又は参考運動として，その可動域制限が評価の対象となるものである。

　　　各関節の主要運動と参考運動の区別は次のとおりである。

部位	主要運動	参考運動
せき柱（頸部）	屈曲・伸展，回旋	側屈
せき柱（胸腰部）	屈曲・伸展	回旋，側屈
肩関節	屈曲，外転・内転	伸展，外旋・内旋
ひじ関節	屈曲・伸展	
手関節	屈曲・伸展	橈屈，尺屈
前腕	回内・回外	

　　股関節　　　　　　　屈曲・伸展，外転・内転　外旋・内旋

　　ひざ関節　　　　　　屈曲・伸展

　　足関節　　　　　　　屈曲・伸展

　　母指　　　　　　　　屈曲・伸展，橈側外転，掌側外転

　　手指及び足指　　　　屈曲・伸展

　これらの運動のうち，原則として，屈曲と伸展のように同一面にある運動については，両者の可動域角度を合計した値をもって関節可動域の制限の程度を評価すること。

　ただし，肩関節の屈曲と伸展は，屈曲が主要運動で伸展が参考運動であるので，それぞれの可動域制限を独立して評価すること。

⑶　主要運動と参考運動の意義

　主要運動とは，各関節における日常の動作にとって最も重要なものをいう。多くの関節にあっては主要運動は一つであるが，上記のとおりせき柱（頸椎），肩関節及び股関節にあっては，二つの主要運動を有する。

　関節の機能障害は，原則として主要運動の可動域の制限の程度によって評価するものであること。

　ただし，後記２の⑶に定めるところにより，一定の場合には，主要運動及び参考運動の可動域制限の程度によって，関節の機能障害を評価するものであること。

　なお，測定要領に定めた主要運動及び参考運動以外の運動については，関節の機能障害の評価の対象としないものであること。

２　関節の機能障害の具体的評価方法

　関節の機能障害の評価は，具体的には「せき柱及びその他の体幹骨，上肢並びに下肢の障害に関する障害等級認定基準」の各節によるほか，以下にしたがって行うこと。

⑴　関節の強直

　関節の強直とは，関節の完全強直又はこれに近い状態にあるものをいう。

　この場合，「これに近い状態」とは，関節可動域が，原則として健側の関節可動域角度の10％程度以下に制限されているものをいい，「10％程度」とは，健側の関節可動域角度（せき柱にあっては，参考可動域角度）の10％に相当する角度を５度単位で切り上げた角度とすること。

　なお，関節可動域が10度以下に制限されている場合はすべて「こ

186

れに近い状態」に該当するものと取り扱うこと。

> 例　ひざ関節（屈曲）に大きな可動域制限があり，健側の可動域
> が130度である場合は，可動域制限のある関節の可動域が，
> 130度の10％を5度単位で切り上げた15度以下であれば，
> ひざ関節の強直となる。

(2)　主要運動が複数ある関節の機能障害

　　ア　関節の用廃

　　　　上肢・下肢の3大関節のうち主要運動が複数ある肩関節及び
　　　股関節については，いずれの主要運動も全く可動しない又はこれ
　　　に近い状態となった場合に，関節の用を廃したものとすること。

　　イ　関節の著しい機能障害及び機能障害

　　　　上肢・下肢の3大関節のうち主要運動が複数ある肩関節及び
　　　股関節については，主要運動のいずれか一方の可動域が健側の関
　　　節可動域角度の1/2以下又は3/4以下に制限されているときは，
　　　関節の著しい機能障害又は機能障害と認定すること。

　　　　また，せき柱（頸椎）にあっては，屈曲・伸展又は回旋のいず
　　　れか一方の可動域が参考可動域角度の1/2以下に制限されてい
　　　るときは，せき柱に運動障害を残すものと認定すること。

(3)　参考運動を評価の対象とする場合

　　　上肢及び下肢の3大関節については，主要運動の可動域が1/2（こ
　　れ以下は著しい機能障害）又は3/4（これ以下は機能障害）をわずか
　　に上回る場合に，当該関節の参考運動が1/2以下又は3/4以下に制
　　限されているときは，関節の著しい機能障害又は機能障害と認定する
　　ものであること。

　　　また，せき柱については，頸椎又は胸腰椎の主要運動の可動域制限
　　が参考可動域角度の1/2をわずかに上回る場合に，頸椎又は胸腰椎
　　の参考運動が1/2以下に制限されているときは，頸椎又は胸腰椎の
　　運動障害と認定するものであること。

　　　これらの場合において，「わずかに」とは，原則として5度とす
　　る。

　　　ただし，次の主要運動についてせき柱の運動障害又は関節の著しい
　　機能障害に当たるか否かを判断する場合は10度とする。

　a　せき柱（頸部）の屈曲・伸展，回旋

　b　肩関節の屈曲，外転

　c　手関節の屈曲・伸展

d　股関節の屈曲・伸展

例1　肩関節の屈曲の可動域が90度である場合，健側の可動
域角度が170度であるときは，170度の1/2である85
度に10度を加えると95度となり，患側の可動域90度
はこれ以下となるので，肩関節の参考運動である外旋・
内旋の可動域が1/2以下に制限されていれば，著しい機
能障害（第10級の9）となる。

2　肩関節の屈曲の可動域が130度である場合，健側の可
動域角度が170度であるときは，170度の3/4である
127.5度に5度を加えると132.5度となり，患側の可動
域130度はこれ以下となるため，肩関節の参考運動であ
る外旋・内旋の可動域が3/4以下に制限されているとき
は，機能障害（第12級の6）となる。

なお，参考運動が複数ある関節にあっては，1つの参考運動の可動
域角度が上記のとおり制限されていることをもって足りるものである
こと。

第2　関節可動域の測定要領

1　労災保険における関節可動域の測定

(1)　関節の機能障害は，関節そのものの器質的損傷によるほか，各種の
原因で起こり得るから，その原因を無視して機械的に角度を測定して
も，労働能力の低下の程度を判定する資料とすることはできない。

したがって，測定を行う前にその障害の原因を明らかにしておく必
要がある。関節角度の制限の原因を大別すれば，器質的変化によるも
のと機能的変化によるものとに区分することができる。さらに，器質
的変化によるもののうちには，関節それ自体の破壊や強直によるもの
のほかに，関節外の軟部組織の変化によるもの（例えば，阻血性拘
縮）があり，また，機能的変化によるものには，神経麻痺，疼痛，緊
張によるもの等があるので，特に機能的変化によるものの場合には，
その原因を調べ，症状に応じて測定方法等に，後述するとおり，考慮
を払わなければならない。

関節可動域の測定値については，日本整形外科学会及び日本リハビ
リテーション医学会により決定された「関節可動域表示ならびに測定
法」に従い，原則として，他動運動による測定値によることとする
が，他動運動による測定値を採用することが適切でないものについて
は，自動運動による測定値を参考として，障害の認定を行う必要があ

る。他動運動による測定値を採用することが適切でないものとは，例えば，末梢神経損傷を原因として関節を可動させる筋が弛緩性の麻痺となり，他動では関節が可動するが，自動では可動できない場合，関節を可動させるとがまんできない程度の痛みが生じるために自動では可動できないと医学的に判断される場合等をいう。

　　また，関節が1方向には自動できるが逆方向には自動できない場合の可動域については，基本肢位から自動できない場合は0度とすること。

> 例　手関節を基本肢位から自動で90度屈曲することができるが，橈骨神経損傷により自動では伸展が全くできない場合，健側の可動域が屈曲・伸展を合計して160度のときは，患側の可動域は，健側の3/4以下に制限されていることとなり，「関節の機能障害」に該当する。

(2)　被測定者の姿勢と肢位によって，各関節の運動範囲は著しく変化する。特に関節自体に器質的変化のない場合にはこの傾向が著しい。例えば，前述した阻血性拘縮では手関節を背屈すると各指の屈曲が起こり，掌屈すると各指の伸展が起こる。

　　また，ひじ関節では，その伸展筋が麻痺していても，下垂位では，自然に伸展する。

　　そこで，各論において述べる基本的な測定姿勢のほか，それぞれの事情に応じ，体位を変えて測定した値をも考慮して運動制限の範囲を判定しなければならない。

(3)　人の動作は，一関節の単独運動のみで行われることは極めてまれであって，一つの動作には，数多くの関節の運動が加わるのが普通である。したがって，関節の角度を測定する場合にも，例えば，せき柱の運動には股関節の運動が，前腕の内旋又は外旋運動には，肩関節の運動が入りやすいこと等に注意しなければならない。しかし，他面，かかる各関節の共働運動は無意識のうちにも起こるものであるから注意深く監察すれば，心因性の運動制限を診断し，又は詐病を鑑別するに際して役立つことがある。なお，障害補償の対象となる症状には心因性の要素が伴われがちであるが，これが過度にわたる場合は当然排除しなければならない。その方法としては，前述の各関節の共働運動を利用して，被測定者の注意をり患関節から外させて測定する方法のほかに，筋電図等電気生理学的診断，精神・神経科診断等が有効である。

　２　関節可動域表示並びに測定法の原則
　(1)　基本肢位
　　　　概ね自然立位での解剖学的肢位を基本肢位とし，その各関節の角度
　　　を０度とする。
　　　　ただし，肩関節の外旋・内旋については肩関節外転０度でひじ関
　　　節90度屈曲位，前腕の回外・回内については手掌面が矢状面にある
　　　肢位，股関節外旋・内旋については股関節屈曲90度でひざ関節屈曲
　　　90度の肢位をそれぞれ基本肢位とする。
　(2)　関節の運動
　　　ア　関節の運動は直交する３平面，すなわち前額面，矢状面，水平
　　　　面を基本面とする運動である。ただし，肩関節の外旋・内旋，前腕
　　　　の回外・回内，股関節の外旋・内旋，頸部と胸腰部の回旋は，基本
　　　　肢位の軸を中心とした回旋運動である。また，母指の対立は，複合
　　　　した運動である。
　　　イ　関節可動域測定とその表示で使用する関節運動とその名称を以下
　　　　に示す。
　　　　　なお，下記の基本的名称以外によく用いられている用語があれば
　　　　（　）内に表記する。
　　　　㋐　屈曲と伸展
　　　　　　多くは矢状面の運動で，基本肢位にある隣接する２つの部位
　　　　　が近づく動きが屈曲，遠ざかる動きは伸展である。ただし，肩関
　　　　　節，頸部・体幹に関しては，前方への動きが屈曲，後方への動き
　　　　　が伸展である。また，手関節，手指，足関節，足指に関しては，
　　　　　手掌または足底への動きが屈曲，手背または足背への動きが伸展
　　　　　である。
　　　　㋑　外転と内転
　　　　　　多くは前額面の運動で，体幹や手指の軸から遠ざかる動きが外
　　　　　転，近づく動きが内転である。
　　　　㋒　外旋と内旋
　　　　　　肩関節及び股関節に関しては，上腕軸または大腿軸を中心とし
　　　　　て外方へ回旋する動きが外旋，内方へ回旋する動きが内旋であ
　　　　　る。
　　　　㋓　回外と回内
　　　　　　前腕に関しては，前腕軸を中心にして外方に回旋する動き（手
　　　　　掌が上を向く動き）が回外，内方に回旋する動き（手掌が下を向

　　　　く動き）が回内である。
　　㈘　右側屈・左側屈
　　　　頸部，体幹の前額面の運動で，右方向への動きが右側屈，左方
　　　向への動きが左側屈である。
　　㈙　右回旋と左回旋
　　　　頸部と胸腰部に関しては，右方に回旋する動きが右回旋，左方
　　　に回旋する動きが左回旋である。
　　㈚　橈屈と尺屈
　　　　手関節の手掌面の運動で，橈側への動きが橈屈，尺側への動き
　　　が尺屈である。
　　㈛　母指の橈側外転と尺側内転
　　　　母指の手掌面の運動で，母指の基本軸から遠ざかる動き（橈側
　　　への動き）が橈側外転，母指の基本軸に近づく動き（尺側への動
　　　き）が尺側内転である。
　　㈜　掌側外転と掌側内転
　　　　母指の手掌面に垂直な平面の運動で，母指の基本軸から遠ざか
　　　る動き（手掌方向への動き）が掌側外転，基本軸に近づく動き
　　　（背側方向への動き）が掌側内転である。
　　㈝　中指の橈側外転と尺側外転
　　　　中指の手掌面の運動で，中指の基本軸から橈側へ遠ざかる動き
　　　が橈側外転，尺側へ遠ざかる動きが尺側外転である。
⑶　関節可動域の測定方法
　ア　関節可動域は，他動運動でも自動運動でも測定できるが，原則と
　　して他動運動による測定値を表記する。自動運動による測定値を用
　　いる場合は，その旨記する〔⑷のイの㈠参照〕。
　イ　角度計は，十分な長さの柄がついているものを使用し，通常は，
　　5度刻みで測定する。
　ウ　基本軸，移動軸は，四肢や体幹において外見上分かりやすい部位
　　を選んで設定されており，運動学上のものとは必ずしも一致しな
　　い。また，手指および足指では角度計のあてやすさを考慮して，原
　　則として背側に角度計をあてる。
　エ　基本軸と移動軸の交点を角度計の中心に合わせる。また，関節の
　　運動に応じて，角度計の中心を移動させてもよい。必要に応じて移
　　動軸を平行移動させてもよい。
　オ　多関節筋が関与する場合，原則としてその影響を除いた肢位で測

定する。例えば，股関節屈曲の測定では，ひざ関節を屈曲しひざ屈
筋群をゆるめた肢位で行う。

カ　肢位は「測定肢位および注意点」の記載に従うが，記載のないも
のは肢位を限定しない。変形，拘縮などで所定の肢位がとれない場
合は，測定肢位が分かるように明記すれば異なる肢位を用いてもよ
い〔(4)のイの(イ)参照〕。

キ　筋や腱の短縮を評価する目的で多筋を緊張させた肢位で関節可動
域を測定する場合は，測定方法が分かるように明記すれば，多関節
筋を緊張させた肢位を用いてもよい〔(4)のイの(ウ)参照〕。

(4)　測定値の表示

ア　関節可動域の測定値は，基本肢位を0度として表示する。例え
ば，股関節の可動域が屈曲位20度から70度であるならば，この
表現は以下の2通りとなる。

(ア)　股関節の関節可動域は屈曲20度から70度（または屈曲20
度〜70度)

(イ)　股関節の関節可動域は屈曲は70度，伸展は−20度

イ　関節可動域の測定に際し，症例によって異なる測定法を用いる場
合や，その他関節可動域に影響を与える特記すべき事項がある場合
は，測定値とともにその旨併記する。

(ア)　自動運動を用いて測定する場合は，その測定値を（　）で囲ん
で表示するか，「自動」または「active」などと明記する。

(イ)　異なる肢位を用いて測定する場合は，「背臥位」「座位」などと
具体的に肢位を明記する。

(ウ)　多関節筋を緊張させた肢位を用いて測定する場合は，その測定
値を〈　〉で囲んで表示するが，「ひざ伸展位」などと具体的に
明記する。

(エ)　疼痛などが測定値に影響を与える場合は，「痛み」「pain」な
どと明記する。

(5)　参考可動域

関節可動域については，参考可動域として記載した。

(6)　その他留意すべき事項

ア　測定しようとする関節は十分露出すること。特に女性の場合に
は，個室，更衣室の用意が必要である。

イ　被測定者に精神的にも落ちつかせる必要があり，測定の趣旨をよ
く説明するとともに，気楽な姿勢をとらせること。

(7) 各論

イ 顎関節

| 顎関節 | 開口位で上顎の正中線で上歯と下歯の先端との間の距離 (cm) で表示する。
左右偏位 (lateral deviation) は上顎の正中線を軸として下歯列の動きの距離を左右とも cm で表示する。
参考値は上下第 1 切歯列対向縁線間の距離 5.0 cm, 左右偏位は 1.0 cm である。 |

ロ　せき柱

部位名	運動方向		参考可動域角度	基本軸	移動軸	測定肢位および注意点	参　考　図
頸部	屈曲（前屈）		60	肩峰を通る床への垂直線	外耳孔と頭頂を結ぶ線	頭部体幹の側面で行う。原則として腰かけ座位とする。	0° 屈曲　伸展
	伸展（後屈）		50				
	回旋	左回旋	60	両側の肩峰を結ぶ線への垂直線	鼻梁と後頭結節を結ぶ線	腰かけ座位で行う。	0° 左回旋　右回旋
		右回旋	60				
	側屈	左側屈	50	第7頸椎棘突起と第1仙椎の棘突起を結ぶ線	頭頂と第7頸椎棘突起を結ぶ線	体幹の背面で行う。腰かけ座位とする。	0° 左側屈　右側屈
		右側屈	50				
胸腰部	屈曲（前屈）		45	仙骨後面	第1胸椎棘突起と第5腰椎棘突起を結ぶ線	体幹側面より行う。立位，腰かけ座位または側臥位で行う。股関節の運動が入らないように行う。	0° 伸展　屈曲
	伸展（後屈）		30				
	回旋	左回旋	40	両側の後上腸骨棘を結ぶ線	両側の肩峰を結ぶ線	座位で骨盤を固定して行う。	右回旋　左回旋 0°
		右回旋	40				
	側屈	左側屈	50	ヤコビー(Jacoby)線の中心にたてた垂直線	第1胸椎棘突起と第5腰椎棘突起を結ぶ線	体幹の背面で行う。腰かけ座位または立位で行う。	0° 左側屈　右側屈
		右側屈	50				

ハ　上肢

部位名	運動方向	参考可動域角度	基本軸	移動軸	測定肢位および注意点	参　考　図
肩（肩甲帯の動きを含む）	屈曲（前方挙上）	180	肩峰を通る床へ垂直線（立位または座位）	上腕骨	前腕は中間位とする。体幹が動かないように固定する。脊柱が前後屈しないように注意する。	
	伸展（後方挙上）	50				
	外転（側方挙上）	180	肩峰を通る床へ垂直線（立位または座位）	上腕骨	体幹の側屈が起こらないように90°以上になったら前腕を回外することを原則とする。	
	内転	0				
	外旋	60	肘を通る前額面への垂直線	尺骨	上腕を体幹に接して，肘関節を前方90°に屈曲した肢位で行う。前腕は中間位とする。	
	内旋	80				
肘	屈曲	145	上腕骨	橈骨	前腕は回外位とする。	
	伸展	5				
前腕	回内	90	上腕骨	手指を伸展した手掌面	肩の回旋が入らないように肘を90°に屈曲する。	
	回外	90				
手	屈曲（掌屈）	90	橈骨	第2中手骨	前腕は中間位とする。	
	伸展（背屈）	70				
	橈屈	25	前腕の中心線	第3中手骨	前腕を回内位で行う。	
	尺屈	55				

ニ　手指

部位名	運動方向	参考可動域角度	基本軸	移動軸	測定肢位および注意点	参　考　図
母指	橈側外転	60	示指（橈骨の延長上）	母指	運動は手掌面とする。以下の手指の運動は，原則として手指の背側に角度計を当てる。	橈側外転　0°　尺側内転
	掌側外転	90			運動は手掌面に直角な面とする。	掌側外転　0°　掌側内転
	屈曲（MCP）	60	第1中手骨	第1基節骨		伸展　0°　屈曲
	伸展（MCP）	10				
	屈曲（IP）	80	第1基節骨	第1末節骨		伸展　0°　屈曲
	伸展（IP）	10				
指	屈曲（MCP）	90	第2-5中手骨	第2-5基節骨	DIPは10°の過伸展をとりうる。	伸展　0°　屈曲
	伸展（MCP）	45				
	屈曲（PIP）	100	第2-5基節骨	第2-5中節骨		伸展　0°　屈曲
	伸展（PIP）	0				
	屈曲（DIP）	80	第2-5中節骨	第2-5末節骨		伸展　0°　屈曲
	伸展（DIP）	0				

ホ 下肢

部位名	運動方向	参考可動域角度	基本軸	移動軸	測定肢位および注意点	参 考 図
股	屈曲	125	体幹と平行な線	大腿骨（大転子と大腿骨外顆の中心を結ぶ線）	骨盤と脊柱を十分に固定する。屈曲は背臥位，膝屈曲位で行う。伸展は腹臥位，膝伸展位で行う。	
	伸展	15				
	外転	45	両側の上前腸骨棘を結ぶ線への垂直線	大腿中央線（上前腸骨棘より膝蓋骨中心を結ぶ線）	背臥位で骨盤を固定する。下肢は外旋しないようにする。内転の場合は，反対側の下肢を屈曲挙上してその下を通して内転させる。	
	内転	20				
	外旋	45	膝蓋骨より下ろした垂直線	下腿中央線（膝蓋骨中心より足関節内外果中央を結ぶ線）	背臥位で，股関節と膝関節を90°屈曲位にして行う。骨盤の代償を少なくする。	
	内旋	45				
膝	屈曲	130	大腿骨	腓骨（腓骨頭と外果を結ぶ線）	屈曲は股関節を屈曲位で行う。	
	伸展	0				
足	屈曲（底屈）	45	腓骨への垂直線	第5中足骨	膝関節を屈曲位で行う。	
	伸展（背屈）	20				

ヘ 足指

部位名	運動方向	参考可動域角度	基本軸	移動軸	測定肢位および注意点	参 考 図
母指	屈曲（MTP）	35	第1中足骨	第1基節骨		伸展 0° 屈曲
	伸展（MTP）	60				
	屈曲（IP）	60	第1基節骨	第1末節骨		伸展 0° 屈曲
	伸展（IP）	0				
足指	屈曲（MTP）	35	第2-5中足骨	第2-5基節骨		伸展 0° 屈曲
	伸展（MTP）	40				
	屈曲（PIP）	35	第2-5基節骨	第2-5中足骨		伸展 0° 屈曲
	伸展（PIP）	0				
	屈曲（DIP）	50	第2-5中足骨	第2-5末節骨		伸展 0° 屈曲
	伸展（DIP）	0				

198

②－1　神経系統の機能又は精神の障害に関する障害等級認定基準（抄）
（厚生労働省労働基準局長通達〔平成15年8月8日基発第808002号〕）

第1　神経系統の機能又は精神の障害と障害等級

1　神経系統の機能又は精神の障害については，障害等級表上，次のごとく神経系統の機能又は精神の障害並びに局部の神経系統の障害について等級を定めている。

(1)　神経系統又は精神の障害

神経系統の機能又は精神に著しい障害を残し，常に介護を要するもの　　　　　　　　　　　　　　　　　　　　　　　　第1級の3

神経系統の機能又は精神に著しい障害を残し，随時介護を要するもの　　　　　　　　　　　　　　　　　　　　　　　第2級の2の2

神経系統の機能又は精神に著しい障害を残し，終身労務に服することができないもの　　　　　　　　　　　　　　　　第3級の3

神経系統の機能又は精神に著しい障害を残し，特に軽易な労務以外の労務に服することができないもの　　　　　　　　第5級の1の2

神経系統の機能又は精神に障害を残し，軽易な労務以外の労務に服することができないもの　　　　　　　　　　　　　　第7級の3

神経系統の機能又は精神に障害を残し，服することができる労務が相当な程度に制限されるもの　　　　　　　　　　　第9級の7の2

(2)　局部の神経系統の障害

局部にがん固な神経症状を残すもの　　　　　　第12級の12

局部に神経症状を残すもの　　　　　　　　　　第14級の9

2　中枢神経系に分類される脳又はせき髄の損傷による障害は，複雑な症状を呈するとともに身体各部にも様々な障害を残すことが多いことから，中枢神経系の損傷による障害が複数認められる場合には，末梢神経による障害も含めて総合的に評価し，その認定に当たっては神経系統の機能又は精神の障害の障害等級によること。

ただし，脳又はせき髄の損傷により生じた障害が単一であって，かつ，当該障害について障害等級表上該当する等級がある場合（準用等級を含む。）には，神経系統の機能又は精神の障害の障害等級によることなく，その等級により認定すること（後記第3参照）。

第2　障害等級認定の基準

神経系統の機能又は精神の障害については，その障害により，第1級は「生命維持に必要な身のまわり処理の動作について常時介護を要す

るもの」，第2級は「生命維持に必要な身のまわり処理の動作について随時介護を要するもの」，第3級は「生命維持に必要な身のまわり処理の動作は可能であるが，労務に服することができないもの」，第5級は「極めて軽易な労務にしか服することができないもの」，第7級は「軽易な労務にしか服することができないもの」，第9級は「通常の労務に服することはできるが，就労可能な職種が相当程度に制約されるもの」，第12級は「通常の労務に服することはでき，職種制限も認められないが，時には労務に支障が生じる場合があるもの」及び第14級は第12級よりも軽度のものが該当するものであること。

1　脳の障害

(1)　器質性の障害

　　脳の器質性障害については，「高次脳機能障害」（器質性精神障害）と「身体性機能障害」（神経系統の障害）に区分した上で，「高次脳機能障害」の程度，「身体性機能障害」の程度及び介護の要否・程度を踏まえて総合的に判断すること。たとえば高次脳機能障害が第5級に相当し，軽度の片麻痺が第7級に相当するから，併合の方法を用いて準用等級第3級と定めるのではなく，その場合の全体病像として，第1級の3，第2級の2の2又は第3級の3のいずれかに認定すること。

ア　高次脳機能障害

　　高次脳機能障害については，意思疎通能力，問題解決能力，作業負荷に対する持続力・持久力及び社会行動能力の4つの能力（以下「4能力」という。）の各々の喪失の程度に着目し，評価を行うこと。その際，複数の障害が認められるときには，原則として障害の程度の最も重篤なものに着目して評価を行うこと。たとえば，意思疎通能力について第5級相当の障害，問題解決能力について第7級相当の障害，社会行動能力について第9級相当の障害が認められる場合には，最も重篤な意思疎通能力の障害に着目し，第5級の1の2として認定すること。

　　ただし，高次脳機能障害による障害が第3級以上に該当する場合には，介護の要否及び程度を踏まえて認定すること。

　　また，以下に掲げた高次脳機能障害に関する障害の程度別の例は例示の一部であり，認定基準に示されたもの以外の4能力の喪失の程度別の例については，別添2「神経系統の機能又は精神の障害に関する医学的事項等」（以下「別添2」という。）の別紙「高次脳

機能障害整理表」を参考にすること。

　なお，高次脳機能障害は，脳の器質的病変に基づくものであることから，MRI，CT 等によりその存在が認められることが必要であること。

　また，神経心理学的な各種テストの結果のみをもって高次脳機能障害が認められないと判断することなく，4 能力の障害の程度により障害等級を認定すること。

> 注1　高次脳機能障害とは認知，行為（の計画と正しい手順
> 　　での遂行），記憶，思考，判断，言語，注意の持続などが
> 　　障害された状態であるとされており，全般的な障害とし
> 　　て意識障害や痴ほうも含むとされている。
> 　　2　4 能力を評価する際の要点については，別添 2 の第 1
> 　　の 1 を参照のこと。
> 　　3　認定基準に定める 4 能力の喪失の程度と「高次脳機能
> 　　障害整理表」に定める 4 能力の喪失の程度との関係につ
> 　　いては，別添 2 の第 1 の 2 を参照のこと。
> 　　4　神経心理学的な各種テスト等の検査結果は臨床判定の
> 　　際の有効な手段であるが，知能指数が高いにもかかわら
> 　　ず高次脳機能障害のために生活困難度が高い例がある。

㋐　「高次脳機能障害のため，生命維持に必要な身のまわり処理の動作について，常に他人の介護を要するもの」は，第 1 級の 3 とする。

　　以下の a 又は b が該当する。

　a　重篤な高次脳機能障害のため，食事・入浴・用便・更衣等に常時介護を要するもの

　b　高次脳機能障害による高度の痴ほうや情意の荒廃があるため，常時監視を要するもの

㋑　「高次脳機能障害のため，生命維持に必要な身のまわり処理の動作について，随時介護を要するもの」は，第 2 級の 2 の 2 とする。

　　以下の a，b 又は c が該当する。

　a　重篤な高次脳機能障害のため，食事・入浴・用便・更衣等に随時介護を要するもの

　b　高次脳機能障害による痴ほう，情意の障害，幻覚，妄想，頻回の発作性意識障害等のため随時他人による監視を必要とする

もの

c　重篤な高次脳機能障害のため自宅内の日常生活動作は一応できるが，1人で外出することなどが困難であり，外出の際には他人の介護を必要とするため，随時他人の介護を必要とするもの

㈡「生命維持に必要な身のまわり処理の動作は可能であるが，高次脳機能障害のため，労務に服することができないもの」は，第3級の3とする。

以下のa又はbが該当する。

a　4能力のいずれか1つ以上の能力が全部失われているもの

> 例1　意思疎通能力が全部失われた例
> 　　　「職場で他の人と意思疎通を図ることができない」場合
> 　2　問題解決能力が全部失われた例
> 　　　「課題を与えられても手順とおりに仕事を全く進めることができず，働くことができない」場合
> 　3　作業負荷に対する持続力・持久力が全部失われた例
> 　　　「作業に取り組んでもその作業への集中を持続することができず，すぐにその作業を投げ出してしまい，働くことができない」場合
> 　4　社会行動能力が全部失われた例
> 　　　「大した理由もなく突然感情を爆発させ，職場で働くことができない」場合

b　4能力のいずれか2つ以上の能力の大部分が失われているもの

㈢「高次脳機能障害のため，きわめて軽易な労務のほか服することができないもの」は，第5級の1の2とする。

以下のa又はbが該当する。

a　4能力のいずれか1つ以上の能力の大部分が失われているもの

> 問題解決能力の大部分が失われている例
> 「1人で手順とおりに作業を行うことは著しく困難であり，ひんぱんな指示がなければ対処できない」場合

b　4能力のいずれか2つ以上の能力の半分程度が失われているもの

㈣「高次脳機能障害のため，軽易な労務にしか服することができ

ないもの」は，第7級の3とする。

　以下のa又はbが該当する。

a　4能力のいずれか1つ以上の能力の半分程度が失われているもの

> 問題解決能力の半分程度が失われているものの例
> 「1人で手順とおりに作業を行うことに困難を生じることがあり，時々助言を必要とする」場合

b　4能力のいずれか2つ以上の能力の相当程度が失われているもの

(カ)　「通常の労務に服することはできるが，高次脳機能障害のため，社会通念上，その就労可能な職種の範囲が相当な程度に制限されるもの」は，第9級の7の2とする。

　高次脳機能障害のため4能力のいずれか1つ以上の能力の相当程度が失われているものが該当する。

> 問題解決能力の相当程度が失われているものの例
> 「1人で手順とおりに作業を行うことに困難を生じることがあり，たまには助言を必要とする」場合

(キ)　「通常の労務に服することはできるが，高次脳機能障害のため，多少の障害を残すもの」は，第12級の12とする。

　4能力のいずれか1つ以上の能力が多少失われているものが該当する。

(ク)　「通常の労務に服することはできるが，高次脳機能障害のため，軽微な障害を残すもの」は，第14級の9とする。

　MRI，CT等による他覚的所見は認められないものの，脳損傷のあることが医学的にみて合理的に推測でき，高次脳機能障害のためわずかな能力喪失が認められるものが該当する。

イ　身体性機能障害

(ア)　脳の損傷による身体性機能障害については，麻痺の範囲（四肢麻痺，片麻痺及び単麻痺）及びその程度（高度，中等度及び軽度）並びに介護の有無及び程度により障害等級を認定すること。

　麻痺の程度については，運動障害の程度をもって判断すること。

　ただし，麻痺のある四肢の運動障害（運動性，支持性，巧緻性及び速度についての支障）がほとんど認められない程度の麻痺については，軽度の麻痺に含めず，第12級の12として認定すること。

　　なお，麻痺の範囲及びその程度については，身体的所見及び
MRI，CT等によって裏付けることのできることを要するもので
ある。

注1　四肢麻痺とは両側の四肢の麻痺，片麻痺とは一側上
　　下肢の麻痺，対麻痺とは両下肢又は両上肢の麻痺，単
　　麻痺とは上肢又は下肢の一肢のみの麻痺をいう。
　2　脳の損傷による麻痺については，四肢麻痺，片麻痺
　　又は単麻痺が生じ，通常対麻痺が生じることはない。
　3　麻痺には運動障害及び感覚障害があるが，脳損傷に
　　より運動障害が生じた場合には通常運動障害の範囲に
　　一致した感覚障害（感覚脱失又は感覚鈍麻等）が随伴
　　する。

㈠　麻痺の程度については以下のとおりである。
　a　麻痺が高度とは，障害のある上肢又は下肢の運動性・支持性
　　がほとんど失われ，障害のある上肢又は下肢の基本動作（下肢
　　においては歩行や立位，上肢においては物を持ち上げて移動さ
　　せること）ができないものをいう。
　　　具体的には，以下のものをいう。
　　⒜　完全強直又はこれに近い状態にあるもの
　　⒝　上肢においては，三大関節及び5つの手指のいずれの関
　　　節も自動運動によっては可動させることができないもの又は
　　　これに近い状態にあるもの
　　⒞　下肢においては，三大関節のいずれも自動運動によっては
　　　可動させることができないもの又はこれに近い状態にあるも
　　　の
　　⒟　上肢においては，随意運動の顕著な障害により，障害を残し
　　　た一上肢では物を持ち上げて移動させることができないもの
　　⒠　下肢においては，随意運動の顕著な障害により，一下肢の
　　　支持性及び随意的な運動性をほとんど失ったもの
　b　麻痺が中等度とは，障害のある上肢又は下肢の運動性・支持
　　性が相当程度失われ，障害のある上肢又は下肢の基本動作にか
　　なりの制限があるものをいう。
　　　たとえば，次のようなものがある。
　　⒜　上肢においては，障害を残した一上肢では仕事に必要な軽
　　　量の物（概ね500g）を持ち上げることができないもの又は

　　障害を残した一上肢では文字を書くことができないもの

　(b)　下肢においては，障害を残した一下肢を有するため杖若し
　　くは硬性装具なしには階段を上ることができないもの又は障
　　害を残した両下肢を有するため杖若しくは硬性装具なしには
　　歩行が困難であるもの

　c　麻痺が軽度とは，障害のある上肢又は下肢の運動性・支持性
　　が多少失われており，障害のある上肢又は下肢の基本動作を行
　　う際の巧緻性及び速度が相当程度損なわれているものをいう。
　　　たとえば，次のようなものがある。

　(a)　上肢においては，障害を残した一上肢では文字を書くこと
　　に困難を伴うもの

　(b)　下肢においては，日常生活は概ね独歩であるが，障害を残
　　した一下肢を有するため不安定で転倒しやすく，速度も遅い
　　もの又は障害を残した両下肢を有するため杖若しくは硬性装
　　具なしには階段を上ることができないもの

(ウ)　身体性機能障害については，以下の基準により第 1 級〜第 12
　級の 7 段階で認定すること。

　a　「身体性機能障害のため，生命維持に必要な身のまわり処理
　　の動作について，常に他人の介護を要するもの」は，第 1 級
　　の 3 とする。

　　　以下のものが該当する。

　(a)　高度の四肢麻痺が認められるもの

　(b)　中等度の四肢麻痺であって，食事・入浴・用便・更衣等に
　　ついて常時介護を要するもの

　(c)　高度の片麻痺であって，食事・入浴・用便・更衣等につい
　　て常時介護を要するもの

　b　「身体性機能障害のため，生命維持に必要な身のまわり処理
　　の動作について，随時介護を要するもの」は，第 2 級の 2 の
　　2 とする。

　　　以下のものが該当する。

　(a)　高度の片麻痺が認められるもの

　(b)　中等度の四肢麻痺であって，食事・入浴・用便・更衣等に
　　ついて随時介護を要するもの

　c　「生命維持に必要な身のまわり処理の動作は可能であるが，
　　身体性機能障害のため，労務に服することができないもの」

は，第3級の3とする。

　　中等度の四肢麻痺（上記の(ウ)のa又はbに該当するものを除く。）が認められるものが該当する。

　d　「身体性機能障害のため，きわめて軽易な労務のほか服することができないもの」は，第5級の1の2とする。

　　以下のものが該当する。

　(a)　軽度の四肢麻痺が認められるもの

　(b)　中等度の片麻痺が認められるもの

　(c)　高度の単麻痺が認められるもの

　e　「身体性機能障害のため，軽易な労務以外には服することができないもの」は，第7級の3とする。

　　以下のものが該当する。

　(a)　軽度の片麻痺が認められるもの

　(b)　中等度の単麻痺が認められるもの

　f　「通常の労務に服することはできるが，身体性機能障害のため，社会通念上，その就労可能な職種の範囲が相当な程度に制限されるもの」は，第9級の7の2とする。

　　軽度の単麻痺が認められるものが該当する。

　g　「通常の労務に服することはできるが，身体性機能障害のため，多少の障害を残すもの」は，第12級の12とする。

　　運動性，支持性，巧緻性及び速度についての支障がほとんど認められない程度の軽微な麻痺を残すものが該当する。

　　また，運動障害は認められないものの，広範囲にわたる感覚障害が認められるものも該当する。

> 例1　軽微な随意運動の障害又は軽微な筋緊張の亢進が認められるもの
>
> 　2　運動障害を伴わないものの，感覚障害が概ね一上肢又は一下肢の全域にわたって認められるもの

(2)　非器質性の障害

　脳の器質的損傷を伴わない精神障害（以下「非器質性精神障害」という。）については，以下の基準によること。

ア　非器質性精神障害の後遺障害

　非器質性精神障害の後遺障害が存しているというためには，以下の(ア)の精神症状のうち1つ以上の精神症状を残し，かつ，(イ)の能力に関する判断項目のうち1つ以上の能力について障害が認めら

れることを要すること。

　㋐　精神症状

　　(1)　抑うつ状態

　　(2)　不安の状態

　　(3)　意欲低下の状態

　　(4)　慢性化した幻覚・妄想性の状態

　　(5)　記憶又は知的能力の障害

　　(6)　その他の障害（衝動性の障害，不定愁訴など）

　　〔注　各精神症状の内容については，別添２の第２の１を参
　　　　照のこと。〕

　㋑　能力に関する判断項目

　　(1)　身辺日常生活

　　(2)　仕事・生活に積極性・関心を持つこと

　　(3)　通勤・勤務時間の遵守

　　(4)　普通に作業を持続すること

　　(5)　他人との意思伝達

　　(6)　対人関係・協調性

　　(7)　身辺の安全保持，危機の回避

　　(8)　困難・失敗への対応

イ　就労意欲の低下等による区分

　㋐　就労している者又は就労の意欲のある者

　　　現に就労している者又は就労の意欲はあるものの就労はしていない者については，アの㋐の精神症状のいずれか１つ以上が認められる場合に，アの㋑の能力に関する８つの判断項目（以下「判断項目」という。）の各々について，その有無及び助言・援助の程度（「時に」又は「しばしば」必要）により障害等級を認定すること。

　㋑　就労意欲の低下又は欠落により就労していない者

　　　就労意欲の低下又は欠落により就労していない者については，身辺日常生活が可能である場合に，アの㋑の(1)の身辺日常生活の支障の程度により認定すること。

　　　なお，就労意欲の低下又は欠落により就労していない者とは，職種に関係なく就労意欲の低下又は欠落が認められる者をいい，特定の職種について就労の意欲のある者については上記イの㋐に該当するものであること。

$$\left[\begin{array}{l}\text{注　各能力の低下を判断する際の要点については，別添2}\\ \text{の第2の2を参照のこと}\end{array}\right]$$

ウ　障害の程度に応じた認定

　　非器質性精神障害は，次の3段階に区分して認定すること。

(ア)　「通常の労務に服することはできるが，非器質性精神障害のため，就労可能な職種が相当な程度に制限されるもの」は，第9級の7の2とする。

　　以下のa又はbが該当する。

　a　イの(ア)に該当する場合には，判断項目のうち(2)～(8)のいずれか1つの能力が失われているもの又は判断項目の4つ以上についてしばしば助言・援助が必要と判断される障害を残しているもの

$$\left[\begin{array}{l}\text{例　非器質性精神障害のため，「対人業務につけない」こ}\\ \text{とによる職種制限が認められる場合}\end{array}\right]$$

　b　イの(イ)に該当する場合には，身辺日常生活について時に助言・援助を必要とする程度の障害が残存しているもの

(イ)　「通常の労務に服することはできるが，非器質性精神障害のため，多少の障害を残すもの」は，第12級の12とする。

　　以下のa又はbが該当する。

　a　イの(ア)に該当する場合には，判断項目の4つ以上について時に助言・援助が必要と判断される障害を残しているもの

$$\left[\begin{array}{l}\text{例　非器質性精神障害のため，「職種制限は認められない}\\ \text{が，就労に当たりかなりの配慮が必要である」場合}\end{array}\right]$$

　b　イの(イ)に該当する場合には，身辺日常生活を適切又は概ねできるもの

(ウ)　「通常の労務に服することはできるが，非器質性精神障害のため，軽微な障害を残すもの」は，第14級の9とする。

　　判断項目の1つ以上について時に助言・援助が必要と判断される障害を残しているものが該当する。

$$\left[\begin{array}{l}\text{例　非器質性精神障害のため，「職種制限は認められないが，}\\ \text{就労に当たり多少の配慮が必要である」場合}\end{array}\right]$$

エ　重い症状を残している者の治ゆの判断等

　　重い症状を有している者（判断項目のうち(1)の能力が失われている者又は判断項目のうち(2)～(8)のいずれか2つ以上の能力が失われている者）については，非器質性精神障害の特質上症状の改善が

見込まれることから，症状に大きな改善が認められない状態に一時的に達した場合であっても，原則として療養を継続すること。

ただし，療養を継続して十分な治療を行ってもなお症状に改善の見込みがないと判断され，症状が固定しているときには，治ゆの状態にあるものとし，障害等級を認定すること。

なお，その場合の障害等級の認定は本認定基準によらずに，本省に協議の上認定すること。

注1　非器質性精神障害については，症状が重篤であっても将来において大幅に症状の改善する可能性が十分にあるという特質がある。

2　業務による心理的負荷を原因とする非器質性精神障害は，業務による心理的負荷を取り除き，適切な治療を行えば，多くの場合概ね半年〜1年，長くても2〜3年の治療により完治するのが一般的であって，業務に支障の出るような後遺症状を残すケースは少なく，障害を残した場合においても各種の日常生活動作がかなりの程度でき，一定の就労が可能となる程度以上に症状がよくなるのが通常である。

2　せき髄の障害

(1)　せき髄の損傷（第2腰椎以下のせき柱内の馬尾神経が損傷された場合も含む。以下同じ。）による障害については，以下によること。

外傷などによりせき髄が損傷され，対麻痺や四肢麻痺が生じた場合には，広範囲にわたる感覚障害や尿路障害（神経因性膀胱障害）などの腹部臓器の障害が通常認められる。さらには，せき柱の変形や運動障害（以下「せき柱の変形等」という。）が認められることも多い。このようにせき髄が損傷された場合には複雑な諸症状を呈する場合が多いが，せき髄損傷が生じた場合の障害等級の認定は，原則として，脳の身体性機能障害と同様に身体的所見及びMRI，CT等によって裏付けることのできる麻痺の範囲と程度により障害等級を認定すること。

ただし，せき髄損傷に伴う胸腹部臓器の障害やせき柱の障害による障害の等級が麻痺により判断される障害の等級よりも重い場合には，それらの障害の総合評価により等級を認定すること。

なお，せき髄損傷による障害が第3級以上に該当する場合には，介護の要否及び程度を踏まえて認定すること。

注1　せき柱に外力が加わることにより，せき柱の変形等が生

じることがあるとともに，せき髄の損傷が生じた場合には，麻痺や感覚障害，神経因性膀胱障害等の障害が生じる。

　このため，せき髄の損傷による障害に関する認定基準は麻痺の範囲と程度に着目して等級を認定するものとなっているが，各等級は通常伴うそれらの障害も含めて格付したものである。

2　せき髄は，解剖学的には第1腰椎より高位に存在し，第2腰椎以下には存在しないが，第2腰椎以下のせき柱内の馬尾神経が損傷された場合においても，せき髄の損傷による障害である下肢の運動麻痺（運動障害），感覚麻痺（感覚障害），尿路機能障害又は腸管機能障害（神経因性膀胱障害又は神経因性直腸障害）等が生じることから，せき髄損傷に含めて運用する。また，広義のせき髄損傷には馬尾神経損傷が含まれる。

(2)　せき髄の損傷による障害は，次の7段階に区分して等級を認定すること。

ア　「せき髄症状のため，生命維持に必要な身のまわり処理の動作について，常に他人の介護を要するもの」は，第1級の3とする。

以下のものが該当する。

(ｱ)　高度の四肢麻痺が認められるもの

(ｲ)　高度の対麻痺が認められるもの

(ｳ)　中等度の四肢麻痺であって，食事・入浴・用便・更衣等について常時介護を要するもの

(ｴ)　中等度の対麻痺であって，食事・入浴・用便・更衣等について常時介護を要するもの

> 例　第2腰髄以上で損傷を受けたことにより両下肢の高度の対麻痺，神経因性膀胱障害及び脊髄の損傷部位以下の感覚障害が生じたほか，せき柱の変形等が認められるもの

イ　「せき髄症状のため，生命維持に必要な身のまわり処理の動作について，随時介護を要するもの」は，第2級の2の2とする。

以下のものが該当する。

(ｱ)　中等度の四肢麻痺が認められるもの

(ｲ)　軽度の四肢麻痺であって，食事・入浴・用便・更衣等について随時介護を要するもの

(ｳ)　中等度の対麻痺であって，食事・入浴・用便・更衣等について

随時介護を要するもの

> 例　第2腰髄以上で損傷を受けたことにより両下肢の中等
> 度の対麻痺が生じたために，立位の保持に杖又は硬性装具
> を要するとともに，軽度の神経因性膀胱障害及び脊髄の損
> 傷部位以下の感覚障害が生じたほか，せき柱の変形が認め
> られるもの

ウ　「生命維持に必要な身のまわり処理の動作は可能であるが，せき
髄症状のために労務に服することができないもの」は，第3級の3
とする。

以下のものが該当する。

(ア)　軽度の四肢麻痺が認められるもの（上記イの(イ)に該当するもの
を除く。）

(イ)　中等度の対麻痺が認められるもの（上記アの(エ)又はイの(ウ)に該
当するものを除く。）

エ　「せき髄症状のため，きわめて軽易な労務のほかに服することが
できないもの」は，第5級の1の2とする。

以下のものが該当する。

(ア)　軽度の対麻痺が認められるもの

(イ)　一下肢の高度の単麻痺が認められるもの

オ　「せき髄症状のため，軽易な労務以外には服することができない
もの」は，第7級の3とする。

一下肢の中等度の単麻痺が認められるものが該当する。

> 例　第2腰髄以上で脊髄の半側のみ損傷を受けたことにより
> 一下肢の中等度の単麻痺が生じたために，杖又は硬性装具
> なしには階段をのぼることができないとともに，脊髄の損傷部
> 位以下の感覚障害が認められるもの

カ　「通常の労務に服することはできるが，せき髄症状のため，就労
可能な職種の範囲が相当な程度に制限されるもの」は，第9級の7
の2とする。

一下肢の軽度の単麻痺が認められるものが該当する。

> 例　第2腰髄以上で脊髄の半側のみ損傷を受けたことにより
> 一下肢の軽度の単麻痺が生じたために日常生活は独歩である
> が，不安定で転倒しやすく，速度も遅いとともに，脊髄の損
> 傷部位以下の感覚障害が認められるもの

キ　「通常の労務に服することはできるが，せき髄症状のため，多少

の障害を残すもの」は，第12級の12とする。

　運動性，支持性，巧緻性及び速度についての支障がほとんど認められない程度の軽微な麻痺を残すものが該当する。

　また，運動障害は認められないものの，広範囲にわたる感覚障害が認められるものも該当する。

> 例1　軽微な筋緊張の亢進が認められるもの
> 　2　運動障害を伴わないものの，感覚障害が概ね一下肢にわたって認められるもの

3　末梢神経障害

　末梢神経麻痺に係る等級の認定は，原則として，損傷を受けた神経の支配する身体各部の器官における機能障害に係る等級により認定すること。

4　その他特徴的障害

(1)　外傷性てんかん

ア　外傷性てんかんに係る等級の認定は発作の型，発作回数等に着目し，以下の基準によること。

　なお，1ヵ月に2回以上の発作がある場合には，通常高度の高次脳機能障害を伴っているので，脳の高次脳機能障害に係る第3級以上の認定基準により障害等級を認定すること。

> 注　上記4の(1)のアのなお書きの趣旨は，第5級を超える頻度，すなわち，「1ヵ月に2回以上の発作がある場合」には，医学経験則上そのような症状で「てんかん」発作のみが単独で残存することは想定しがたく，通常は脳挫傷があり，高度な高次脳機能障害を残す状態でてんかん発作を伴っているケースが考えられることによる。

(ア)　「1ヵ月に1回以上の発作があり，かつ，その発作が「意識障害の有無を問わず転倒する発作」又は「意識障害を呈し，状況にそぐわない行為を示す発作」（以下「転倒する発作等」という。）であるもの」は，第5級の1の2とする。

> 例1　転倒する発作には，「意識消失が起こり，その後ただちに四肢等が強くつっぱる強直性のけいれんが続き，次第に短時間の収縮と弛緩をくりかえす間代性のけいれんに移行する」強直間代発作や脱力発作のうち「意識は通常あるものの，筋緊張が消失して倒れてしまうもの」が該当する。
> 　2　「意識障害を呈し，状況にそぐわない行為を示す発

作」には，意識混濁を呈するとともにうろうろ歩き回るなど目的性を欠く行動が自動的に出現し，発作中は周囲の状況に正しく反応できないものが該当する。

(イ)　「転倒する発作等が数ヶ月に1回以上あるもの又は転倒する発作等以外の発作が1ヵ月に1回以上あるもの」は，第7級の3とする。

(ウ)　「数ヵ月に1回以上の発作が転倒する発作等以外の発作であるもの又は服薬継続によりてんかん発作がほぼ完全に抑制されているもの」は，第9級の7の2とする。

(エ)　「発作の発現はないが，脳波上に明らかにてんかん性棘波を認めるもの」は，第12級の12とする。

(2)　頭痛

頭痛については，頭痛の型の如何にかかわらず，疼痛による労働又は日常生活上の支障の程度を疼痛の部位，性状，強度，頻度，持続時間及び日内変動並びに疼痛の原因となる他覚的所見により把握し，障害等級を認定すること。

ア　「通常の労務に服することはできるが激しい頭痛により，時には労働に従事することができなくなる場合があるため，就労可能な職種の範囲が相当な程度に制限されるもの」は，第9級の7の2に該当する。

イ　「通常の労務に服することはできるが，時には労働に差し支える程度の強い頭痛がおこるもの」は，第12級の12に該当する。

ウ　「通常の労務に服することはできるが，頭痛が頻回に発現しやすくなったもの」は，第14級の9に該当する。

(3)　失調，めまい及び平衡機能障害

失調，めまい及び平衡機能障害については，その原因となる障害部位によって分けることが困難であるので，総合的に認定基準に従って障害等級を認定すること。

ア　「生命の維持に必要な身のまわり処理の動作は可能であるが，高度の失調又は平衡機能障害のために労務に服することができないもの」は第3級の3に該当する。

イ　「著しい失調又は平衡機能障害のために，労働能力がきわめて低下し一般平均人の1/4程度しか残されていないもの」は，第5級の1の2に該当する。

ウ　「中等度の失調又は平衡機能障害のために，労働能力が一般平均

人の1/2以下程度に明らかに低下しているもの」は第7級の3に該当する。

エ　「通常の労務に服することはできるが，めまいの自覚症状が強く，かつ，眼振その他平衡機能検査に明らかな異常所見が認められ，就労可能な職種の範囲が相当程度に制限されるもの」は，第9級の7の2に該当する。

オ　「通常の労務に服することはできるが，めまいの自覚症状があり，かつ，眼振その他平衡機能検査の結果に異常所見が認められるもの」は，第12級の12に該当する。

カ　「めまいの自覚症状はあるが，眼振その他平衡機能検査の結果に異常所見が認められないものの，めまいのあることが医学的にみて合理的に推測できるもの」は，第14級の9に該当する。

(4) 疼痛等感覚障害

ア　受傷部位の疼痛及び疼痛以外の感覚障害については，次により認定すること。

(ア) 疼痛

a　「通常の労務に服することはできるが，時には強度の疼痛のため，ある程度差し支えがあるもの」は，第12級の12とする。

b　「通常の労務に服することはできるが，受傷部位にほとんど常時疼痛を残すもの」は，第14級の9とする。

(イ) 疼痛以外の感覚障害

疼痛以外の異常感覚（蟻走感，感覚脱失等）が発現した場合は，その範囲が広いものに限り，第14級の9に認定すること。

イ　特殊な性状の疼痛

(ア) カウザルギーについては，疼痛の部位，性状，疼痛発作の頻度，疼痛の強度と持続時間及び日内変動並びに疼痛の原因となる他覚的所見などにより，疼痛の労働能力に及ぼす影響を判断して次のごとく等級の認定を行うこと。

a　「軽易な労務以外の労働に常に差し支える程度の疼痛があるもの」は，第7級の3とする。

b　「通常の労務に服することはできるが，疼痛により時には労働に従事することができなくなるため，就労可能な職種の範囲が相当な程度に制限されるもの」は，第9級の7の2とする。

c　「通常の労務に服することはできるが，時には労働に差し支える程度の疼痛が起こるもの」は，第12級の12とする。

(イ)　反射性交感神経性ジストロフィー（RSD）については，(1)関節
拘縮，(2)骨の萎縮，(3)皮膚の変化（皮膚温の変化，皮膚の萎縮）
という慢性期の主要な３つのいずれの症状も健側と比較して明
らかに認められる場合に限り，カウザルギーと同様の基準によ
り，それぞれ第７級の３，第９級の７の２，第12級の12に認
定すること。

> 注　外傷後疼痛が治ゆ後も消退せず，疼痛の性質，強さなど
> について病的な状態を呈することがある。この外傷後疼痛
> のうち特殊な型としては，末梢神経の不完全損傷によって
> 生ずる灼熱痛（カウザルギー）があり，これは，血管運動
> 性症状，発汗の異常，軟部組織の栄養状態の異常，骨の変
> 化（ズデック萎縮）などを伴う強度の疼痛である。
> 　また，これに類似して，例えば尺骨神経等の主要な末梢
> 神経の損傷がなくても，微細な末梢神経の損傷が生じ，外
> 傷部位に，同様の疼痛がおこることがある（反射性交感神
> 経性ジストロフィー（RSD）という。）が，その場合，エ
> ックス線写真等の資料により，上記の要件を確認すること
> ができる。
> 　なお，障害等級認定時において，外傷後生じた疼痛が自
> 然的経過によって消退すると認められるものは，障害補償
> の対象とはならない。

第3　その他

1　脳損傷により障害を生じた場合であって，当該障害について，障害
等級表上，該当する等級（準用等級を含む。）があり，かつ，生じた障
害が単一であるときは，その等級により認定すること。

> 例　１側の後頭葉視覚中枢の損傷によって，両眼の反対側の視野欠
> 損を生ずるが，この場合は，視野障害の等級として定められてい
> る第９級の３により認定する。

2　せき髄損傷により障害を生じた場合であって，当該障害について，
障害等級表上，該当する等級（準用等級を含む。）があり，かつ，生じ
た障害が単一であるときは，その等級により認定すること。

> 例　第４仙髄の損傷のため軽度の尿路障害（第11級の９）が生じ
> た場合は，胸腹部臓器の障害として定められている第11級の９
> により認定する。

②－2　神経系統の機能又は精神の障害に関する医学的事項等

第1　高次脳機能障害

　1　評価の着眼点

　　　高次脳機能障害は，4能力に係る喪失の程度により評価を行う。評価を行う際の要点は以下のとおりである。

　(1)　意思疎通能力（記銘・記憶力，認知力，言語力等）

　　　職場において他人とのコミュニケーションを適切に行えるかどうか等について判定する。主に記銘・記憶力，認知力又は言語力の側面から判断を行う。

　(2)　問題解決能力（理解力，判断力等）

　　　作業課題に対する指示や要求水準を正確に理解し適切な判断を行い，円滑に業務が遂行できるかどうかについて判定する。主に理解力，判断力又は集中力（注意の選択等）について判断を行う。

　(3)　作業負荷に対する持続力・持久力

　　　一般的な就労時間に対処できるだけの能力が備わっているかどうかについて判定する。精神面における意欲，気分又は注意の集中の持続力・持久力について判断を行う。その際，意欲又は気分の低下等による疲労感や倦怠感を含めて判断する。

　(4)　社会行動能力（協調性等）

　　　職場において他人と円滑な共同作業，社会的行動ができるかどうか等について判定する。主に協調性の有無や不適切な行動（突然大した理由もないのに怒る等の感情や欲求のコントロールの低下による場違いな行動等）の頻度についての判断を行う。

　2　高次脳機能障害整理表

　　　高次脳機能障害の障害認定は，上記の4能力に係る喪失の程度に応じた認定基準に従って行うものであるが，別紙の高次脳機能障害整理表は，障害の程度別に能力喪失の例を参考として示したものである。

　　　なお，別紙の高次脳機能障害整理表の「喪失の程度」の欄と認定基準における労働能力の喪失の程度の関係は，以下のとおりである。

　　「A：多少の困難はあるが概ね自力でできる」は，能力を「わずかに」喪失（第14級の認定基準参照）

　　「B：困難はあるが概ね自力でできる」は，能力を「多少」喪失（第12級の認定基準参照）

　　「C：困難はあるが多少の援助があればできる」は，能力の「相当程

　　度」を喪失（第9級の認定基準を参照）
　「D：困難はあるがかなりの援助があればできる」は，能力の「半分程
　　度」を喪失（第7級の認定基準を参照）
　「E：困難が著しく大きい」は，能力の「大部分」を喪失（第5級の
　　認定基準を参照）
　「F：できない」は，能力の「全部」を喪失（第3級の認定基準を参
　　照）

第2　非器質性精神障害
　1　精神症状
　　　精神症状については，抑うつ状態，不安の状態，意欲低下の状態，慢
　　性化した幻覚・妄想性の状態，記憶又は知的能力の障害及びその他の障
　　害（衝動性の障害，不定愁訴など）の6つの症状の有無等に着目する
　　こととしているが，その内容は以下のとおりである。
　　(1)　抑うつ状態
　　　　持続するうつ気分（悲しい，寂しい，憂うつである，希望がない，
　　　絶望的である等），何をするのもおっくうになる（おっくう感），それ
　　　まで楽しかったことに対して楽しいという感情がなくなる，気が進ま
　　　ないなどの状態である。
　　(2)　不安の状態
　　　　全般的不安や恐怖，心気症，強迫など強い不安が続き，強い苦悩を
　　　示す状態である。
　　(3)　意欲低下の状態
　　　　すべてのことに対して関心が湧かず，自発性が乏しくなる，自ら積
　　　極的に行動せず，行動を起こしても長続きしない。口数も少なくな
　　　り，日常生活上の身の回りのことにも無精となる状態である。
　　(4)　慢性化した幻覚・妄想性の状態
　　　　自分に対する噂や悪口あるいは命令が聞こえる等実際には存在しな
　　　いものを知覚体験すること（幻覚），自分が他者から害を加えられて
　　　いる，食べ物や薬に毒が入っている，自分は特別な能力を持っている
　　　等内容が間違っており，確信が異常に強く，訂正不可能でありその人
　　　個人だけ限定された意味付け（妄想）などの幻覚，妄想を持続的に示
　　　す状態である。
　　(5)　記憶又は知的能力の障害
　　　　非器質性の記憶障害としては，解離性（心因性）健忘がある。自分
　　　が誰であり，どんな生活史を持っているかをすっかり忘れてしまう全

　　　生活史健忘や生活史の中の一定の時期や出来事のことを思い出せない
　　状態である。
　　　非器質性の知的能力の障害としては，解離性（心因性）障害の場合
　　がある。日常身辺生活は普通にしているのに改めて質問すると，自分
　　の名前を答えられない，年齢は3つ，1+1は3のように的外れの回
　　答をするような状態（ガンザー症候群，仮性痴呆）である。
　(6)　その他の障害（衝動性の障害，不定愁訴など）
　　　その他の障害には，上記(1)から(5)に分類できない症状，多動（落ち
　　着きの無さ），衝動行動，徘徊，身体的な自覚症状や不定愁訴などが
　　ある。
2　能力に関する判断項目
　　非器質性精神障害については，8つの能力について，能力の有無及び
　必要となる助言・援助の程度に着目し，評価を行う。評価を行う際の要
　点は以下のとおりである。
　(1)　身辺日常生活
　　　入浴をすることや更衣をすることなど清潔保持を適切にすることが
　　できるか，規則的に十分な食事をすることができるかについて判定す
　　るものである。
　　　なお，食事・入浴・更衣以外の動作については，特筆すべき事項が
　　ある場合には加味して判定を行う。
　(2)　仕事・生活に積極性・関心を持つこと
　　　仕事の内容，職場での生活や働くことそのもの，世の中の出来事，
　　テレビ，娯楽等の日常生活等に対する意欲や関心があるか否かについ
　　て判定するものである。
　(3)　通勤・勤務時間の遵守
　　　規則的な通勤や出勤時間等約束時間の遵守が可能かどうかについて
　　判定するものである。
　(4)　普通に作業を持続すること
　　　就業規則に則った就労が可能かどうか，普通の集中力・持続力をも
　　って業務を遂行できるかどうかについて判定するものである。
　(5)　他人との意思伝達
　　　職場において上司・同僚等に対して発言を自主的にできるか等他人
　　とのコミュニケーションが適切にできるかを判定するものである。
　(6)　対人関係・協調性
　　　職場において上司・同僚と円滑な共同作業，社会的な行動ができるか

どうか等について判定するものである。

(7)　身辺の安全保持，危機の回避

　　職場における危険等から適切に身を守れるかどうかを判定するものである。

(8)　困難・失敗への対応

　　職場において新たな業務上のストレスを受けたとき，ひどく緊張したり，混乱することなく対処できるか等どの程度適切に対応できるかということを判断するものである。

3　重い障害を残している者の例

　業務による心理的負荷を原因とする非器質性精神障害は，業務による心理的負荷を取り除き，適切な治療を行えば，多くの場合概ね半年〜1年，長くても2〜3年の治療により完治するのが一般的であるが，非常にまれに「持続的な人格変化」を認めるという重篤な症状が残存することがあり，その場合には本省にりん伺の上，障害等級を認定する必要がある。

「人格変化」を認める場合とは，

(1)　著しく調和を欠く態度と行動

(2)　異常行動は持続的かつ長期間にわたって認められ，エピソード的ではない

(3)　異常行動は広範にわたり，広い範囲の個人的社会的状況に対して非適応的である

(4)　通常，職業，社会生活の遂行上重大な障害を伴う

　という要件を満たすことが必要とされており，こうした状態はほとんど永続的に継続するものと考えられている。

4　障害の程度の判断

　非器質性精神障害の後遺障害の場合，症状が固定する時期にあっても，症状や能力低下に変動がみられることがあるが，その場合には良好な場合のみ，あるいは悪化した場合のみをとらえて判断することなく，療養中の状態から判断して障害の幅を踏まえて判断するのが適当である。

第3　せき髄損傷（略）

第4　その他の特徴的な障害（略）

別　紙　　　　　　　　　　　**高次脳機能障害整理表**

障害の区分 そう失 の程度	高　次　脳　機　能　障　害			
	意思疎通能力 （記銘・記憶力，認 知力，言語力等）	問題解決能力 （理解力，判断力等）	作業負荷に対する 持続力・持久力	社会行動能力 （協調性等）
A 多少の困難 はあるが概 ね自力でで きる	(1) 特に配慮しても らわなくても，職 場で他の人と意思 疎通をほぼ図るこ とができる。 (2) 必要に応じ，こ ちらから電話をか けることができ， かかってきた電話 の内容をほぼ正確 に伝えることがで きる。	(1) 複雑でない手順 であれば，理解し て実行できる。 (2) 抽象的でない作 業であれば，1人 で判断することが でき，実行でき る。	概ね8時間支障な く働ける。	障害に起因する不 適切な行動はほと んど認められない。
B 困難はある が概ね自力 でできる	(1) 職場で他の人と 意思疎通を図るこ とに困難を生じる ことがあり，ゆっ くり話してもらう 必要が時々ある。 (2) 普段の会話はで きるが，文法的な 間違いをしたり， 適切な言葉を使え ないことがある。	AとCの中間	AとCの中間	AとCの中間
C 困難はある が多少の援 助があれば できる	(1) 職場で他の人と 意思疎通を図るこ とに困難を生じる ことがあり，意味 を理解するために はたまには繰り返 してもらう必要が ある。 (2) かかってきた電 話の内容を伝える ことはできるが， 時々困難を生じる。	(1) 手順を理解する ことに困難を生じ ることがあり，た まには助言を要す る。 (2) 1人で判断する ことに困難を生じ ることがあり，た まには助言を必要 とする。	障害のために予定 外の休憩あるいは注 意を喚起するための 監督がたまには必要 であり，それなしに は概ね8時間働けな い。	障害に起因する不 適切な行動がたまに は認められる。

D 困難はあるがかなりの援助があればできる	(1) 職場で他の人と意思疎通を図ることに困難を生じることがあり，意味を理解するためには時々繰り返してもらう必要がある。 (2) かかってきた電話の内容を伝えることに困難を生じることが多い。 (3) 単語を羅列することによって，自分の考え方を伝えることができる。	CとEの中間	CとEの中間	CとEの中間
E 困難が著しく大きい	(1) 実物を見せる，やってみせる，ジェスチャーで示す，などのいろいろな手段と共に話しかければ，短い文や単語くらいは理解できる。 (2) ごく限られた単語を使ったり，誤りの多い話し方をしながらも，何とか自分の欲求や望みだけは伝えられるが，聞き手が繰り返して尋ねたり，いろいろと推測する必要がある。	(1) 手順を理解することは著しく困難であり，頻繁な助言がなければ対処できない。 (2) 1人で判断することは著しく困難であり，頻繁な指示がなければ対処できない。	障害により予定外の休憩あるいは注意を喚起するための監督を頻繁に行っても半日程度しか働けない。	障害に起因する非常に不適切な行動が頻繁に認められる。
F できない	職場で他の人と意思疎通を図ることができない。	課題を与えられてもできない。	持続力に欠け働くことができない。	社会性に欠け働くことができない。

様式1　脳損傷又はせき髄損傷による障害の状態に関する意見書（略）
様式2　日常生活状況報告表（略）
様式3　非器質性精神障害の後遺障害の状態に関する意見書（略）

③　意識障害の測定方法

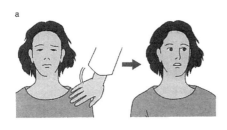

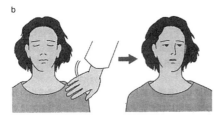

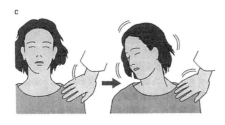

Japan Coma Scale（JCS）
a：1 桁（0〜3 点），b：2 桁（10〜30 点），c：3 桁（100 〜300 点）

Japan Coma Scale（JCS）

Ⅰ．刺激しないでも覚醒している状態（1 桁）
　　（delirium, confusion, senselessness）
　0．清明
　1．清明とはいえない
　2．見当識障害がある
　3．自分の名前，生年月日が言えない
Ⅱ．刺激（verbal stimuli）すると覚醒する状態（刺激を
　　やめると眠り込む）（2 桁）
　　（stupor, lethargy, hypersomnia, somnolence,
　　drowsiness）
　10．普通の呼びかけで容易に開眼する（合目的的な
　　　運動をするし，言葉も出るが，間違いが多い）
　20．大きな声または身体をゆさぶることにより開眼
　　　する（簡単な命令に応じる）
　30．痛み刺激を加えつつ呼びかけを繰り返すとかろ
　　　うじて開眼する
Ⅲ．刺激（noxious stimuli）しても覚醒しない状態（3 桁）
　　（deep coma, coma, semicoma）
　100．痛み刺激に対して，はらいのけるような運動を
　　　　する
　200．痛み刺激に対して，少し手足を動かしたり，顔
　　　　をしかめたりする
　300．痛み刺激に反応しない
R：restlessness（不穏状態），I：incontinence（失禁），A：
akinetic mutism（無動無性言［症］），apallic state（失外
套状態）を付記する場合もある

Glasgow Coma Scale（GCS）

E．開眼　eye-opening
　4．自発的　spontaneous
　3．言葉により　to speech
　2．痛み刺激により　to pain
　1．なし　none
M．運動反応　best motor response
　6．命令に従う　obeying
　5．はらいのける　localizing
　4．逃避的屈曲　withdrawal flexing
　3．異常な屈曲　abnormal flexing
　2．伸展する　extending
　1．なし　none
V．言語性反応　best verbal response
　5．見当識あり　orientated
　4．錯乱状態　confused
　3．不適当　inappropriate
　2．理解できない　incomprehensible
　1．なし　none

注：合計点（EMV score）は 3〜15 点であり，昏睡が 3〜4 点，
清明が 15 点である。

出典：飯原弘二「意識障害」新井一監修『標準脳神経外科学［第 15 版］』132 頁（医学
　書院，令 3）より

④　PTSD（心的外傷後ストレス障害）の診断基準

ICD-10 の診断基準

F43.1　心的外傷後ストレス障害　Post-traumatic stress disorder

A．並はずれた脅威や破局的な性質でストレスの強い出来事または状況（短期または長期にわたる）に曝露されて，それはほとんどの人にとって広範な苦痛をもたらすと考えられるようなものであること。

B．侵入性の「フラッシュバック」，生々しい記憶，繰り返し見る夢，あるいはストレス因に似た状況や関連した状況に曝されたときに体験する苦痛によって，ストレス因の記憶がしつこくよみがえったり，「再体験」したりする。

C．そのストレス因と類似または関係する状況からの現実的な回避，あるいは回避を好むこと。それらは，ストレス因に曝される以前には存在していないこと。

D．次の(1)または(2)のうち，いずれかが存在すること。

(1)　想起不能が，部分的であれ完全なものであれ，ストレス因に曝された時期のいくつかの重要な局面において，みられること。

(2)　持続性の心理的過感受性と過覚醒症状として次のうちの 2 項目以上（ストレス因に曝される以前には存在していないこと）。

(a)　入眠困難や睡眠（熟眠）困難

(b)　焦燥感または怒りの爆発

(c)　集中困難

(d)　過度の警戒

(e)　過度の驚愕反応

E．基準 B，C，D のすべてが，ストレスフルな出来事の 6 カ月以内またはストレス期の終わりの時点までに起こっていること（研究目的によっては，6 カ月以上遅れた発症も含めてよいが，その場合は明確に区別して特定しておくべきである）。

出典：中根允文＝岡崎祐士＝藤原妙子＝中根秀之＝針間博彦（訳）『ICD-10 精神および行動の障害─ DCR 研究用診断基準─〔新訂版〕』109 頁，110 頁（医学書院，平 20）より

DSM-5 の診断基準

心的外傷後ストレス障害

注：以下の基準は成人，青年，6歳を超える子どもについて適用する。6歳以下の子どもについては後述の基準を参照すること。

A．実際にまたは危うく死ぬ，重症を負う，性的暴力を受ける出来事への，以下のいずれか1つ（またはそれ以上）の形による曝露：

(1) 心的外傷的出来事を直接体験する。

(2) 他人に起こった出来事を直に目撃する。

(3) 近親者または親しい友人に起こった心的外傷的出来事を耳にする。家族または友人が実際に死んだ出来事または危うく死にそうになった出来事の場合，それは暴力的なものまたは偶発的なものでなくてはならない。

(4) 心的外傷的出来事の強い不快感をいだく細部に，繰り返しまたは極端に曝露される体験をする（例：遺体を収集する緊急対応要員，児童虐待の詳細に繰り返し曝露される警官）。

　　注：基準 A4 は，仕事に関連するものでない限り，電子媒体，テレビ，映像，または写真による曝露には適用されない。

B．心的外傷的出来事の後に始まる，その心的外傷的出来事に関連した，以下のいずれか1つ（またはそれ以上）の侵入症状の存在：

(1) 心的外傷的出来事の反復的，不随意的，および侵入的で苦痛な記憶

　　注：6歳を超える子どもの場合，心的外傷的出来事の主題または側面が表現された遊びを繰り返すことがある。

(2) 夢の内容と感情またはそのいずれかが心的外傷的出来事に関連している，反復的で苦痛な夢

　　注：子どもの場合，内容のはっきりしない恐ろしい夢のことがある。

(3) 心的外傷的出来事が再び起こっているように感じる，またはそのように行動する解離症状（例：フラッシュバック）（このような反応は1つの連続体として生じ，非常に極端な場合は現実の状況への認識を完全に喪失するという形で現れる）。

　　注：子どもの場合，心的外傷に特異的な再演が遊びの中で起こることがある。

(4) 心的外傷的出来事の側面を象徴するまたはそれに類似する，内的または外的なきっかけに曝露された際の強烈なまたは遷延する心理的

苦痛
(5)　心的外傷的出来事の側面を象徴するまたはそれに類似する，内的または外的なきっかけに対する顕著な生理学的反応
C．心的外傷的出来事に関連する刺激の持続的回避。心的外傷的出来事の後に始まり，以下のいずれか1つまたは両方で示される。
(1)　心的外傷的出来事についての，または密接に関連する苦痛な記憶，思考，または感情の回避，または回避しようとする努力
(2)　心的外傷的出来事についての，または密接に関連する苦痛な記憶，思考，または感情を呼び起こすことに結びつくもの（人，場所，会話，行動，物，状況）の回避，または回避しようとする努力
D．心的外傷的出来事に関連した認知と気分の陰性の変化。心的外傷的出来事の後に発現または悪化し，以下のいずれか2つ（またはそれ以上）で示される。
(1)　心的外傷的出来事の重要な側面の想起不能（通常は解離性健忘によるものであり，頭部外傷やアルコール，または薬物など他の要因によるものではない）
(2)　自分自身や他者，世界に対する持続的で過剰に否定的な信念や予想（例：「私が悪い」，「誰も信用できない」，「世界は徹底的に危険だ」，「私の全神経系は永久に破壊された」）
(3)　自分自身や他者への非難につながる，心的外傷的出来事の原因や結果についての持続的でゆがんだ認識
(4)　持続的な陰性の感情状態（例：恐怖，戦慄，怒り，罪悪感，または恥）
(5)　重要な活動への関心または参加の著しい減退
(6)　他者から孤立している，または疎遠になっている感覚
(7)　陽性の情動を体験することが持続的にできないこと（例：幸福や満足，愛情を感じることができないこと）
E．心的外傷的出来事と関連した，覚醒度と反応性の著しい変化。心的外傷的出来事の後に発現または悪化し，以下のいずれか2つ（またはそれ以上）で示される。
(1)　人や物に対する言語的または身体的な攻撃性で通常示される，（ほとんど挑発なしでの）いらだたしさと激しい怒り
(2)　無謀なまたは自己破壊的な行動
(3)　過度の警戒心
(4)　過剰な驚愕反応
(5)　集中困難

⑹　睡眠障害（例：入眠や睡眠維持の困難，または浅い眠り）

Ｆ．障害（基準 B，C，D および E）の持続が 1 カ月以上

Ｇ．その障害は，臨床的に意味のある苦痛，または社会的，職業的，または他の重要な領域における機能の障害を引き起こしている。

Ｈ．その障害は，物質（例：医薬品またはアルコール）または他の医学的疾患の生理学的作用によるものではない。

出典：日本精神神経学会（日本語版用語監修）髙橋三郎＝大野裕（監訳）『DSM-5 精神疾患の診断・統計マニュアル』269 頁〜 270 頁（医学書院，平 26）より

⑤　関連 8 学会（日本脊髄障害医学会，日本脊椎脊髄病学会，日本脊髄外科学会，日本脳神経外傷学会，日本頭痛学会，日本神経学会，日本整形外科学会，日本脳神経外科学会）合同　脳脊髄液漏出症診療指針

脳脊髄液漏出症の画像判定基準

1．脊髄 MRI/MR ミエログラフィー

硬膜外脳脊髄液

【判定基準】

・硬膜外に脳脊髄液の貯留を認める。

　①硬膜外に水信号病変を認めること。

　②病変は造影されないこと。

　③病変がくも膜下腔と連続していること。

　＊静脈叢やリンパ液との鑑別が必要である。

　＊ perineural cyst や正常範囲の nerve sleeve 拡大を除外する必要がある。

【特徴】

・脊髄 MRI の脂肪抑制 T2 強調水平断像と脂肪抑制造影 T1 強調水平断像による脊柱管内における硬膜外脳脊髄液の所見は診断能が高い。

・MIP 像（MR ミエログラフィー）における所見の陽性率は低いが，重要な所見である。

【解釈】

・硬膜外の水信号病変のみの場合，脳脊髄液漏出の「疑」所見とする。

・病変が造影されない場合，脳脊髄液漏出の「強疑」所見とする。

・病変がくも膜下腔と連続している場合，脳脊髄液漏出の「強疑」所見とする。

・病変が造影されず，かつくも膜下腔と連続している場合，脳脊髄液漏出の「確実」所見とする。

2．RI 脳槽シンチグラフィー

1）硬膜外の RI 集積

【判定基準】

〈陽性所見〉

　①正・側面像で片側限局性の RI 異常集積を認める。

　②正面像で非対称性の RI 異常集積を認める。

　③頚〜胸部における正面像で対称性の RI 異常集積を認める。

〈付帯事項〉

・腰部両側対称性の集積（クリスマスツリー所見など）は参考所見とする。

〈読影の注意事項〉

①正確な体位で撮像されていること，側弯症がないこと。

②腎や静脈叢への集積を除外すること。

③ perineural cyst や正常範囲の nerve sleeve 拡大を除外すること。

④複数の画像表示条件で読影すること。

【特徴】

・本法は脳脊髄液漏出のスクリーニング検査法と位置づけられる。

・本法のみで脳脊髄液漏出を確実に診断できる症例は少ない。

【解釈】

・片側限局性の RI 異常集積は，脳脊髄液漏出の「強疑」所見とする。

・非対称性の RI 異常集積は，脳脊髄液漏出の「疑」所見とする。

・頚〜胸部における対称性の集積は，脳脊髄液漏出の「疑」所見とする。

2）脳脊髄液循環不全

【判定基準】

・24 時間像で脳槽より円蓋部の RI 集積が少なく，集積の遅延がある。

　＊いずれかの時相で，脳槽内への RI 分布を確認する必要がある。

【特徴】

・脳脊髄液漏出がある場合に，一定の頻度で認められる。

【解釈】

・円蓋部の RI 集積遅延は，脳脊髄液循環不全の所見とする。

・脳脊髄液漏出の「疑」所見に加えて脳脊髄液循環不全が認められた場合，脳脊髄液漏出の「強疑」所見とする。

・脳脊髄液漏出の「強疑」所見に加えて脳脊髄液循環不全が認められた場合，脳脊髄液漏出の「確実」所見とする。

3．CT ミエログラフィー

1）硬膜外の造影剤漏出

【判定基準】

・硬膜外への造影剤漏出を認める。

①画像上，解剖学的に硬膜外であることを証明すること。

②穿刺部位からの漏出と連続しないこと。

③硬膜の欠損が特定できる。

④くも膜下腔と硬膜外の造影剤が連続し，漏出部位を特定できる。

【特徴】

・症例の蓄積が少ない。

・technical failure（half in half out や穿刺部からの漏出など）を否定でき

れば，現時点で最も信頼性が高い検査法といえる。

【解釈】

・硬膜外に造影剤を証明できれば，脳脊髄液漏出の「確実」所見である。

・硬膜の欠損や漏出部位を特定できれば，脳脊髄液漏出の「確定」所見である。

2）硬膜下腔への造影剤漏出

【判定基準】

・硬膜下腔への造影剤漏出を認める。

①画像上，解剖学的に硬膜下腔であることを証明すること。

②穿刺部位からの漏出と連続しないこと。

③くも膜の欠損が特定できる。

④くも膜下腔と硬膜下腔の造影剤が連続し，漏出部位を特定できる。

【特徴】

・理論上あり得るが，実際の診断例はない。

＊くも膜嚢胞との鑑別が必要である。

【解釈】

・異常所見には含めない。

脳脊髄液漏出症の画像診断基準

脳脊髄液漏出症の画像診断

・脳脊髄液漏出の「確定」所見があれば，脳脊髄液漏出症「確定」とする。

・脳脊髄液漏出の「確実」所見があれば，脳脊髄液漏出症「確実」とする。

・脳槽シンチグラフィーと脊髄 MRI/MR ミエログラフィーにおいて，同じ部位に「強疑」所見と「強疑」所見，あるいは「強疑」所見と「疑」所見の組み合わせが得られた場合，脳脊髄液漏出症「確実」とする。

・脳槽シンチグラフィーと脊髄 MRI/MR ミエログラフィーにおいて，同じ部位に「疑」所見と「疑」所見，あるいは一方の検査のみ「強疑」，「疑」所見が得られた場合，脳脊髄液漏出症「疑」とする。

1）「確定」所見

CT ミエログラフィー：くも膜下腔と連続する硬膜外造影剤漏出所見

2）「確実」所見

CT ミエログラフィー：穿刺部位と連続しない硬膜外造影剤漏出所見

脊髄 MRI/MR ミエログラフィー：くも膜下腔と連続し造影されない硬膜外水信号病変

脳槽シンチグラフィー：片側限局性 RI 異常集積＋脳脊髄液循環不全

3）「強疑」所見

　　脊髄 MRI/MR ミエログラフィー：
　　　①造影されない硬膜外水信号病変
　　　②くも膜下腔と連続する硬膜外水信号病変
　　脳槽シンチグラフィー：
　　　①片側限局性 RI 異常集積
　　　②非対称性 RI 異常集積 or 頚～胸部における対称性の集積＋脳脊髄液
　　　　循環不全
4)「疑」所見
　　脊髄 MRI/MR ミエログラフィー：硬膜外水信号病変
　　脳槽シンチグラフィー：
　　　①非対称性 RI 異常集積
　　　②頚～胸部における対称性の集積

低髄液圧症の画像判定基準

脳 MRI

1）びまん性の硬膜造影所見　diffuse dural enhancement
【判定基準】
・硬膜に両側対称性にびまん性かつ連続性に造影効果と硬膜の肥厚を認める。
　　①冠状断像で大脳鎌および小脳テントが連続的に造影されること。
　　②少なくとも連続する 3cm 以上の範囲で造影効果が確認できること。
　　③造影程度は少なくとも大脳皮質よりも高信号を示すこと。
【特徴】
・低髄液圧症の特徴的所見として，広く受け入れられている所見である。
・低髄液圧症であっても，時期によっては認められないことがある。
・脳脊髄液漏出症と強い関連がある。
【解釈】
・びまん性の硬膜増強所見があれば，低髄液圧症の「強疑」所見とする。
・びまん性の硬膜増強所見がなくても，低髄液圧症を否定はできない。
・低髄液圧症の所見があれば，脳脊髄液漏出症の可能性が高い。

2）以下の所見は，低髄液圧症に伴い認められることがあるが，単独での診断的意義が乏しい，客観的判断が困難などの理由により，あくまで低髄液圧症の「参考」所見とする。

a.　硬膜下水腫　subdural effusion
【判定基準】
・硬膜とくも膜間に液体貯留を認める。

230

①T2強調像では脳脊髄液とほぼ同等の均一な高信号を呈する。

②FLAIR法では脳脊髄液よりも高信号を呈することがある。

注：脳萎縮に伴うくも膜下腔の拡大と混同してはいけない。

【特徴】

・低髄液圧症の随伴所見として，広く受け入れられている所見である。

・外傷や脳萎縮に伴い，低髄液圧症とは関係なく臨床的にしばしばみられる所見でもある。

・本所見単独では診断的意義が乏しい。

b．硬膜外静脈叢の拡張

【判定基準】

・斜台あるいは上位頚椎背側の静脈叢が拡張する。

①脂肪抑制造影T1強調像の正中矢状断像で判定する。

②ある程度の範囲と厚さで，拡張所見陽性とする。

＊皮質静脈や静脈洞の拡張所見については variation が大きく除外した。

【特徴】

・重要な所見の一つではあるが，客観的判断が難しい。

c．その他の脳MRI所見：小脳扁桃の下垂，脳幹の扁平化，下垂体前葉の腫大（上に凸）など

【特徴】

・正常所見との境界を明確に規定することができない。

低髄液圧症の診断基準

・起立性頭痛を前提に，びまん性の硬膜造影所見と 60 mmH$_2$O 以下の髄液圧（側臥位）があれば，低髄液圧症「確定」とする。

・起立性頭痛を前提に，びまん性の硬膜造影所見と 60 mmH$_2$O 以下の髄液圧（側臥位）のいずれか一つあれば低髄液圧症「確実」とする。

・複数の「参考」所見があった場合には，低髄液圧症「疑」とする。

＊発症直後にはびまん性硬膜造影所見（硬膜肥厚）が認められない場合があるため，数週間の期間を置いて複数回検査することが推奨される。

出典：嘉山孝正監修（国立研究開発法人日本医療研究開発機構障害者対策総合研究開発事業　脳脊髄液減少症の非典型例及び小児例の診断・治療法開拓に関する研究班編集）『関連8学会（日本脊髄障害医学会，日本脊椎脊髄病学会，日本脊髄外科学会，日本脳神経外傷学会，日本頭痛学会，日本神経学会，日本整形外科学会，日本脳神経外科学会）合同　脳脊髄液漏出症診療指針』48頁〜53頁（中外医学社，令元）より

7 自動車損害賠償責任保険の保険金等及び自動車損害賠償責任共済の共済金等の支払基準

　平成13年金融庁・国土交通省告示第1号である。令和元年金融庁・国土交通省告示第3号により一部改正され，令和2年4月1日以後に発生する事故については，下線部に代えて【　】内が適用される。なお，別表のうち，自動車損害賠償保障法施行令の別表第1及び別表第2は，資料4の①（本書163頁），別表Ⅰは，資料5の①（本書182頁）のとおりであり，その他の表は省略する。

第1　総　則

1　自動車損害賠償責任保険の保険金等の支払は，自動車損害賠償保障法施行令（昭和30年政令第286号）第2条並びに別表第1及び別表第2に定める保険金額を限度としてこの基準によるものとする。

2　保険金額は，死亡した者又は傷害を受けた者1人につき，自動車損害賠償保障法施行令第2条並びに別表第1及び別表第2に定める額とする。ただし，複数の自動車による事故について保険金等を支払う場合は，それぞれの保険契約に係る保険金額を合算した額を限度とする。

第2　傷害による損害

　傷害による損害は，積極損害（治療関係費，文書料その他の費用)，休業損害及び慰謝料とする。

1　積極損害

　⑴　治療関係費

　　①　応急手当費

　　　応急手当に直接かかる必要かつ妥当な実費とする。

　　②　診察料

　　　初診料，再診料又は往診料にかかる必要かつ妥当な実費とする。

　　③　入院料

232

入院料は，原則としてその地域における普通病室への入院に必要かつ妥当な実費とする。ただし，被害者の傷害の態様等から医師が必要と認めた場合は，上記以外の病室への入院に必要かつ妥当な実費とする。

④ 投薬料，手術料，処置料等

治療のために必要かつ妥当な実費とする。

⑤ 通院費，転院費，入院費又は退院費

通院，転院，入院又は退院に要する交通費として必要かつ妥当な実費とする。

⑥ 看護料

ア 入院中の看護料

原則として 12 歳以下の子供に近親者等が付き添った場合に 1 日につき 4,100 円【4,200 円】とする。

イ 自宅看護料又は通院看護料

医師が看護の必要性を認めた場合に次のとおりとする。ただし，12 歳以下の子供の通院等に近親者等が付き添った場合には医師の証明は要しない。

(ｱ) 厚生労働大臣の許可を受けた有料職業紹介所の紹介による者

立証資料等により必要かつ妥当な実費とする。

(ｲ) 近親者等

1 日につき 2,050 円【2,100 円】とする。

ウ 近親者等に休業損害が発生し，立証資料等により，ア又はイ(ｲ)の額を超えることが明らかな場合は，必要かつ妥当な実費とする。

⑦ 諸雑費

療養に直接必要のある諸物品の購入費又は使用料，医師の指示により摂取した栄養物の購入費，通信費等とし，次のとおりとする。

ア 入院中の諸雑費

入院 1 日につき 1,100 円とする。立証資料等により 1 日につき 1,100 円を超えることが明らかな場合は，必要かつ妥当な実費とする。

イ 通院又は自宅療養中の諸雑費

必要かつ妥当な実費とする。

⑧ 柔道整復等の費用

免許を有する柔道整復師，あんま・マッサージ・指圧師，はり

師，きゅう師が行う施術費用は，必要かつ妥当な実費とする。

⑨　義肢等の費用

ア　傷害を被った結果，医師が身体の機能を補完するために必要と認めた義肢，歯科補てつ，義眼，眼鏡（コンタクトレンズを含む。），補聴器，松葉杖等の用具の制作等に必要かつ妥当な実費とする。

イ　アに掲げる用具を使用していた者が，傷害に伴い当該用具の修繕又は再調達を必要とするに至った場合は，必要かつ妥当な実費とする。

ウ　ア及びイの場合の眼鏡（コンタクトレンズを含む。）の費用については，50,000円を限度とする。

⑩　診断書等の費用

診断書，診療報酬明細書等の発行に必要かつ妥当な実費とする。

(2)　文書料

交通事故証明書，被害者側の印鑑証明書，住民票等の発行に必要かつ妥当な実費とする。

(3)　その他の費用

(1)治療関係費及び(2)文書料以外の損害であって事故発生場所から医療機関まで被害者を搬送するための費用等については，必要かつ妥当な実費とする。

2　休業損害

(1)　休業損害は，休業による収入の減少があった場合又は有給休暇を使用した場合に1日につき原則として5,700円【6,100円】とする。ただし，家事従事者については，休業による収入の減少があったものとみなす。

(2)　休業損害の対象となる日数は，実休業日数を基準とし，被害者の傷害の態様，実治療日数その他を勘案して治療期間の範囲内とする。

(3)　立証資料等により1日につき5,700円【6,100円】を超えることが明らかな場合は，自動車損害賠償保障法施行令第3条の2に定める金額を限度として，その実額とする。

3　慰謝料

(1)　慰謝料は，1日につき4,200円【4,300円】とする。

(2)　慰謝料の対象となる日数は，被害者の傷害の態様，実治療日数その他を勘案して，治療期間の範囲内とする。

(3)　妊婦が胎児を死産又は流産した場合は，上記のほかに慰謝料を認め

る。

第3　後遺障害による損害

　後遺障害による損害は，逸失利益及び慰謝料等とし，自動車損害賠償保障法施行令第2条並びに別表第1及び別表第2に定める等級に該当する場合に認める。

　等級の認定は，原則として労働者災害補償保険における障害の等級認定の基準に準じて行う。

1　逸失利益

　　逸失利益は，次のそれぞれに掲げる年間収入額又は年相当額に該当等級の労働能力喪失率（別表Ⅰ）と後遺障害確定時の年齢における就労可能年数のライプニッツ係数（別表Ⅱ－1）を乗じて算出した額とする。ただし，生涯を通じて全年齢平均給与額（別表Ⅲ）の年相当額を得られる蓋然性が認められない場合は，この限りでない。

　⑴　有職者

　　　事故前1年間の収入額と後遺障害確定時の年齢に対応する年齢別平均給与額（別表Ⅳ）の年相当額のいずれか高い額を収入額とする。ただし，次の者については，それぞれに掲げる額を収入額とする。

　　①　35歳未満で事故前1年間の収入額を立証することが可能な者

　　　　事故前1年間の収入額，全年齢平均給与額の年相当額及び年齢別平均給与額の年相当額のいずれか高い額。

　　②　事故前1年間の収入額を立証することが困難な者

　　　ア　35歳未満の者

　　　　　全年齢平均給与額の年相当額又は年齢別平均給与額の年相当額のいずれか高い額。

　　　イ　35歳以上の者

　　　　　年齢別平均給与額の年相当額。

　　③　退職後1年を経過していない失業者（定年退職者等を除く。）

　　　　以上の規準を準用する。この場合において，「事故前1年間の収入額」とあるのは，「退職前1年間の収入額」と読み替えるものとする。

　⑵　幼児・児童・生徒・学生・家事従事者

　　　全年齢平均給与額の年相当額とする。ただし，58歳【59歳】以上の者で年齢別平均給与額が全年齢平均給与額を下回る場合は，年齢別平均給与額の年相当額とする。

(3) その他働く意思と能力を有する者

　年齢別平均給与額の年相当額とする。ただし，全年齢平均給与額の年相当額を上限とする。

2　慰謝料等

(1) 後遺障害に対する慰謝料等の額は，該当等級ごとに次に掲げる表の金額とする。

① 自動車損害賠償保障法施行令別表第1の場合

第1級	第2級
1,600万円【1,650万円】	1,163万円【1,203万円】

② 自動車損害賠償保障法施行令別表第2の場合

第1級	第2級	第3級	第4級	第5級
1,100万円【1,150万円】	958万円【998万円】	829万円【861万円】	712万円【737万円】	599万円【618万円】
第6級	第7級	第8級	第9級	第10級
498万円【512万円】	409万円【419万円】	324万円【331万円】	245万円【249万円】	187万円【190万円】
第11級	第12級	第13級	第14級	
135万円【136万円】	93万円【94万円】	57万円	32万円	

(2)① 自動車損害賠償保障法施行令別表第1の該当者であって被扶養者がいるときは，第1級については1,800万円【1,850万円】とし，第2級については1,333万円【1,373万円】とする。

② 自動車損害賠償保障法施行令別表第2第1級，第2級又は第3級の該当者であって被扶養者がいるときは，第1級については1,300万円【1,350万円】とし，第2級については1,128万円【1,168万円】とし，第3級については973万円【1,005万円】とする。

(3) 自動車損害賠償保障法施行令別表第1に該当する場合は，初期費用等として，第1級には500万円を，第2級には205万円を加算する。

第4　死亡による損害

　死亡による損害は，葬儀費，逸失利益，死亡本人の慰謝料及び遺族の慰謝料とする。

　後遺障害による損害に対する保険金等の支払の後，被害者が死亡した場合の死亡による損害について，事故と死亡との間に因果関係が認められるときには，その差額を認める。

　1　葬儀費

　(1)　葬儀費は，60万円とする。

　(2)　立証資料等により60万円を超えることが明らかな場合は，100万円の範囲内で必要かつ妥当な実費とする。

　【葬儀費は，100万円とする。】

　2　逸失利益

　(1)　逸失利益は，次のそれぞれに掲げる年間収入額又は年相当額から本人の生活費を控除した額に死亡時の年齢における就労可能年数のライプニッツ係数（別表Ⅱ－1）を乗じて算出する。ただし，生涯を通じて全年齢平均給与額（別表Ⅲ）の年相当額を得られる蓋然性が認められない場合は，この限りでない。

　　①　有職者

　　　　事故前1年間の収入額と死亡時の年齢に対応する年齢別平均給与額（別表Ⅳ）の年相当額のいずれか高い額を収入額とする。ただし，次に掲げる者については，それぞれに掲げる額を収入額とする。

　　　ア　35歳未満であって事故前1年間の収入額を立証することが可能な者

　　　　　事故前1年間の収入額，全年齢平均給与額の年相当額及び年齢別平均給与額の年相当額のいずれか高い額。

　　　イ　事故前1年間の収入額を立証することが困難な者

　　　　(ア)　35歳未満の者

　　　　　　全年齢平均給与額の年相当額又は年齢別平均給与額の年相当額のいずれか高い額。

　　　　(イ)　35歳以上の者

　　　　　　年齢別平均給与額の年相当額。

　　　ウ　退職後1年を経過していない失業者（定年退職者等を除く。）

　　　　　以上の基準を準用する。この場合において，「事故前1年間の収入額」とあるのは，「退職前1年間の収入額」と読み替えるものとする。

　　②　幼児・児童・生徒・学生・家事従事者

　　　　全年齢平均給与額の年相当額とする。ただし，58歳【59歳】以

237

上の者で年齢別平均給与額が全年齢平均給与額を下回る場合は，年齢別平均給与額の年相当額とする。

③　その他働く意思と能力を有する者

年齢別平均給与額の年相当額とする。ただし，全年齢平均給与額の年相当額を上限とする。

(2)　(1)にかかわらず，年金等の受給者の逸失利益は，次のそれぞれに掲げる年間収入額又は年相当額から本人の生活費を控除した額に死亡時の年齢における就労可能年数のライプニッツ係数（別表Ⅱ－1）を乗じて得られた額と，年金等から本人の生活費を控除した額に死亡時の年齢における平均余命年数のライプニッツ係数（別表Ⅱ－2）から死亡時の年齢における就労可能年数のライプニッツ係数を差し引いた係数を乗じて得られた額とを合算して得られた額とする。ただし，生涯を通じて全年齢平均給与額（別表Ⅲ）の年相当額を得られる蓋然性が認められない場合は，この限りでない。

年金等の受給者とは，各種年金及び恩給制度のうち原則として受給権者本人による拠出性のある年金等を現に受給していた者とし，無拠出性の福祉年金や遺族年金は含まない。

①　有職者

事故前1年間の収入額と年金等の額を合算した額と，死亡時の年齢に対応する年齢別平均給与額（別表Ⅳ）の年相当額のいずれか高い額とする。ただし，35歳未満の者については，これらの比較のほか，全年齢平均給与額の年相当額とも比較して，いずれか高い額とする。

②　幼児・児童・生徒・学生・家事従事者

年金等の額と全年齢平均給与額の年相当額のいずれか高い額とする。ただし，<u>58歳【59歳】</u>以上の者で年齢別平均給与額が全年齢平均給与額を下回る場合は，年齢別平均給与額の年相当額と年金等の額のいずれか高い額とする。

③　その他働く意思と能力を有する者

年金等の額と年齢別平均給与額の年相当額のいずれか高い額とする。ただし，年齢別平均給与額が全年齢平均給与額を上回る場合は，全年齢平均給与額の年相当額と年金等の額のいずれか高い額とする。

(3)　生活費の立証が困難な場合，被扶養者がいるときは年間収入額又は年相当額から35％を，被扶養者がいないときは年間収入額又は年相

238

当額から 50％を生活費として控除する。

3　死亡本人の慰謝料

死亡本人の慰謝料は，350 万円【400 万円】とする。

4　遺族の慰謝料

慰謝料の請求権者は，被害者の父母（養父母を含む。），配偶者及び子（養子，認知した子及び胎児を含む。）とし，その額は，請求権者 1 人の場合には 550 万円とし，2 人の場合には 650 万円とし，3 人以上の場合には 750 万円とする。

なお，被害者に被扶養者がいるときは，上記金額に 200 万円を加算する。

第5　死亡に至るまでの傷害による損害

死亡に至るまでの傷害による損害は，積極損害〔治療関係費（死体検案書料及び死亡後の処置料等の実費を含む。），文書料その他の費用〕，休業損害及び慰謝料とし，「第2　傷害による損害」の基準を準用する。ただし，事故当日又は事故翌日死亡の場合は，積極損害のみとする。

第6　減　　額

1　重大な過失による減額

被害者に重大な過失がある場合は，次に掲げる表のとおり，積算した損害額が保険金額に満たない場合には積算した損害額から，保険金額以上となる場合には保険金額から減額を行う。ただし，傷害による損害額（後遺障害及び死亡に至る場合を除く。）が 20 万円未満の場合はその額とし，減額により 20 万円以下となる場合は 20 万円とする。

減額適用上の被害者の過失割合	減額割合	
	後遺障害又は死亡に係るもの	傷害に係るもの
7 割未満	減額なし	減額なし
7 割以上 8 割未満	2 割減額	2 割減額
8 割以上 9 割未満	3 割減額	
9 割以上 10 割未満	5 割減額	

2　受傷と死亡又は後遺障害との間の因果関係の有無の判断が困難な場合の減額

被害者が既往症等を有していたため，死因又は後遺障害発生原因が明らかでない場合等受傷と死亡との間及び受傷と後遺障害との間の因果関

係の有無の判断が困難な場合は，死亡による損害及び後遺障害による損害について，積算した損害額が保険金額に満たない場合には積算した損害額から，保険金額以上となる場合には保険金額から5割の減額を行う。

附　　則

　この告示は，平成14年4月1日から施行し，同日以後に発生する自動車の運行による事故に係る自動車損害賠償責任保険の保険金等及び自動車損害賠償責任共済の共済金等の支払から適用する。

附　　則（令和元年金融庁・国土交通省告示第3号）

　この告示は，令和2年4月1日から施行し，同日以後に発生する自動車の運行による事故に係る自動車損害賠償責任保険の保険金等及び自動車損害賠償責任共済の共済金等の支払から適用する。

判例索引

【昭和】

最判昭和 32 年 6 月 20 日民集 11 巻 6 号 1093 頁・判タ 72 号 63 頁／23

最判昭和 33 年 7 月 17 日民集 12 巻 12 号 1751 頁／75

最判昭和 33 年 8 月 5 日民集 12 巻 12 号 1901 頁・判時 157 号 12 頁／69

最判昭和 34 年 11 月 26 日民集 13 巻 12 号 1562 頁／82

最判昭和 34 年 11 月 26 日民集 13 巻 12 号 1573 頁・判時 206 号 14 頁／84

最判昭和 37 年 4 月 26 日民集 16 巻 4 号 975 頁／95

最判昭和 37 年 9 月 4 日民集 16 巻 9 号 1834 頁・判タ 139 号 51 頁／78

最判昭和 38 年 3 月 26 日裁判集民 65 号 241 頁／65

最判昭和 38 年 4 月 30 日裁判集民 65 号 761 頁／65

最判昭和 39 年 5 月 12 日民集 18 巻 4 号 583 頁・判タ 163 号 74 頁／134

最大判昭和 39 年 6 月 24 日民集 18 巻 5 号 854 頁・判タ 166 号 105 頁／83

最判昭和 39 年 6 月 24 日民集 18 巻 5 号 874 頁・判タ 166 号 106 頁／113

最判昭和 39 年 9 月 25 日民集 18 巻 7 号 1528 頁・判タ 168 号 94 頁／107

最判昭和 40 年 6 月 8 日裁判集民 79 号 363 頁／48

最判昭和 41 年 4 月 7 日民集 20 巻 4 号 499 頁・判時 449 号 44 頁／56，102

最判昭和 41 年 5 月 6 日裁判集民 83 号 477 頁／48

最判昭和 41 年 6 月 21 日民集 20 巻 5 号 1078 頁・判タ 194 号 83 頁／82

最判昭和 41 年 11 月 18 日民集 20 巻 9 号 1886 頁・判タ 202 号 103 頁／120

最判昭和 41 年 12 月 1 日民集 20 巻 10 号 2017 頁・判タ 202 号 117 頁／96

最判昭和 42 年 1 月 31 日民集 21 巻 1 号 61 頁・判タ 204 号 115 頁／70

最判昭和 42 年 6 月 27 日民集 21 巻 6 号 1507 頁・判タ 209 号 143 頁／84

最判昭和 42 年 7 月 18 日民集 21 巻 6 号 1559 頁・判タ 210 号 148 頁／130

最大判昭和 42 年 11 月 1 日民集 21 巻 9 号 2249 頁・判タ 211 号 224 頁／63

最判昭和 42 年 11 月 10 日民集 21 巻 9 号 2352 頁・判タ 215 号 94 頁／40

最判昭和 43 年 4 月 11 日民集 22 巻 4 号 862 頁・判タ 219 号 225 頁／67

最判昭和 43 年 8 月 2 日民集 22 巻 8 号 1525 頁・判タ 227 号 131 頁／36

最判昭和 43 年 8 月 27 日民集 22 巻 8 号 1704 頁・判タ 226 号 78 頁／44

最判昭和 43 年 10 月 3 日裁判集民 92 号 459 頁・判時 540 号 38 頁／31

最判昭和 43 年 11 月 15 日民集 22 巻 12 号 2614 頁・判タ 229 号 153 頁／54

最判昭和 43 年 12 月 17 日裁判集民 93 号 677 頁・判タ 230 号 178 頁／52

最判昭和 43 年 12 月 24 日民集 22 巻 13 号 3454 頁・判タ 230 号 170 頁／83

最判昭和 44 年 2 月 27 日民集 23 巻 2 号 441 頁・判タ 232 号 276 頁／76
最判昭和 44 年 2 月 28 日民集 23 巻 2 号 525 頁・判タ 232 号 108 頁／31
最判昭和 44 年 10 月 31 日裁判集民 97 号 143 頁・交民 2 巻 5 号 1238 頁／64, 65
最判昭和 45 年 4 月 21 日裁判集民 99 号 89 頁・判タ 248 号 125 頁／64
最判昭和 45 年 7 月 24 日民集 24 巻 7 号 1177 頁・判タ 253 号 162 頁／113
最判昭和 46 年 6 月 29 日民集 25 巻 4 号 650 頁・判タ 265 号 99 頁／26, 105
最判昭和 48 年 4 月 5 日民集 27 巻 3 号 419 頁・判タ 299 号 298 頁／86, 132
最判昭和 48 年 11 月 16 日裁判集民 110 号 469 頁・交民 6 巻 6 号 1693 頁／46
最判昭和 49 年 4 月 5 日裁判集民 111 号 521 頁・交民 7 巻 2 号 263 頁／78
最判昭和 49 年 4 月 15 日民集 28 巻 3 号 385 頁・交民 7 巻 2 号 275 頁／73
最判昭和 49 年 4 月 25 日民集 28 巻 3 号 447 頁／25
最判昭和 49 年 6 月 27 日裁判集民 112 号 133 頁／23
最判昭和 49 年 7 月 19 日民集 28 巻 5 号 872 頁・判タ 311 号 134 頁／38
最判昭和 49 年 9 月 26 日裁判集民 112 号 709 頁・交民 7 巻 5 号 1233 頁／130
最判昭和 49 年 12 月 17 日民集 28 巻 10 号 2040 頁・交民 7 巻 6 号 1612 頁／66
最判昭和 50 年 1 月 31 日民集 29 巻 1 号 68 頁・判タ 319 号 129 頁／107
最判昭和 50 年 7 月 8 日裁判集民 115 号 257 頁・交民 8 巻 4 号 905 頁／38
最判昭和 50 年 10 月 21 日裁判集民 116 号 307 頁・判時 799 号 39 頁／56
最判昭和 50 年 10 月 24 日民集 29 巻 9 号 1379 頁・判タ 329 号 127 頁／56, 103, 117
最判昭和 51 年 3 月 25 日民集 30 巻 2 号 160 頁・判タ 336 号 220 頁／84
最判昭和 51 年 7 月 8 日民集 30 巻 7 号 689 頁・判タ 340 号 157 頁／121
最判昭和 52 年 5 月 27 日民集 31 巻 3 号 427 頁・判タ 350 号 269 頁／96, 114
最判昭和 52 年 10 月 20 日裁判集民 122 号 55 頁・判時 871 号 29 頁／78
最判昭和 52 年 10 月 25 日民集 31 巻 6 号 836 頁・判タ 357 号 218 頁／96, 114
最判昭和 53 年 10 月 20 日民集 32 巻 7 号 1500 頁・判タ 371 号 60 頁／49, 113
東京高判昭和 54 年 4 月 17 日交民 12 巻 2 号 344 頁／55
最判昭和 54 年 6 月 26 日裁判集民 127 号 127 頁・判タ 391 号 71 頁／45
最判昭和 54 年 12 月 13 日交民 12 巻 6 号 1463 頁／55
最判昭和 55 年 5 月 1 日裁判集民 129 号 591 頁・判タ 419 号 73 頁／107
最判昭和 55 年 12 月 18 日民集 34 巻 7 号 888 頁・判タ 435 号 87 頁／118
最判昭和 56 年 10 月 8 日裁判集民 134 号 39 頁・判タ 454 号 80 頁／45, 52
最判昭和 56 年 12 月 22 日民集 35 巻 9 号 1350 頁・判タ 463 号 126 頁／40
最判昭和 57 年 1 月 19 日民集 36 巻 1 号 1 頁・判タ 463 号 123 頁／76, 137
最判昭和 58 年 2 月 18 日裁判集民 138 号 157 頁・判タ 494 号 66 頁／44
最判昭和 58 年 4 月 15 日交民 16 巻 2 号 284 頁／64
最判昭和 58 年 4 月 19 日民集 37 巻 3 号 321 頁・判タ 497 号 89 頁／96
最判昭和 58 年 9 月 6 日民集 37 巻 7 号 901 頁・判タ 509 号 123 頁／77
最判昭和 59 年 10 月 9 日裁判集民 143 号 49 頁・判タ 542 号 196 頁／57
最判昭和 61 年 11 月 4 日裁判集民 149 号 71 頁・判タ 625 号 100 頁／45

最判昭和 62 年 1 月 19 日民集 41 巻 1 号 1 頁・判タ 629 号 95 頁／45
最判昭和 62 年 7 月 10 日民集 41 巻 5 号 1202 頁・判タ 658 号 81 頁／97
最判昭和 63 年 4 月 21 日民集 42 巻 4 号 243 頁・判タ 667 号 99 頁／89
最判昭和 63 年 7 月 1 日民集 42 巻 6 号 451 頁・判タ 676 号 65 頁／126

【平成】

最判平成元年 1 月 19 日裁判集民 156 号 55 頁・判タ 690 号 116 頁／109
最判平成元年 4 月 11 日民集 43 巻 4 号 209 頁・判タ 697 号 186 頁／118
最判平成 2 年 3 月 23 日裁判集民 159 号 317 頁・判タ 731 号 109 頁／49
最判平成 4 年 6 月 25 日民集 46 巻 4 号 400 頁・判タ 813 号 198 頁／87
最大判平成 5 年 3 月 24 日民集 47 巻 4 号 3039 頁・判タ 853 号 63 頁／57, 91, 103,
　114
最判平成 5 年 4 月 6 日民集 47 巻 6 号 4505 頁・判タ 832 号 73 頁／60
最判平成 5 年 9 月 9 日裁判集民 169 号 603 頁・判タ 832 号 276 頁／54
最判平成 5 年 9 月 21 日裁判集民 169 号 793 頁・判タ 832 号 70 頁／57
最判平成 6 年 2 月 22 日民集 48 巻 2 号 441 頁・判タ 853 号 73 頁／65
最判平成 6 年 7 月 18 日民集 48 巻 5 号 1165 頁・判タ 858 号 299 頁／133
最判平成 7 年 1 月 30 日民集 49 巻 1 号 211 頁・判タ 874 号 126 頁／108
最判平成 7 年 7 月 14 日交民 28 巻 4 号 963 頁／79
最判平成 7 年 10 月 24 日交民 28 巻 5 号 1260 頁／35
最判平成 8 年 2 月 23 日民集 50 巻 2 号 249 頁・判タ 904 号 57 頁／101
最判平成 8 年 4 月 25 日民集 50 巻 5 号 1221 頁・交民 29 巻 2 号 302 頁／52
最判平成 8 年 5 月 31 日民集 50 巻 6 号 1323 頁・交民 29 巻 3 号 649 頁／53, 123
最判平成 8 年 10 月 29 日民集 50 巻 9 号 2474 頁・判タ 931 号 164 頁／87
最判平成 8 年 10 月 29 日交民 29 巻 5 号 1272 頁／87
最判平成 9 年 1 月 28 日民集 51 巻 1 号 78 頁・判タ 934 号 216 頁／61
最判平成 9 年 7 月 11 日民集 51 巻 6 号 2573 頁・判タ 958 号 93 頁／81
最判平成 9 年 9 月 9 日交民 30 巻 5 号 1281 頁・判タ 955 号 139 頁／84
大阪高判平成 9 年 12 月 18 日交民 30 巻 6 号 1598 頁／43
最判平成 10 年 6 月 11 日交民 31 巻 3 号 631 頁／43
最判平成 10 年 9 月 10 日民集 52 巻 6 号 1494 頁・判タ 985 号 126 頁／127
最判平成 10 年 9 月 10 日裁判集民 189 号 819 頁・判タ 986 号 189 頁／105
最判平成 11 年 1 月 29 日裁判集民 191 号 265 頁・判タ 1002 号 122 頁／125
最判平成 11 年 10 月 22 日民集 53 巻 7 号 1211 頁・判タ 1016 号 98 頁／57, 103
最判平成 11 年 10 月 26 日交民 32 巻 5 号 1331 頁／92
最判平成 11 年 12 月 20 日民集 53 巻 9 号 2038 頁・判タ 1021 号 123 頁／28
最判平成 12 年 3 月 24 日民集 54 巻 3 号 1155 頁・判タ 1028 号 80 頁／89
最判平成 12 年 9 月 7 日裁判集民 199 号 477 頁・判タ 1045 号 120 頁／60
最判平成 12 年 9 月 8 日金法 1595 号 63 頁／92

最判平成 12 年 11 月 14 日民集 54 巻 9 号 2683 頁・判タ 1049 号 220 頁／58
最判平成 12 年 11 月 14 日裁判集民 200 号 155 頁・判タ 1049 号 218 頁／59
最判平成 13 年 3 月 13 日民集 55 巻 2 号 328 頁・判タ 1059 号 59 頁／122, 124
東京高判平成 13 年 8 月 20 日交民 34 巻 4 号 845 頁・判タ 1092 号 241 頁／45
東京高判平成 13 年 10 月 16 日交民 34 巻 6 号 1818 頁・判時 1772 号 57 頁／46
最判平成 15 年 7 月 11 日民集 57 巻 7 号 815 頁・判タ 1133 号 118 頁／124, 125
最判平成 16 年 12 月 20 日裁判集民 215 号 987 頁・判タ 1173 号 154 頁／93, 103,
　　104, 117
最判平成 16 年 12 月 24 日裁判集民 215 号 1109 頁・判タ 1174 号 252 頁／130
最判平成 17 年 6 月 2 日民集 59 巻 5 号 901 頁・判タ 1183 号 234 頁／119
最判平成 17 年 6 月 14 日民集 59 巻 5 号 983 頁・判タ 1185 号 109 頁／49
最判平成 18 年 3 月 30 日民集 60 巻 3 号 1242 頁・判タ 1207 号 70 頁／135
最判平成 19 年 4 月 24 日裁判集民 224 号 261 頁・判タ 1240 号 118 頁／85
最判平成 20 年 2 月 19 日民集 62 巻 2 号 534 頁・判タ 1268 号 123 頁／135
最判平成 20 年 3 月 27 日裁判集民 227 号 585 頁・判タ 1267 号 156 頁／88
最判平成 20 年 7 月 4 日裁判集民 228 号 399 頁・判タ 1279 号 106 頁／85
最判平成 21 年 12 月 17 日民集 63 巻 10 号 2566 頁・判タ 1315 号 90 頁／116
最判平成 22 年 9 月 13 民集 64 巻 6 号 1626 頁・判タ 1337 号 92 頁／97
最判平成 22 年 10 月 15 日裁判集民 235 号 65 頁／98
最判平成 24 年 2 月 20 日民集 66 巻 2 号 742 頁・判タ 1366 号 83 頁／79, 111
最判平成 24 年 5 月 29 日裁判集民 240 号 261 頁・判タ 1374 号 100 頁／111
最判平成 24 年 10 月 11 日裁判集民 241 号 75 頁・判タ 1384 号 118 頁／136
最大判平成 27 年 3 月 4 日民集 69 巻 2 号 178 頁・判タ 1414 号 140 頁／99
最判平成 30 年 9 月 27 日民集 72 巻 4 号 432 頁・判タ 1548 号 100 頁／136

【令和】

最判令和元年 9 月 6 日民集 73 巻 4 号 419 頁・判タ 1468 号 40 頁／80
最判令和 2 年 2 月 28 日民集 74 巻 2 号 106 頁・判タ 1476 号 60 頁／121
最判令和 2 年 7 月 9 日民集 74 巻 4 号 1204 頁・判タ 1480 号 138 頁／39, 50
最判令和 3 年 5 月 25 日判タ 1489 号 36 頁／80
最判令和 3 年 11 月 2 日裁時 1779 号 1 頁／131, 132
最判令和 4 年 1 月 18 日裁時 1783 号 1 頁／80
最判令和 4 年 3 月 24 日［裁判所ウェブサイト］／110

大阪地裁における交通損害賠償の算定基準〈第4版〉

2007 年　6 月 11 日	第 1 版第 1 刷発行
2009 年 11 月 30 日	第 2 版第 1 刷発行
2013 年 11 月 30 日	第 3 版第 1 刷発行
2022 年　5 月 15 日	第 4 版第 1 刷発行

編 著 者　　大阪民事交通訴訟研究会
発 行 者　　　　　　谷口　美和
発 行 所　　株式会社判例タイムズ社

102-0083　東京都千代田区麹町三丁目 2 番 1 号
電話　03（5210）3040
URL　http://www.hanta.co.jp/

印刷・製本　シナノ印刷株式会社
Ⓒ　大阪民事交通訴訟研究会　2022 Printed in Japan
定価はカバーに表示してあります。
ISBN 978-4-89186-202-2